(Par la Comtesse de La Granville)

G
C.

SOUVENIRS

DE

VOYAGE.

> Quand je regarde le ciel, et les misères de mon pauvre pays, oh ! je voudrais m'envoler comme une tourterelle blanche.
>
> *Poésies populaires bretonnes.*

SOUVENIRS

DE

VOYAGE,

OU

LETTRES D'UNE VOYAGEUSE MALADE.

> Sous ce ciel où la vie, où le bonheur abonde,
> Sur ces rives que l'œil se plaît à parcourir,
> Nous avons respiré cet air d'un autre monde;
> Elvire... et cependant on dit qu'il faut mourir.
>
> DE LAMARTINE.

TOME SECOND.

PARIS.	LILLE.	LYON.
AD. LE CLÈRE et C.ie,	L. LEFORT, imp.-lib.,	STEYERT, libraire,
quai des Augustins.	rue Esquermoise.	rue de l'Archevêché.

1836.

Souvenirs de Voyage.

SECOND VOYAGE A ROME.

LETTRE PREMIÈRE.

PARIS, 21 octobre 1823.

Tout ce qu'un cœur peut sentir de reconnaissance et d'affection, votre Caroline l'a éprouvé et l'éprouve encore. Vous répandez dans mon ame, ô mon bon père, une abondance de douceur et de consolation. Une sorte d'angoisse m'a saisie au roulement de cette voiture qui m'enlevait mon ami, mon soutien; mais Dieu me reste, ainsi que votre amour et votre bénédiction. Vous êtes content de moi; mon ame est soulagée, fortifiée. ... Mes soins, mon exactitude à suivre le régime nécessaire à mon rétablissement adouciront bientôt le chagrin que vous causent mes souffrances. A l'avenir vous me permettrez de vous écrire plus longuement qu'à mon premier voyage; car bien que je ne sois pas guérie, je suis moins malade que l'année dernière. Que votre ami et le mien, le cher comte de St. M. sache combien je regrette ses puissantes et douces consolations.

LETTRE DEUXIÈME.

SAINT-MICHEL, 29 octobre 1823.

Vous avez sûrement reçu mon billet de Lyon, ma bonne mère; je ne mettrai ma lettre à la poste qu'à Suze, pour vous rassurer sur notre passage du mont Cenis, où le seul danger que j'aie à courir ne peut être qu'un surcroît momentané à mes souffrances.

Rien de remarquable depuis Lyon jusqu'au *Pont de Beauvoisin*. Le pont du Guiers unit les deux moitiés de la ville, et sépare le territoire français de l'Italie. Vous parcourez encore de grandes plaines bien cultivées; et vous voilà à l'éternelle montagne *des rochers*. En approchant de la gorge de la Chaille, célébrée par Rousseau, le pays devient successivement d'un aspect plus romantique; une route, resserrée entre d'énormes roches, longe la rive droite du Guiers, vrai torrent qui gronde à vos côtés, au fond de son lit taillé en précipice. Le déclin du jour et les premiers brouillards avant-coureurs de la nuit, imprimaient à ces lieux sauvages un caractère tout autre que lors de notre dernier voyage; tant il faut peu de chose pour changer nos plus intimes sensations. Le chemin *des échelles*, d'une conception hardie et si bien exécutée, est percé dans un roc très-dur qu'il traverse tout entier sur un espace de mille perches. Il peut recevoir trois voitures de front. Une rampe douce et commode, appuyée sur le flanc circulaire de la montagne, conduit à l'ouverture de la grotte, éclairée par douze réverbères, en avant de laquelle vous avez une manière de terrasse, d'où l'on jouit d'une vue superbe, sur notre belle France. La revoir comme par surprise et en reprendre un instant possession par de longs et tendres regards, est un moment d'ineffable émotion. Cette magnifique route a été entreprise par Emmanuel, duc de Savoie; Napoléon eut la gloire de l'achever. Elle a mille toises de longueur, et, en différens endroits, cent pieds d'élévation au-dessus du sol.

L'obscurité nous empêcha de jouir de la délicieuse route qui mène à Chambéry, et de la situation de cette ville. L'une et l'autre m'avaient charmée au mois de mai. Nous arrivâmes bien tard; je me reprochai cette course, en songeant à vos inquiétudes, et je me promis de me ménager pour l'amour de vous.

Je n'ai pas à vous redire l'histoire de Savoie, de ses anciens comtes et ducs [1], nobles descendans de Vitikind. Brillante valeur, politique habile, nombreuses alliances avec toutes les anciennes maisons souveraines, voilà les titres à l'aide desquels ils s'élevèrent à la dignité royale. Je trouve là le fameux *comte vert*, Amédée VI, marchant au secours de Paléologue et triomphant d'Amurat, ou bien instituant l'ordre chevaleresque des *lacs d'amour*, nommé depuis l'*Annonciade* [2], ou bien encore remettant son *gantelet* à notre grand Couci, en témoi-

---

[1] Humbert aux blanches mains fut fait comte par Conrad, en 1034; Sigismond créa duc Amédée VIII, en 1416; enfin Victor Amédée, cet opiniâtre ennemi de Louis XIV, comme son père, Charles-Emmanuel, l'avait été d'Henri IV, fut mis au rang des rois.

[2] Ce fut Amédée VIII, premier duc de Savoie, élu pape sous le nom de Félix V, qui fit nommer cet ordre *Annonciade*, et fit suspendre au collier la figure de la Vierge, au lieu de celle de saint Maurice.

gnage de fraternité et d'admiration. Un autre Amédée, surnommé le *comte rouge*, combattait à Rosebecque auprès du roi Charles VI, et pourfendait de toutes parts les intrépides Gantois. Y avait-il aussi un *comte bleu*? je n'en sais rien. Philippe, grand prince, grand capitaine, secondé par trois papes, procura à l'Italie la paix et la prospérité dont elle avait été longtemps privée. En 1580, Charles-Emmanuel, son fils, plein de génie, d'activité et de zèle pour la religion catholique, fut le protecteur des arts, consolida et agrandit sa puissance, mais obscurcit sa gloire par son manque de loyauté.

En voilà bien assez sur tous ces princes savoyards. Reprenons mon récit : le lendemain, je devançai mes compagnons, et allai voir les dames du *Sacré-Cœur* auxquelles j'aime toujours à porter un tribut de reconnaissance et d'affection. Leur bel établissement est placé à peu de distance de la route; j'y fus reçue avec une tendresse toute maternelle qui me rappela ces temps heureux où j'éprouvais la touchante sollicitude de Mme B..., cette supérieure générale d'un mérite éminent et d'une vertu si indulgente, d'un esprit si élevé, dont l'amitié m'est si précieuse.

Jusqu'à Montmélian, la campagne, toujours plus fraîche, est bien cultivée. On traverse l'Isère. Des noyers en profusion embellissent le vallon qui se resserre à Aiguebelles; un gigantesque rocher paraît vouloir en fermer le passage. Tantôt l'aridité des montagnes attriste l'imagination; tantôt les sapins, les châtaigniers et mille arbustes du vert le plus tendre charment le voyageur. Plus loin, de misérables hameaux, des moissons chétives ou rares inspirent un sentiment pénible. Je cherchais en vain ces petits savoyards aux yeux noirs, à la physionomie tout à la fois naïve et fine, que j'avais vus souvent en France.

A l'approche de Saint-Jean de Maurienne où mourut Charles le Chauve, empoisonné par son médecin, on voit les montagnes grandir peu à peu et la neige argenter leur cime éblouissante. Près de Saint-Michel, les bosquets, les vergers, les prairies composent un joli jardin anglais. La route est dénuée des beautés sublimes et sévères du Simplon. Ces pentes couvertes de seigle et d'avoine attestent le courage et l'industrie du savoyard; mais elles dépouillent le paysage, primitivement si gracieux, de ce qu'il doit avoir de pittoresque.

Bonsoir, ma bonne mère : voici l'heure où vous voulez que je prenne du repos ; donnez-moi votre bénédiction.

AU MONT CENIS, dans ma voiture, 30 octobre.

P. S. Je me désolais, en apprenant que la poste ne partira pas de Suze avant deux jours. Mais voilà que je rencontre une femme de Nancy, établie dans un des refuges placés sur la montagne : « Etes-vous mère, lui dis-je ? » — Oui ; — Eh bien ! j'ai confiance que vous » remettrez cette lettre au courrier qui passera » ce soir. » Je lui donne ma lettre avec sécurité.

LETTRE TROISIEME.

suze, au pied du mont Cenis, 30 octobre;
finie à turin, le 2 novembre.

Le voilà franchi ce mont qui me sépare de ma chère patrie et de tout ce que j'aime! Je n'ai vu que neige et rochers pendant toute la journée, triste image d'une trop amère réalité. Je n'ai pas eu assez de force en te quittant, mon enfant; mes larmes m'ont trahie; et chez moi une larme c'est l'excès de la douleur. Il me faut aussi retremper ton ame au moment où elle est peut-être un peu affaiblie; ce serait un tort de l'attendrir. N'ai-je pas vu l'impression profonde et douloureuse que tu éprouvais? O mon Alfred, s'il m'est doux d'être aimée, d'être comprise, je m'affligerais que ta sensibilité pût nuire au courage dont tu as besoin pour remplir tes devoirs et suivre honorablement une carrière. Ton cœur est doué de tous les sentimens tendres et vertueux ; il faut le préserver contre l'entraînement. Plus on a de sensibilité, et plus il faut travailler à acquérir une grande énergie pour en maîtriser les écarts. Cette énergie, tu le sais, on ne la puise qu'en Dieu ; celle que l'orgueil inspire est bien fragile.

Nous couchâmes le premier jour à Nemours, le deuxième à Cosne, où nous rencontrâmes un des secrétaires d'ambassade de Rome. Le lendemain nous étions à Pouilly ; trente lieues en douze heures ! Quand on s'éloigne de sa famille, de ses amis, cette célérité irrite la douleur. Il fallait me trouver à Turin pour la fête de la Toussaint ; nous voyageâmes jusqu'à minuit. La voilà bien ! dira la médisance ; point du tout, c'est la calomnie ; car je n'ai manifesté aucun empressement : j'allais comme on voulait, sans craindre ni désirer. L'apparence du danger n'a-t-elle pas aussi son attrait ? Mais je suis trop découragée pour être active.

Le 29, partis de Chambéry un peu tard, nous vînmes le soir à Saint-Michel. Autre désappointement! Le postillon nous descendit à une mauvaise auberge, où, dans la salle qui nous fut octroyée, sillonnée en tout sens par de raboteuses aspérités, nous trébuchions à chaque pas ; nous y vîmes paraître un essaim de femmes ; mais de véritables femmes du quatorzième siècle, telles que les a retracées Walter-Scott. Ces mœurs antiques, cette naïveté, cette poésie plaisaient à mon ame, mais ne sustentaient pas l'estomac de mes compagnons de voyage. La table, « *qu'en un de ses supports le temps avait rompue* », n'était chargée que d'un morceau de mouton à l'ail. Encore si je pouvais ajouter : « *d'un peu de lait, des fruits et des dons de Cérès !* »

Sur le mont Cenis, une espèce d'ouragan vint nous assaillir. Mal passé n'est que songe. Toutes ces beautés sauvages disparaissaient sous un vaste linceul de neige qui détruit les grâces de la nature, comme la mort détruit celles de la jeunesse. La nuit nous surprit avant notre arrivée à Suze ; mais la tempête avait cessé. Annibal et Constantin frayèrent les premiers ce passage. On suit jusqu'à Turin un vallon plus ou moins étroit, et animé par les châteaux de Saint-Georges et d'Avegliano. Ces deux forteresses, bien que situées sur la cime des montagnes, sont elles-mêmes dominées par le château de Saint-Michel. Plus loin la vallée s'élargit ; et nous nous trouvons au milieu des champs de maïs, de blé, de mûriers et de vignobles. A trois lieues de Turin, je portai mes regards sur le château de Rivoli, devenu célèbre par l'abdication et l'emprisonnement de Victor Amédée. Les sollicitations de sa femme, l'ambitieuse marquise de Saint-Sébastien, provoquèrent cette révolution et les fâcheux événemens qui la suivirent. Un siècle plus tôt, en 1262, un des ancêtres de ce prince, Boniface, comte de Savoie, fut surpris par les révoltés qu'il allait combattre, et gardé dans les fers jusqu'à sa mort.

J'ai dîné à Turin avec M. de R., et le nonce du pape, chez Mme de La Tour du Pin. J'ai revu avec intérêt le comte d'Apremont, jeune homme vraiment distingué et frère de ma chère Joséphine, puis une dame suisse, amie de cette pauvre Charlotte. MM. de L. étaient allés à l'opéra avec le jeune Aimar. Le marquis de La Tour du Pin, qui a, entre autres mérites, celui de lire en perfection, nous a lu Alzire. Il m'a semblé que le talent du lecteur faisait ressortir davantage cette foule d'idées faussement philosophiques et d'impressions dangereuses qui se glissent à la faveur de beaux et nobles sentimens. On l'a dit avec raison ; Voltaire attaque surtout les femmes et les jeunes gens, de la même façon que les insectes, fléaux des jardins, dévorent les racines les plus précieuses.

Du reste, notre soirée a été charmante. Je me trouvais là au milieu de toutes les vertus domestiques, embellies encore par la noble élégance des manières et le charme d'une instruction variée. Mme de La Tour du Pin est toujours plus maternelle pour moi.

La maison des dames du Sacré-Cœur à Turin est immense ; il en faudrait faire un Saint-Cyr ; car, le roi ne permettant à ces dames d'y admettre que des filles de gentilshommes nées en Sardaigne, la prospérité de leur bel établissement en souffre beaucoup.

Adieu, mon enfant. Qu'il me tarde de savoir si tu es admis à Saint-Cyr ; si tu as trouvé dans tes maîtres, dans tes camarades, quelque intérêt, quelque amitié ; si les exercices de la discipline te semblent bien durs ! Te voilà entré dans la carrière des armes : *souviens-toi de qui tu es fils, et ne forligne pas.*

LETTRE QUATRIÈME.

MODÈNE, 5 novembre 1823.

Que de fois, ô mon père, je repasse dans mon cœur nos délicieuses conversations ! Ah ! croyez-le bien, père chéri, c'est à vous que je les dois, ces mouvemens généreux, ce courage, cette résignation dont vous me parlez, dont vous êtes si touché ; croyez-bien que pas un mot n'a été perdu, que j'ai recueilli chacun de vos regards bienveillans. J'ai fait, si on peut le dire, mes provisions d'amour paternel.

Modène est située dans une belle plaine entourée de fraîches prairies. La rue principale de cette jolie ville, bordée de portiques réguliers, est d'une immense longueur. Le palais ducal, composé de quatre ordres d'architecture, a un grand air de magnificence. La cathédrale est gothique ; c'est là qu'est déposé le *seau* des Bolonais, sujet du poëme de la *secchia rapita* d'Alexandre Tassoni,

« Qui, par les traits hardis d'un bizarre pinceau,
» Mit l'Italie en feu pour la perte d'un seau. »

Tiraboschi raconte comment l'influence des beaux esprits, séduits par les opinions et les disputes publiques des protestans, faillit rendre cette ville luthérienne au seizième siècle. Les femmes mêmes, dit-il, ne furent pas étrangères à ces discussions téméraires sur la discipline et les articles de foi et de l'Ecriture sainte. Les prédicateurs n'osaient plus monter en chaire, tant ils redoutaient les railleries des académiciens. Plusieurs se virent contraints d'en descendre. Rome alors eut recours à Hercule II, souverain de Modène ; elle lui délégua des cardinaux et des théologiens. Le résultat des conférences fut d'obliger les habitans à signer une formule de foi ; ce qui s'exécuta sans trouble ; et Modène resta catholique.

La maison de Modène, celle d'Est, de Savoie et de Montferrat, sont les seules qui ne furent point troublées par ces horribles tragédies domestiques dont l'histoire de l'Italie est trop souvent souillée.

Molza, surnommée le Tibulle moderne, naquit à Modène qui vit naître aussi la savante Tarquina Mol, à qui le peuple romain accorda par diplôme l'honneur et les droits de cité; glorieuse distinction rendue à ses vertus, à ses talens en poésie, en musique, à ses connaissances dans les langues étrangères. Enfin Emilie del Monte, cette femme, que les atroces persécutions des Caraffa ont rendue célèbre, était encore une Modénoise.

TORRINIÉRI, 11 novembre.

Ma lettre n'a pas été mise à la poste. Je profite de cet oubli pour reprendre un peu les détails de mon voyage depuis Modène. Désirant explorer une autre partie de l'Italie, nous prîmes la route de Sienne. Sienne est la ville d'Italie où l'on parle le mieux l'italien, cette langue poétique où les mots ne sont admis, dit Sismondi, qu'autant qu'ils portent avec eux une image, et dont les Villani, les Boccace, les Sachetti formèrent la prose, que Pétrarque, d'Ascoli, Zanobi créèrent et perfectionnèrent dans la poésie. Sienne est placée sur une hauteur environnée de collines que tapissent partout la vigne et l'olivier. Çà et là on voit quelques débris de constructions féodales se dégageant à travers les peupliers et les cyprès. Les hautes croupes de l'Apennin bornent au loin l'horizon.

Mais nous sommes en novembre; et ces belles campagnes si richement cultivées sont maintenant dépouillées de verdure et d'ombrage; le soleil les éclaire sans les féconder.

C'est dans ces mêmes plaines que guerroyait celui qu'on a nommé le petit Attila, le duc Guarniero, qui portait sur sa poitrine une large plaque avec cette horrible inscription : *ennemi de Dieu, de la pitié et de la miséricorde*.

Au quatorzième siècle, Sienne contenait plus de cent mille habitans; aujourd'hui à peine en a-t-elle dix-huit mille. République indépendante au moyen âge [1], elle rivalisa de puissance avec Florence sur qui les Siennois remportèrent de grandes victoires. Plus tard Pandolfe Petrucchi, *le type de la tyrannie* [2], subjugua cette ville. Ayant tenté de faire empoisonner Léon X, il fut attiré à Rome, arrêté, torturé et étranglé.

Sienne refusa long-temps de se soumettre aux Espagnols, et invoqua le secours de la France qui lui envoya le duc de Thermes. Enfin le duc de Toscane l'assujettit. Les Siennois étaient, selon le *divin* poëte, la nation la plus vaine :

> Or fu giamai
> Gente si vana come la sanese;
> Cerle non la francesca si d'assai.

Cette ville n'est point belle; mais elle a, si on peut le dire, une physionomie bien expressive. Figurez-vous des constructions compactes, d'un style sévère, de vieux édifices tout noircis, beaucoup de maisons encore crénelées, un hardi beffroi, des rues escarpées, inégales, tortueuses,

---

[1] L'oligarchie des neuf offrit *la seigneurie* à l'empereur Charles IV, quand il revint de Rome, où il avait été couronné à Saint-Pierre. Une sédition violente le força de se réfugier dans le palais des Salenbini. Le monarque se montra pusillanime et lâche; mais le capitaine du peuple n'abusa point de son effroi; il le fit prier de sortir de la ville.

[2] Machiavel le choisit, dit-on, pour le modèle de son tyran.

une place en amphithéâtre où s'élèvent plusieurs statues et une belle fontaine de marbre. Telle est Sienne, ville déchue, mais qui porte encore l'empreinte de sa grandeur passée.

Le véritable monument de Sienne, c'est la cathédrale construite en marbre blanc et noir : le portail est bizarrement surchargé d'arabesques, de statues et de bas-reliefs, mais l'intérieur est d'une beauté irréprochable ; c'est ce gothique si religieux sur lequel j'aime toujours à revenir. L'architecture grecque, avec ses ordres si bien définis, avec ses proportions parfaites, ressemble à une beauté régulière, gracieuse et pure ; dans le gothique ce sont d'autres qualités qui dominent ; c'est une vive et puissante expression, une sorte de dignité rêveuse dans les traits. Par là s'expliquent les impressions diverses que produisent ces deux types si différens ; fugitives et bornées dans les édifices grecs, elles sont profondes, inépuisables, infinies dans nos temples chrétiens.

Bien que la nef soit ornée des statues des douze apôtres et d'un maître-autel fort somptueux, elle est en quelque sorte éclipsée par la chapelle Chigi, toute éblouissante de lapis et de bronze doré ; deux compositions gracieuses de Carle Maratte, huit superbes colonnes de vert antique, et quatre statues placées dans les niches complètent la richesse de son ensemble. On y voit les statues de deux papes de la maison de Chigi. Ce serait encourir le blâme des amis des arts que de ne pas mentionner un saint Jean-Baptiste par Donatello et un Christ en marbre, de Michel-Ange. Il ne faut pas oublier non plus le tombeau du bon et sage Zondadari, grand maître de Malte, ni le pavé incrusté de mosaïque et de marbre où les nuances admirablement fondues sont si remarquables par la pureté des contours. Dominique Beccafuni y a représenté avec bonheur des traits de l'histoire sainte, entre autres, *le sacrifice d'Abraham* et le *passage de la mer rouge;* mais on ne voit que des échantillons de ces chefs-d'œuvre ; car des planches en recouvrent à peu près la totalité.

Les artistes furent encouragés et récompensés à Sienne par deux de leurs compatriotes qui montèrent sur la chaire de saint Pierre : le savant Encas Silvius, Pie II, et son neveu Piccolomini, Pie III. Ce dernier appela le Pinterruchio, le Perrugino et Raphaël à Sienne pour orner la cathédrale de belles fresques, dont la noble vie de son oncle a fourni les sujets.

On peut citer parmi les artistes célèbres de cette ville, Rustico, Scalabrino, Sodomo, Matheo de Giovanni et le vertueux et modeste Baltassare Peruzzi, disciple et ami de Raphaël. J'aurais voulu voir des ouvrages de Simon Memmi, tant loué par Pétrarque. Memmi avait fait le portrait de la belle Laure....

Alexandre III, si décrié par les ennemis de la puissance pontificale, était aussi de Sienne. Ce pape, en butte aux violences de l'intrus Victor et à la haine de Frédéric, vint, sous Louis VII, se réfugier en France; car il fut un temps où la France était l'asile des papes persécutés [1].

En allant voir au collége les petits-fils de l'aimable comtesse de Cézolles, nous nous arrêtâmes à l'église Saint-Augustin, où nous pûmes admirer *un portement de croix* de Sambinelli qui restaura son art à une époque où la chute de la république entrainait celle de la peinture. On ne vient pas à Sienne sans visiter la maison de cette femme étonnante qui serait encore une héroïne si elle n'était pas une sainte. Issue d'une famille obscure, Catherine devint l'arbitre et le

[1] Parmi les personnages nés à Sienne, il faut encore nommer *saint Bernardin, François Patrice, Piccolomini* et huit papes.

conseil des souverains; son courage l'exposa aux fureurs des factions qui divisaient alors l'Eglise. L'éloquence de sa parole détermina le pape Grégoire XI à rétablir le saint siége à Rome; elle adoucit enfin la fierté et la dureté naturelle d'Urbain VI. Cette sainte femme, éprouvée elle-même par mille peines intérieures, portait la paix et la charité entre les partis ennemis; sublime destinée qui était accomplie à l'âge de trente-trois ans!

Ne me grondez pas, mon bon père, de la longueur de ma lettre; elle a été écrite à deux reprises. Puis-je faire de mes longues soirées un meilleur emploi que de les consacrer à m'entretenir avec vous?

LETTRE CINQUIEME.

ROME, 16 novembre 1823.

ME voici donc encore une fois à Rome, ma bonne mère, à Rome où je croyais ne jamais revenir ; doux et délicieux démenti donné à mes pressentimens. Il était nuit quand nous approchâmes de la porte *del popolo* ; la soirée était belle ; la lune brillait de l'éclat le plus pur ; ses rayons se projetaient de toutes parts sur la grande et mystérieuse cité ; l'astre mélancolique semblait se complaire à visiter ces ruines, ces monumens si mélancoliques eux-mêmes ; nul bruit ne se faisait entendre ; et Rome, ce soir-là, était plus que jamais la ville du silence. Je ne saurais vous rendre, ma bonne mère, tout ce que mon cœur éprouva de bonheur et de charme en ce moment solennel. Que n'étiez-vous là pour jouir avec moi d'un spectacle si bien fait pour votre ame ! Hélas ! c'est dans de pareils instans qu'on gémit d'être loin de ses proches, de ses amis, de tous ceux qui sentent et aiment comme nous.

Et pourtant, le croiriez-vous ? je suis ici bien moins isolée qu'à L.... Dès le premier jour nous reçûmes le prince de S....; et le comte de M.... vint me chercher un moment après notre arrivée.

Le lendemain, un billet du duc de Laval m'exprima ses regrets de ne point venir lui-même : il veut, dit-il, me soigner, me distraire; nous dînâmes chez lui avec le cardinal de Clermont-Tonnerre et le cardinal de la Fare. Ce dernier me parla, avec une amitié sentie, du frère chéri de mon père.

J'y vis aussi le duc de Rohan dont le nom historique et l'extérieur si distingué reçoivent un nouveau relief de l'état sublime qu'il a embrassé ; il me parla beaucoup du père Rozaven, objet de notre commune vénération. J'aime surtout en lui ce tendre intérêt qu'il porte à la jeunesse; il m'a entretenue de notre Alfred et de ses aimables qualités. Mon orgueil maternel était tout rayonnant.

Hier je suis allée surprendre la princesse Gagarin qui me reçut avec une joie bien douce à mon cœur. Nous sommes encore dans un hôtel garni; l'obligeant prince de S.... nous cherche un appartement voisin du *Gesu*; j'ai à cœur de loger à proximité de cette église qui est voisine du Capitole, du Forum et du Colisée; je m'y ferai une solitude délicieuse au milieu de ces monumens abandonnés; j'ai beaucoup de penchant pour les grandeurs déchues. Il faut pourtant achever mon journal. Depuis Torriniéri d'où j'ai écrit à mon père la dernière fois, nous allâmes à Chiusi, l'antique Clusium, puis à Radicofani perché sur la pointe d'un rocher. Jusques-là on parcourt une région désolée; le sol blanchâtre et stérile est de la plus insupportable monotonie; point de ces accidens pittoresques qui plaisent malgré leur aridité. A Ponte Centino, on aperçoit de verdoyans coteaux couverts de chênes et de châtaigniers; mais l'automne commence à dépouiller ces forêts de leurs ornemens. Le ciel devient nébuleux, l'air doux et calme; la feuille décolorée se détache du rameau, tourbillonne au gré du vent, puis va s'abattre sur le sol humide. La voilà bien loin du chêne paternel; pour elle nul abri désormais, nul repos jusqu'au moment où elle aura perdu sa forme et même son nom.

Une grande différence dans la culture du pays donne une idée de l'aisance des habitans. La route gravit de nouveau des hauteurs escarpées. *San-Lorenzo nuovo*, village élégamment bâti avec une rue bien large, est une œuvre paternelle de Pie VI; il le fit élever pour y recevoir les habitans de *San-Lorenzo vecchio*, dont la situation au fond d'un ravin causait tous les ans une fièvre épidémique et meurtrière [1].

Au-delà d'Aquapendente, on arrête complaisamment ses regards sur le lac Bolsène qui a trente milles de circuit, et de la surface duquel s'élèvent deux îles mélancoliques. C'est ici que la

---

[1] Ceux qui penseraient que les papes, exclusivement occupés de la direction spirituelle des peuples, ont attaché peu d'intérêt au bien-être matériel de leurs sujets, seraient dans une grande erreur. Depuis l'époque où ils commencèrent à jouir d'une fortune temporelle, on les retrouve toujours concevant et exécutant des projets d'utilité publique; bornons-nous à dire que, dès les premiers temps, Adrien I.er fit rétablir les murs de Rome, rouvrir des aqueducs; que *Civita Vecchia* fut bâtie sur les ruines de *Centum Cellæ* par Léon IV, qui fit en outre fortifier toutes les frontières du territoire de l'Église, et reconstruire la ville de Porto, en partie détruite par les Sarrasins.

fille de Théodoric, la courageuse et infortunée Amalasonte, fut reléguée et étranglée par ordre de son stupide neveu, le féroce Théodat, à qui elle avait assuré la couronne. Théodat était un monstre, et cependant était fort lettré; il savait tout ce qu'on peut savoir; il dissertait et discutait avec les sages. Dites après cela que l'éducation supplée à tout; qu'elle donne même les qualités du cœur; oh! non, elle les développe, les dirige; mais elle ne les fait pas naître.

> Sempre natura, se fortuna truova
> Discorde a se, come ogni altera semente
> Fuor di sua region, fa mala pruova.
>
> *Il Paradiso.* Canto vii.

A Bolsène s'opéra le miracle qui donna lieu à l'institution de la fête du Saint-Sacrement par Urbain VI, et qui fournit à Raphaël le sujet d'une de ses fresques les plus magnifiques. Arrivés très-tard, nous logeâmes à la porte de la ville dans une mauvaise *locanda* où nous trouvâmes pour toute salle à manger une chambre bien noire, bien enfumée; pour siéges des bancs écornés, mal affermis, pour tout aliment un pain noir et moisi et une omelette à l'huile de lampe; pour hôtesse enfin,

« . . . Une vieille encor plus misérable
» S'affublant d'un jupon crasseux et détestable. »

brusquant les voyageurs qui arrivent, boudant ceux qui s'en vont, les laissant tous mourir de faim, puis les écorchant; il n'y avait pas là de quoi nous remettre des fatigues de la journée. A la sortie de Bolsène, on traverse une forêt de chênes séculaires; les voleurs trouvaient un refuge dans l'épaisseur de ces taillis; aussi on y a mis le feu en beaucoup d'endroits.

Montefiascone a eu pour évêque le cardinal Mauri.... Viterbe, avec ses murs flanqués de tours, mériterait d'être mieux encadrée. Eugène III s'y retira, lorsque les discours d'Arnaud de Bresse eurent allumé à Rome une sédition. L'admirable conduite du cardinal Pauli envers le poëte Flaminio excite une douce sensation. Les argumens spécieux de Valdès et le zèle des prédicateurs de la réforme avaient subjugué Flaminio. Le cardinal, touché de charité pour cet homme plein de talent et de vertus, l'attira à Viterbe; et, passant d'entretiens sur la littérature à des conférences sur la religion, distinguant la sainteté des dogmes et le relâchement de la discipline, l'indulgent prélat lui démontra la nécessité d'extirper les abus, sans bouleverser la religion, et l'attacha de nouveau à la croyance de ses pères.

Pendant le carême, on conduit toute la garnison tous les jours, pendant huit semaines, au sermon dans l'église de Saint-Charles du cours; on tient les troupes dans cette église depuis une heure jusqu'à trois heures et demie.

Essaierai-je de justifier le retard de cette lettre? Non; car vos droits sur mon temps, sur mes pensées et mes affections sont imprescriptibles. Si le cœur d'une mère est inépuisable d'indulgence, il l'est plus encore d'inquiétude.

Adieu; rappelez-moi à nos amis et surtout à ma sœur, à l'excellent Gabriël, à vos aimables voisines et au comte de St.-M... à celui qui m'a inspiré ce sentiment

« Qui n'a pas de nom au terrestre séjour. »

Je désire bien qu'on ne m'oublie pas plus auprès de ma chère Léopoldine, que je ne l'oublie moi-même. Elle sait ce que je demande pour elle au prince des apôtres.

LETTRE SIXIEME.

ROME, 8 décembre 1823.

A l'heure qu'il est, je devrais être chez le duc de Laval, à ce qu'ils appellent une grande *conversazione*. J'ai mieux à faire : dans ce cercle brillant, au milieu de ces femmes élégantes, trouverais-je quelqu'un pour parler de mon père? Ici je suis plus près de vous; je puis me croire encore à N..., à cette petite table ronde, si souvent témoin de nos entretiens familiers, intimes, où mon ame puisait les plus nobles inspirations, les plus salutaires enseignemens. Oh! rien ne vaut la vie de famille, nul bonheur n'égale, ne remplace le bonheur domestique. Mon bon père, si je me félicite d'être *dame châtelaine*, comme vous m'appeliez, c'est en rêvant au plaisir de vous tenir chez moi, de vous y voir maître, d'y conserver ensuite vos souvenirs qui vivifieront ma demeure, qui en feront un temple de la piété filiale. Mais voici encore mon cœur qui se laisse entraîner, ce cœur qui ne vit que du passé et de l'avenir.... Je m'étonne moi-même d'être cette fois moins émue en présence de la grande cité, et d'y mener une vie si retirée, lorsque je suis en présence de ces grands souvenirs, alimens d'une ame ardente. Les années, les positions, les souffrances modifient singulièrement les caractères. J'ai besoin même de m'habituer au bonheur si doux de revoir des personnes chéries ; car mes premières impressions sont toujours mélancoliques. Le vide est partout ; les choses humaines n'ont pas la puissance de satisfaire un être créé pour Dieu, et pour Dieu seul !

Notre logement est au midi, en face du palais de Venise et près de l'église de Saint-Marc qui jadis servait de chapelle à ce vaste édifice. Nous ne sommes qu'à cent pas du *Gesu*. Je me sens calme et consolée près des autels de Loyola et de Xavier [1], sous les voûtes de ce temple obscur,

---

[1] Depuis, on a traduit du portugais, les lettres de cet illustre saint. Je cède au plaisir de citer les expressions

où tout invite au recueillement, où les orages du cœur semblent s'apaiser au milieu de ce grand nombre de fidèles.

brûlantes de charité, qui s'échappent de ce cœur héroïque, de cette ame qui sait aimer, se souvenir et s'unir d'une manière si touchante à ses amis absens ! « Pour qu'aucun de vous,
» écrit-il, ne me sorte ni du cœur, ni de l'esprit, vos signa-
» tures, que j'ai détachées de vos lettres, sont constamment
» pendues à mon cou, avec la formule de ma profession. »
Ailleurs il s'adresse à saint Ignace : « De quels délicieux sou-
» venirs vos derniers mots ne sont-ils pas venus frapper mon
» ame ! *Je suis tout à vous*, dites-vous, *de manière à ne jamais
» vous oublier*. En lisant ces mots, des larmes délicieuses sil-
» lonnaient mes joues ; et, à l'instant même où je vous écris,
» elles arrosent mon papier. Je songe à cet heureux temps où
» vous me pressiez dans vos bras comme l'objet d'un amour
» aussi sincère que pur, qui me poursuit encore au-delà des
» mers. Je pense que c'est surtout à vos ardentes prières que
» je dois cette protection divine qui, au milieu d'innombrables
» périls, ne m'a jamais abandonné... Vous dites, dans l'excès
» de votre amitié pour moi, que vous désireriez ardemment
» me voir encore une fois avant de mourir. Ah ! Dieu seul,
» qui voit l'intérieur de nos cœurs, sait quelle vive et pro-
» fonde impression a faite sur mon ame ce doux témoignage
» de votre amour pour moi. Chaque fois que je me le rappelle,
» et cela m'arrive souvent, mes yeux se remplissent de larmes
» involontaires ; et si l'idée que je pourrais vous embrasser
» encore une fois vient se présenter à mon esprit, je me trouve
» à l'instant surpris par un torrent de larmes que rien ne peut
» arrêter. » Quel langage ! Comment accuser la piété de rendre insensible ! Xavier manifeste un admirable esprit de justice dans le jugement qu'il exprime de la conduite des Portugais. Quelle compassion pour les pauvres peuples qu'il voulait con-
vertir ! que d'indulgence pour leurs vices, et quel zèle ardent, pressant, persévérant à les éclairer. On sent que ses expres-
sions, quelqu'énergiques qu'elles soient, ne suffisent pas à ses sentimens. On s'identifie à ses douleurs, à ses vœux, aux prières qu'il adresse au roi, aux pères de la Compagnie, par rapport à tout ce qui concerne le salut de ces ames. Est-il des accens

Une famille française a témoigné le désir de nous connaître; mais je suis peu soucieuse de nouveaux visages. J'ai retrouvé mon excellent docteur Morichini et il signor Mauri, mon maître d'italien, professeur à la *Sapienza*. Mes vieilles hôtesses m'ont prise en affection. Je vais estropier de l'italien avec elles; leur neveu sait un peu de français.

Quand nous reparûmes au *Gesu*, les pauvres qui nous avaient reconnus poussèrent un cri de joie; ils me témoignèrent la plus naïve sollicitude au sujet de ma santé. Un bon homme à jambe de bois prit sur lui de se jeter sur ma main qu'il baisa avec vivacité. Je dois dire qu'en ce moment, de tous ces mendians ordinairement si importuns, pas un ne songea à

---

plus sublimes que ceux de sa douleur, lorsqu'il apprend l'incursion des *Budages* dans l'île de Comorin et le malheur arrivé au gouverneur de cette île? « Allez, s'écrie-t-il, volez à son » secours; remettez tout ce que vous avez de barques, et » placez-y toute espèce de provisions, etc..... J'irais moi- » même si je savais que ma présence pût lui être agréable; » mais depuis quelque temps il a rompu avec moi..... » Et il raconte sans aigreur que cet homme l'a chargé des plus atroces imputations; il ajoute : « il vous suffit de comprendre que je » dois éviter une entrevue avec un homme indisposé contre » moi, et cela pour ne pas aggraver son malheur par ma » présence.... » Que de délicatesse dans cette charité bien opposée à l'ostentation orgueilleuse des païens!

nous tendre la main; tous se bornaient à me combler de bénédictions.

Saint-Pierre et le Colysée, ces deux monumens que, l'année dernière, j'avais tant admirés, me ravirent encore cette fois-ci. Tel est le vrai beau; loin de fatiguer l'admiration, il lui donne sans cesse un nouvel aliment. Reflet de la divinité, et, si on ose le dire, son incomplète image, il est, comme elle, infini, inépuisable; il nous offre une idée anticipée de ce ravissement perpétuel où nous jettera la vue des perfections divines. Aussi, tout enthousiasme, même lorsqu'il est inspiré par la beauté des œuvres humaines, a-t-il quelque chose de religieux et de sacré; ce noble sentiment émane de Dieu même, comme son nom l'indique; les cœurs élevés qui l'éprouvent unissent toujours l'amour du vrai beau à la jouissance du dévouement; toutes les ames tendres et pieuses sont enthousiastes. On se demande à la vue de ce merveilleux Colysée, pourquoi le nom de son architecte n'a pas traversé les âges.

Une sorte de solitude environne l'église Saint-George *in velabro*, bâtie sur l'emplacement de la basilique de Sempronius, espèce de palais de justice à l'usage des marchands du *vélabre*. Avant que Tarquin eût construit les fameux cloaques, c'était un vaste étang ou marais ; les barques y voguaient à pleines voiles, d'où dérive le nom de *velabro*. Depuis, il servit de place aux marchands, qui se garantissaient des ardeurs du soleil, au moyen de grandes toiles.

La place sur laquelle se trouve la colonne Trajane était la plus belle de Rome païenne. Cette colonne spirale en marbre blanc est chargée de bas-reliefs qui représentent les actions les plus glorieuses de Trajan, durant la guerre longue et difficile des Daces. Dix mille gladiateurs combattirent au cirque, et onze mille animaux périrent pour célébrer la victoire la plus sanglante ; ainsi le sang n'avait pas encore assez coulé au gré des Romains. Une statue de saint Pierre a succédé à l'urne qui renfermait les cendres de cet empereur, et qui avait été amenée à Rome sur un char de triomphe. Le mausolée de ce prince, d'origine espagnole, est le premier qu'on plaça dans l'enceinte de la ville ; ce fut un hommage spontané de la reconnaissance publique. Trajan, qu'on a peut-être loué avec excès, aima trop la guerre ; et, après s'être vu l'idole de la fortune, d'éclatans revers obscurcirent ses dernières années. Vous souvient-il d'avoir ouï dire que *le pape saint Grégoire*, après avoir lu la vie de cet empereur, se prit à gémir de ce qu'un si grand prince ne pouvait être sauvé? Pénétré d'une pieuse compassion, il alla, dit-on, prier pour le salut du monarque païen; et, à force d'invoquer la faveur céleste, il lui fut révélé que Trajan serait sauvé; mais on lui enjoignit de ne plus faire à l'avenir de demandes aussi indiscrètes. Ce n'est là, au reste, qu'une tradition en l'air, qui ne mérite pas d'être réfutée.

Sur cette même place se voient deux jolies églises de l'architecture de Bramante, toutes deux dédiées à la sainte Vierge. J'ai vu dans l'une d'elles une statue de sainte Susanne, noble, gracieuse et modeste, chef-d'œuvre du flamand Quesnoy. Il y aurait, à ce propos, une observation à faire sur le grand nombre d'églises qui, dans Rome, sont consacrées à Marie, et tous les noms divers sous lesquels elle y est invoquée : *Sainte-Marie de l'ame, Sainte-Marie libératrice, de la consolation, du peuple, de la paix, de la victoire, de la scala cœli*, etc. Aimable série de titres ! toutes ces églises composent à Rome une sorte d'abrégé, de résumé de ce concert d'hommages, de ces litanies monumentales que la piété pour la mère du Sauveur a dispersés par toute la chrétienté. Marie est honorée et invoquée sous tous les noms de miséricorde et d'amour que la souffrance, l'admiration et la reconnaissance ont pu concevoir. Ce n'est partout que véritables effusions de tendresse et de confiance filiale; partout que supplications de la faiblesse et du malheur. Ainsi donc, la religion catholique, fidèle au dogme fondamental de l'unité divine, n'a point, comme les païens, *apothéosé* tous les sentimens de l'ame; au lieu de leur élever des temples, elle les a placés sous la tutelle de la plus sainte des créatures.

Vous ai-je dit que M. Ch. de R. est ici ? Vous connaissez son bon et beau caractère. Il a pris à cœur de me tirer de mes habitudes sédentaires. Ces jours-ci, il nous engagea à revoir la *villa Borghèse*, hors la porte du peuple. On voit figurer dans cette *villa* des cirques, des forteresses, des aqueducs, des fabriques et une multitude de statues. Mais combien je préfère à ces temples factices, à ces ruines modernes et même aux beaux espaliers de lauriers et d'orangers, les allées ombreuses, les bosquets de pins et de magnifiques chênes verts, et ce lac limpide sur lequel se balancent des saules à longues chevelures, de sombres cyprès et de beaux noyers! Là règnent la paix et le silence; le silence, qui, pour les hommes frivoles, est le néant et la mort, tandis qu'il est au contraire le père des saintes méditations, le conseiller de la sagesse et le témoin des bonnes œuvres. Certes, lorsque l'intelligence l'inspire, il est vie, cette vie d'où partent tant de rayons lumineux capables d'éclairer, de nourrir nos ames.

Ces jardins de la villa Borghèse ont plus d'une lieue de circuit. Il y a là, comme partout, d'inévitables nayades au bord de l'eau, des faunes au pied léger, des hamadryades qui gémissent prisonnières sous l'écorce. Les dieux et les déesses surchargent ici les jardins, comme ils surchargeaient l'Olympe, du temps de Cicéron. J'échappai à Jupiter et à son éternelle cour, pour aller jouir, à travers les rideaux de feuillage, de la vue de Rome, de Saint-Pierre, des aqueducs, etc. Le cassin est riche en tout genre d'antiquités, de colonnes, de vases, de bustes, de statues. Parmi les sculptures modernes, David tuant Goliath n'a jamais représenté l'élu du Seigneur, le bien-aimé de son cœur préludant aux victoires de son glorieux règne. A n'envisager que le matériel de l'art, c'est pourtant un chef-d'œuvre du Bernin. La bataille où Camille vainqueur délivra Rome des Gaulois, fresque de Marius Rossi, est pleine de verve et peut-être aussi d'emphase. Le trivial *Curtius* ne m'a pas charmée ; je remarquai encore les statues de Mars en repos, de Papirius et celles de Petus et Aria. En sortant de la villa Borghèse, on est tout près de cette partie des murs de Rome qui est appelée *muro torto*, à cause d'une inclinaison qui serait presque effrayante, si l'on ne savait qu'elle existait déjà du temps de Procope. Sa durée constate l'indestructible bâtisse des Romains. Nous revînmes ravis de notre première promenade que favorisait un temps magnifique.

Il y eut ces jours-ci une secousse de tremblement de terre, mais si peu sensible que ma pauvre mère n'en eût pas été effrayée.

Adieu, bon et tendre père ; soyez toujours indulgent pour moi. « Vous êtes mon père ; vous
» souffrez que je vous parle avec assurance ;
» vous m'avez élevée si haut que parfois je me
» trouve au-dessus de moi-même [1] ! »

[1] . . . . . Voi siete 'l padre mio ;
   Voi mi date a parlar tutta baldezza :
   Voi mi levate si ch' io son più ch' io.
                                    Paradiso, canto XVI

LETTRE SEPTIÈME.

ROME, 18 décembre 1823.

Je me livrais, mon bon père, à d'absurdes pressentimens, quand votre lettre est venue les calmer et contredire mes folles imaginations. Je me demandais si vous étiez mécontent de votre fille ; si l'on m'avait enlevé votre tendresse ? Eh bien ! je serais allée aux tombeaux des saints martyrs ; j'aurais imploré avec larmes le retour de cette affection nécessaire à ma vie ; et j'aurais supplié le ciel de m'accorder assez de détachement et de courage pour supporter cette cruelle épreuve. Se peut-il bien que je me sois laissée aller à de pareilles idées ? Quand on voit le monde si pauvre en consolations, on tombe aisément dans le trouble ; on devient un peu misanthrope. Le séjour de Rome modifie singulièrement nos facultés ; il nous pénètre d'un calme sérieux. Je ne me lasse jamais de revoir le Forum et le Colysée. Une allée d'arbres est plantée à l'ancienne *voie sacrée*, appelée ainsi, parce que les augures suivaient ce chemin, lorsqu'ils montaient au temple de Jupiter capitolin. C'est aussi la route par laquelle passaient les triomphateurs. Sur cette voie chemine aujourd'hui l'humble capucin à longue barbe, quêtant et priant pour les pauvres, les prisonniers et les voyageurs. Les souvenirs abondent sur la place du Forum : souvenirs de gloire et d'héroïsme, souvenirs de violences et de crimes ; Drusus et Philippe assassinés : l'un pour avoir voulu faire adopter une loi, l'autre pour en avoir fait rejeter une qui plaisait à la multitude. Que de scènes diverses se jouèrent sur ces tréteaux immortels ! Tibérius Gracchus apparaît au Forum revêtu d'habits de deuil, suivi de sa femme et de ses enfans, et suppliant le peuple de les protéger. Après la victoire des soldats de Vespasien, Vitellius fuyait avec son cuisinier et son pâtissier ; bientôt l est saisi par le peuple et traîné demi-nu au Forum ; les soldats le forcent, en dirigeant sur lui la pointe de leurs piques, à montrer son visage avili à une populace furieuse qui le couvrait d'immondices et l'accablait d'outrages [1].

Dans mon inventaire de ruines, j'ai oublié les *rostres* ou tribunes aux harangues. L'orateur qui y parlait devenait inviolable. A l'ancien rostre étaient appendues les lois des douze tables, gravées sur l'ivoire. Des piliers ornés de rostres ou becs et éperons de navire, décoraient le nouveau, en l'honneur de la première victoire navale que les Romains gagnèrent sur les Carthaginois. Le sénat ordonna l'érection d'une colonne en marbre de Paros, pour perpétuer la mémoire de cet événement ; les proues des vaisseaux détruits la décorèrent, et lui valurent le nom de *rostrale*. Elle était placée non loin du Palatin. C'est en ce lieu que Galba, renversé de sa litière, fut massacré. Qui redira les merveilles qu'opérait l'éloquence du haut de ces tribunes ? Qui nous peindra le peuple à flots pressés inondant la place publique, recueillant les grandes paroles que l'orateur laissait tomber,

---

[1] Les excès de ce monstre surpassent tout ce qu'on peut imaginer. On se souvient du plat immense nommé le *bouclier de Minerve*, rempli de foies de lottes, de cervelles de faisans, et de laitances de lamproies. En quatre mois sa table coûta quatre-vingt-dix millions de sesterces. Ainsi toutes les richesses du monde s'engloutissaient dans des festins.

et couvrant sa voix d'applaudissemens qui ébranlaient les sept collines ? Cet immense Forum suffisait à peine à la multitude qui de toutes parts s'y rassemblait. Le peuple romain ne voulait pas qu'un seul procès s'instruisît hors de sa présence ; les villes d'Italie envoyaient des députations pour soutenir, protéger, consoler les accusés ; la patrie toute entière intervenait dans les jugemens.

J'ai suivi la voie de la croix au Colysée. Les rayons obliques du soleil couchant coloraient l'horizon d'un rouge ardent ; de pieux fidèles, un capucin à leur tête, chantaient des prières de propitiation. Prosternée sur cette terre qu'arrosa le sang des martyrs, j'étais plongée dans une sorte de ravissement : je m'agenouillais tantôt sur un tronçon de colonnes, tantôt sur un fragment de corniche ; j'appuyais mon front contre des débris de portiques remplis jadis de ces cruels Romains, chez qui la joie même devenait une barbarie. Le passé m'oppressait de ses souvenirs atroces et touchans ; et le présent me remplissait d'émotions impossibles à décrire. Ce refrain, heureux résumé de la prière, *ayez pitié de nous*, pénétrait mon cœur d'une vive confiance ; toute l'histoire de l'homme, ses besoins, ses douleurs, se renferment dans ce cri de l'ame coupable ou malheureuse.

Avec quelle ferveur je demandais pour ce qui m'est cher, pour mes neveux surtout, cette générosité, ce véritable héroïsme qui triomphent des ennemis invisibles comme des ennemis visibles de notre salut! Je promettais en votre nom, à ces courageux défenseurs de notre sainte religion, un attachement inviolable et des œuvres conformes à notre foi. J'en ai la douce espérance; vos petits enfans honoreront le sang pur et catholique de leurs ancêtres; le vôtre, mon bien-aimé père. Adieu, adieu; il vous souvient de la prière que je fis à Saint-Pierre.... Eh bien, vous le dirai-je? un songe m'est advenu, un songe qui, réalisé, sourirait beaucoup au cœur maternel de ma chère Léopoldine.

LETTRE HUITIÈME.

ROME, 1.er janvier 1824.

Pourquoi, chère maman, m'attendrir par des paroles si affectueuses ? Oh oui, répétez-les encore ; j'en deviendrai meilleure. Que dirai-je à mon père, lui, qui par ses vertus attire sur moi la protection du ciel ? Mes bien-aimés parens, que n'étais-je hier à vos genoux, pressant vos mains sur mes lèvres, implorant votre pardon pour tout ce qui a pu vous affliger, vous inquiéter ! J'accomplissais toujours ce devoir si saint, le dernier jour de l'année ; ici, je l'ai fait en esprit, avec une émotion profonde. Vous connaissez mes vœux et leur vivacité.

Depuis que je vous ai écrit ma dernière lettre,

ma bonne mère, nous avons eu les exercices d'un jubilé, au *Gesu* ; il a duré dix jours. Je me félicite de m'être trouvée ici à cette époque. Le séjour de la ville sainte, les pieux souvenirs, les monumens chrétiens et la présence du souverain pontife, tout contribue à rendre plus auguste cette religieuse solennité. *Que le Seigneur est grand et infiniment digne de louange! Sa grandeur éclate surtout dans la cité sainte.* Le père Finetti expliquait les argumens indiqués par le saint Père; plusieurs cardinaux y assistaient. C'étaient de véritables catéchismes, développés d'un style noble et simple. Quelle force acquièrent de tels enseignemens sur ce théâtre des miracles et du martyre des premiers apôtres!

Une affluence de peuple se pressait dans les églises désignées par le saint Père; l'ordre et le recueillement des fidèles distinguaient particulièrement celle du *Gesu*. Mon beau-père avait la bonté de me retenir une place deux heures à l'avance.

Nous allâmes ce matin au tombeau de saint Pierre, le comte C. de R., M.elle de V., M. L... et moi. Le duc de Rohan voulut bien dire la messe plus tôt afin que je pusse y communier. Ce petit nombre de personnes, prosternées au fond d'un obscur souterrain, faiblement éclairé par la lueur vacillante des cierges de l'autel, ce silence de la tombe, ces cendres vénérées d'une multitude de martyrs, ces monumens d'âges si différens, de grandeurs si diverses, produisaient un effet bien solennel. Je me crus un instant reportée au siècle des persécutions, à cette époque primitive où le prêtre descendait dans les catacombes pour y consommer le sacrifice propitiatoire. J'ai supplié le prince des apôtres de me donner une place dans cette arche, dans ce temple dont il est la première pierre.

Sous ces voûtes, aujourd'hui sombres et muettes [1], que de bruyantes acclamations reten-

---

[1] Parmi les sépultures que renferme ce temple souterrain, j'ai contemplé surtout avec une religieuse vénération le tombeau de Nicolas V, qui mourut de douleur de la prise de Constantinople. La flotte, qu'il avait équipée de concert avec les Vénitiens, les Génois et les Catalans, arriva trop tard. Notre grand et malheureux compatriote, cet héroïque marchand qui naguères avait fait subsister son roi pendant trois ans, Jacques Cœur voulut aussi seconder le zèle du pontife. S'étant évadé du château où il expiait des honneurs justement acquis, il fournit des sommes considérables que ses navires, revenant des Indes, lui apportèrent. Ce généreux citoyen avait désiré un commandement dans l'escadre ; mais il mourut à Chio, où il fut obligé de relâcher. Nicolas V n'avait cessé, pendant le cours de son pontificat, d'adresser des lettres apostoliques à tous les princes de l'Europe, pour les déterminer à sauver Constantinople.

tirent jadis, quand les Charlemagne, les Lothaire, les Othon allaient prendre des mains du pape le diadème impérial, et offrir en échange à l'Eglise la protection de leur gloire invincible. Sur cet auguste tombeau, Pépin déposa les clefs de toutes les villes conquises par ses armes, avec l'acte de la donation qu'il fit au pape. De cet autel sacré, des scélérats arrachèrent Léon III, le traînèrent dans les rues, s'efforçant de lui crever les yeux et de lui couper la langue. Lorsque Charlemagne proclama l'innocence du pontife, après avoir fait assembler un nombreux clergé, Léon protesta n'être coupable d'aucun des crimes dont on l'accusait [1].

Je dois vous dire un mot de la passion de la loterie, poussée ici jusqu'à la frénésie : on est obligé, les jours de tirage, de mettre des factionnaires aux portes des bureaux pour contenir la foule et maintenir l'ordre. M. l'abbé de la

---

[1] Les prélats déclarèrent qu'il ne leur appartenait pas de juger le chef de l'Eglise; et personne n'osa soutenir l'accusation. Le pape, ayant posé la main sur l'évangile, protesta que, sans y être contraint et de son plein gré, il jurait en présence de Dieu, des anges et aux pieds du prince des apôtres, que jamais il n'avait commis ni ordonné les crimes qu'on lui imputait, *Il n'est point de loi*, ajouta-t-il, *qui me force à cette déclaration. Je ne prétends point que ma conduite devienne une coutume dans l'Eglise et pour mes successeurs.*

Martinière rencontra ces jours-ci une femme qui montait l'escalier d'*ara cœli* à genoux ; il l'interrogea sur le motif de cet acte de dévotion ; *c'est*, dit-elle, *pour obtenir un bon numéro ; car demain on tire la loterie.* Beaucoup d'autres accomplissent ce fatigant exercice dans les mêmes intentions. Voilà une dévotion qui doit être fort agréable à Dieu [1]. Le duc de Laval nous arrive ; il sort de chez la reine d'Etrurie. Je me hâte de fermer ma lettre.

---

[1] La loterie est d'un bien vieil usage ; Néron et Domitien, dignes fondateurs d'une pareille institution, établirent ce mode de récompenser leurs soldats. La loterie devint bientôt un des plaisirs du peuple ; des billets jetés au hasard étaient saisis par les plus adroits. François I.er rapporta cette coutume d'Italie, d'abord comme un divertissement ; mais bientôt les financiers la transformèrent en un impôt que les théologiens ne condamnèrent pas, tant qu'ils n'y virent qu'un moyen de plus pour exercer la charité. L'hospice de Saint-Jérôme fut élevé à Rome par Clément II, au moyen d'une loterie de cent mille écus. En France, des édifices tels que le Pont-Royal, Saint-Louis, Saint-Roch, à Paris, et beaucoup d'hôpitaux à Lyon, à Rouen, à Marseille, furent construits avec le produit des loteries.

LETTRE NEUVIÈME.

ROME, 5 janvier 1824.

Un mot de tendresse, chère Jenny, quelques pages arrachées à mon journal vous seront envoyés par ce courrier. Le ciel, propice, j'espère, à l'un de mes vœux les plus ardens, conservera le bien précieux de notre union. Vos enfans occupent sans cesse ma pensée. Quand des souffrances opiniâtres et une tristesse profonde me rendent la vie lourde et me font sourire à l'idée d'une mort prématurée, ces chers enfans semblent me reprocher ma faiblesse, et j'accepte alors de longues années de douleurs; ils donnent de l'intérêt à toutes mes relations. Si l'on m'accorde des témoignages d'estime et d'attachement, c'est en leur faveur que je les reçois.

Que vous dirai-je encore de Rome ? Vue à une certaine distance, sa grandeur étonne ; de près, elle est belle ; dans l'intérieur des sept collines, elle est d'un calme silencieux qui porte au plus grave recueillement. Toutefois, ces nombreux cloaques, ces places qui ne sont point pavées, ces espèces de baraques, cet air de malpropreté et de misère à côté de palais modernes, d'antiques et magnifiques restes de la puissance romaine, révoltent les délicatesses vulgaires. Mais pour les esprits méditatifs, il y a, ce me semble, dans ces rapprochemens insolites, dans ce mélange de grandeur et de bassesse, d'opulence et de misère, de somptuosité contemporaine et de vétusté ruineuse, quelque chose de plus majestueux, de plus sacré que dans l'uniformité d'une ville toute antique ou toute moderne.

Les soldats autrichiens ont une foi et une piété qui ne sont pas de notre âge. Un régiment séjourne-t-il vingt-quatre heures ? Tous communient à Saint-Pierre. Plusieurs mouillent de leurs larmes la main du prêtre qui leur présente la sainte hostie ; un pénitencier, me disait le comte Apponi, trouve à peine matière à les absoudre.

J'étais, depuis mon arrivée à Rome, frappée d'une sorte d'atonie morale et physique; j'avais pour le monde un dégoût insurmontable. Enfin, le jour de l'an, j'ai cédé aux instances de mon beau-père, et suis allée à une grande soirée chez la duchesse de B...; j'étais prête à me retirer, quand le nom du prince Gustave de Suède, petit-fils de ce roi victime de son dévouement chevaleresque à l'infortuné Louis XVI, résonna à mon oreille. Le hasard me servit à souhait. Je causais avec le duc de Laval, lorsque Gustave lui fut présenté; car les princes déchus, au lieu de recevoir des ambassadeurs, leur sont présentés. Mon regard ne put se détacher de lui durant toute la conversation. Le vieux gentilhomme qui l'accompagnait parla au duc de Laval du rétablissement du roi d'Espagne et des espérances que la conduite généreuse de la France faisait concevoir; paroles assez inconvenantes en raison du caractère diplomatique de l'interlocuteur. Préoccupée de mes propres rêveries, j'applaudissais tout bas au discours du fidèle et peu discret Suédois, oubliant la fausse position dans laquelle il mettait le représentant de la France.

Les traits de Gustave n'ont rien de bien

expressif ; mais vus à travers le prisme du malheur, ces traits s'ennoblissent ; ils excitent un vif intérêt ; ils appellent une tendre et respectueuse compassion.

A la basilique [1] de Saint-Jean est contigu le palais de Latran où les papes résidèrent pendant plus de dix siècles. Il appartenait à cette famille *Laterana* dont le dernier membre fut, je crois, un des chefs de la conspiration de Pison contre Néron. On vit alors Epicharis, femme affranchie, supporter les plus horribles tortures, puis s'étrangler, dans la crainte que la douleur ne lui arrachât les noms des conjurés. Une chrétienne eût invoqué l'aide de Dieu, et n'aurait pas eu recours à cette coupable et sublime extrémité. Le palais de Latran, qui avait été consumé, fut rebâti par Sixte-Quint. Les papes y viennent seulement prendre possession de Saint-Jean de Latran, lors de leur exaltation.

Nous allâmes voir l'autre jour, près de cette basilique, *la scala santa*, escalier en marbre

[1] Les chrétiens, ne voulant pas donner aux édifices consacrés à leur religion la forme des temples voués au culte des idoles, prirent pour modèle les basiliques ou lieux d'assemblée des païens.

blanc de la maison de Pilate, que Notre-Seigneur parcourut plusieurs fois le jour de sa passion. Sainte Hélène l'envoya de Jérusalem à Rome. Les saints degrés se laissent apercevoir à travers un revêtement de planches de chêne. On ne les monte qu'à genoux; je suis trop faible pour suivre ce pieux usage et j'ai pris un des quatre escaliers latéraux, voulant visiter la chapelle appelée *sancta sanctorum* [1] à cause des précieuses reliques qu'elle conserve. On a pu souvent demander pourquoi une si grande quantité de reliques à Rome; mais Rome n'est-elle pas la ville des martyrs? n'est-ce pas là que la piété, après avoir recueilli en orient et ailleurs tant d'objets vénérés, tant de restes sacrés, a dû venir les déposer sous la garde sainte du père commun des fidèles? N'est-ce point là enfin que, comme au foyer de la grande famille chrétienne, vinrent se rejoindre pour mourir de la mort des justes, ces multitudes que l'ange ne pouvait compter, ces légions vêtues de robes blanches, tenant des palmes en mains et marquées du sceau divin de la prédestination?

---

[1] Cette petite chapelle domestique était au palais de Latran; Sixte V la fit transporter dans l'édifice que Fontana éleva pour y conserver l'échelle sainte.

Cette coutume de monter à genoux *la scala santa* a provoqué la raillerie des protestans et des impies. Pourquoi, leur demanderai-je, le même usage existait-t-il à l'égard du temple capitolin ? N'y voyez-vous pas un témoignage du respect que partout la divinité imprime au cœur des mortels ? Permettez donc aux chrétiens de vénérer aussi ces degrés que le fils de l'homme arrosa de son sang divin.

Le jour de l'an, l'air était tiède, l'atmosphère vaporeuse. Nous allâmes voir l'exposition de comestibles qui a lieu annuellement à pareil jour. L'immense escalier de *l'ara cœli* [1] était transformé en buffet; tous ces gradins étaient chargés des objets les plus séduisans pour le coup-d'œil, comme pour la sensualité gastronomique. La population entière semblait être réunie sur ce point pour contempler le confortable amphithéâtre. J'eus hâte de m'éloigner de la cohue fatigante et j'entrai dans l'église. Vingt-deux grosses colonnes, la plupart de granit égyptien, divisent la nef ; le tableau du maître-autel est peint par saint Luc, s'il

---

[1] Cet escalier est composé de cent vingt-quatre marches de marbre blanc, tirées du temple de Jupiter ou de Romulus, situé sur le mont quirinal.

faut en croire une pieuse tradition. Misson attribue la fondation de *Santa-Maria d'ara cœli* à l'empereur Auguste. Comme il interrogeait l'oracle de Delphes sur son successeur, l'oracle se tut long-temps ; mais enfin les prières d'Auguste l'ayant forcé à s'expliquer, il déclara que *l'enfant hébreu, fils de Dieu et vrai Dieu lui-même*, lui avait ôté la parole ; qu'il ne pouvait plus rien révéler et que l'empereur eût à se retirer. Auguste, comparant ce récit aux prophéties de la Sibylle, bâtit au Capitole un autel en l'honneur de l'enfant hébreu, et nomma cet autel *ara primogeniti Dei*. Nicéphore et Suidas racontent de même la fondation de ce temple. Le fait serait bien curieux à vérifier.

J'avais cru échapper à la foule qui, plus considérable encore, se pressait autour d'une espèce de théâtre où l'on avait mis en scène, d'une façon assez grotesque, l'enfant Jésus, les mages et leur suite, les bergers et jusqu'à des animaux de grandeur presque naturelle. Le peuple regarde avec une admiration vraiment plaisante, ce spectacle dont je fus bientôt rassasiée.

Au lieu d'une description de Sainte-Marie

Majeure, déjà insérée dans une de mes lettres, je vous rappellerai, chère Jenny, une anecdote bien faite pour imposer silence aux déclamations des philosophes, sur le caractère violent qu'ils prêtent à Grégoire VII. Ce grand pontife, officiant le jour de Noël à Sainte-Marie Majeure, en 1075, fut saisi à l'autel, par les ordres de Cencius, préfet de Rome, alors que les gens de ce chef impie frappaient et dispersaient tous les assistans. Blessé à la tête, Grégoire se laissa conduire en prison avec la douceur d'un martyr ; la vue du sang dont il était couvert ayant exaspéré le peuple, il voulut le calmer par sa présence. Enfin les Romains le délivrèrent et le ramenèrent dans cette basilique où il acheva l'office [1].

Sur la place de Sainte-Marie Majeure, s'élève une colonne de marbre blanc, tirée du temple de la Paix. Mieux assortie maintenant à ce doux nom, elle supporte une belle statue de la *mère de paix*. Une autre colonne, colonne toute

---

[1] Sergius avait sauvé ainsi le tremblant Zacharie, écuyer de Justinien II, lorsque ce monstrueux empereur l'avait envoyé pour enlever le pape. De nos jours, Pie VI usa d'une générosité non moins évangélique envers Joseph II, en interposant son autorité vis-à-vis les peuples des Pays-Bas, que les innovations de ce souverain avaient fait révolter.

française, attira nos regards près de ce même temple. C'est un fût de granit égyptien érigé par Clément VIII, en mémoire du retour de Henri IV à la foi catholique.

Que savez-vous, chère Jenny, de notre Alfred? Que fait-il? Dans cette position nouvelle qui n'est pas sans périls, il a besoin plus que jamais de notre tendre et active sollicitude. Unissons nos conseils, nos encouragemens pour le guider et le soutenir. C'est parler, vous en conviendrez, comme il appartient à celle que vous avez depuis long-temps associée à votre empire maternel.

LETTRE DIXIÈME.

ROME, 20 janvier 1824.

Le comte de M.... part demain, mon bon père : je ne veux pas manquer l'occasion qu'il m'offre de vous écrire ; il me tarde de vous dire que j'ai vu le cardinal Pacca. J'ai entendu de sa bouche bien de détails sur son séjour à Fénestrelle [1] ; il m'a parlé de la France et du clergé français ; il aime notre patrie et rend hommage à la foi, à la charité de nos compatriotes. Au sujet de l'église de France, *de cette église qui possédait tout ce qui plaît à Dieu, et tout ce qui captive les hommes : la*

---

[1] Cette éminence, dont on connaît le beau dévouement à la personne de Pie VII, a publié, depuis peu d'années, des mémoires d'un haut intérêt.

(*Note de l'Éditeur*).

vertu, la science, la noblesse et l'opulence, il me disait : « jamais église n'offrit un plus » bel exemple de soumission au saint siége, » soumission que ces fatales libertés de l'église » gallicane n'ont pu restreindre. Il reste bien » peu de chose à faire pour effacer ce point » de dissentiment. » Le respectable prélat a loué vos écrits, mon père, votre zèle, votre dévouement à la bonne cause, avec un véritable attendrissement. Qu'il m'est délicieux de recueillir ainsi le noble héritage de vos vertus ! Lorsqu'on m'attribue quelque ressemblance morale avec vous, je suis tentée de répondre comme ce fragment d'argile parfumée, d'un apologue du poëte Sadi : *Non, je ne suis pas la rose; mais j'ai vécu long-temps près d'elle.*

J'ai aussi beaucoup causé avec le cardinal Grégorio d'un sujet cher à ma reconnaissance. Ce prélat ne tarit pas sur la générosité des Français lors de ses malheurs. Il pourrait bien succéder à Léon XII dont la santé est très-chancelante, qui est toujours au lit, entouré de papiers et de livres. Aucune affaire ne se termine : ainsi, à la vénération et à la confiance qu'inspirent les lumières de ce savant pontife, viennent se

---

[1] Paroles de M. de Maistre.

mêler le chagrin et presque le murmure sur la stagnation des affaires. S'il est difficile de contenter les individus, il l'est bien plus encore de plaire à une nation. Je me trouvais un peu étrange dans cette brillante assemblée, moi qui, au milieu de tant de femmes rayonnantes, n'offrais que des traits pâles et décolorés ; mais une anglaise impotente, qui se faisait rouler dans un fauteuil, y était, je crois, plus déplacée encore ; c'est sûrement mon triste visage qui engagea la vieille Margrave de Bareith à me donner une recette pour engraisser ; la voici : c'est de se nourrir tous les jours d'un seul et même aliment.

Je commence à voir d'une manière plus intime l'excellente famille d'H.... et Melle de V...., aimable et spirituelle personne qui manie le crayon avec un talent d'artiste et me témoigne une tendre sollicitude. Je devrais vous parler de la comtesse L..., ambassadrice de Londres. Son influence sur Georges IV et sur le congrès de Vérone est très-connue. Je n'en suis pas surprise, depuis que j'ai un peu étudié cette physionomie spirituelle, mais sèche et aride, où se révèle un caractère dominateur. Les volontés constantes et froides vont au but, sans exercer les ravages d'une sensibilité qui rompt toute mesure, et condamne à tant de douleurs. La gazette, disait plaisamment le duc de Laval, est l'unique objet qui intéresse la comtesse L....; je l'entendis discuter un jour chez la princesse Gagarin et manifester une préférence exclusive pour la sculpture; les chefs-d'œuvre de la peinture n'obtiennent pas un seul de ses regards. Il en est bien autrement de la duchesse de Devonshire, protectrice de tous les arts et de tous les artistes. Je ne voudrais être néanmoins ni la gracieuse et mondaine duchesse, ni la comtesse froide et politique. C'est durant la nuit que les fleurs exhalent leurs parfums les plus suaves; c'est au sein de la famille, sous le toit domestique que la femme trouve et procure le plus de bonheur.

Dans les appartemens de cette duchesse, véritable musée, j'ai remarqué une scène de brigands pleine de terreur et de vérité, par Pinelli. On m'y montra, ce soir-là, lord Hastings, le proconsul des Indes, à qui furent imputées d'horribles violations des droits et des priviléges de ces pauvres Indiens. Du moins, il a été l'inique agent d'un pouvoir fondé sur l'injustice et la violence. Si ce Verrès moderne ne fut pas accusé par un Cicéron, il rencontra dans son célèbre défenseur, un autre Hortensius. Le plaidoyer, prononcé à cette occasion, est, dit-on, le discours le plus éloquent de lord Erskine. Je rencontrai là aussi le prince royal de Bavière, un frère du roi de Prusse, que sais-je? toute l'Europe. Mais la grandeur et la renommée me séduisent peu. L'amitié, ce trésor de vertus et de bonheur, la sympathie, ce lien mystérieux des cœurs, voilà le charme de l'existence.

Le docteur Morichini prétend que, de toutes les églises de Rome, il n'en est pas où la température soit plus constante, plus égale et plus douce qu'à Saint-Pierre; et c'est là qu'il préfère me voir aller; aussi je n'ai guère fait d'autres courses ces jours-ci. Je ne me lasse pas d'admirer cette pompeuse architecture, cette architecture romaine, agrandie, animée de l'esprit du christianisme; vrai poëme épique de la religion. A l'aspect d'un monument aussi prodigieux, on se rappelle les belles paroles d'Esdras : « Nous
» avons interrogé les vieillards, et nous leur
» avons dit : qui vous a donné moyen de bâtir
» ces murs, et d'élever un tel édifice [1]? » Il a

[1] Esdras. 1. 5. 9.

fallu le règne de dix-neuf papes pour mener à fin l'église de Saint-Pierre. Les nations y sont accourues d'orient et d'occident apporter leurs tributs. « O église sainte, tes fils sont venus » de loin ; tes filles te sont amenées des extré-» mités de la terre [1]. » Comment décrire ces arcs magnifiques qui correspondent aux chapelles, ces coupoles revêtues des plus belles fresques, et ce majestueux dôme, qui surmonte la *confession de saint Pierre*, tout resplendissant de mosaïques. Je me plaisais à trouver dans cette première basilique du monde chrétien le symbole de la religion elle-même. Le temple est plus vaste qu'il ne paraît ; son frontispice est loin d'annoncer tout ce qu'il y a de grand, de sublime à l'intérieur : ainsi, la religion donne plus de bonheur qu'elle n'en promet ; les joies qu'elle procure surpassent tout ce que l'œil a pu voir, tout ce que l'oreille a pu entendre. Voyez au contraire le Panthéon, gracieux monument dont la forme circulaire fait illusion au dehors sur sa véritable étendue ; ainsi le polythéisme, avec son culte riant, ses divinités toutes sensuelles, tout humaines, avait écrit partout sur ses tables : *plaisir, bonheur ;* et, en réalité, il ne donnait, même ici-bas, que

---

[1] Isaïe. 46. 6.

des joies fugitives, des consolations incomplètes et vides.

Les statues en marbre de tous les saints fondateurs d'ordres religieux occupent les niches pratiquées au milieu des pilastres de la grande nef. Ces statues ont quinze pieds de haut et ne paraissent pas gigantesques, tant les proportions du temple sont parfaites !

Toute mon attention fut pour la statue de sainte Thérèse. Je lisais dans son regard puissant les mots sublimes de cette ame de feu qui disait en parlant du démon : *Le malheureux qui ne peut pas aimer!* Les statues de sainte Véronique et de sainte Hélène sont bien belles ; mais comment qualifier celle de saint André, du Quesnoy ? pose de tête inimitable ; sublime expression de piété et d'amour. Cette statue est mise au nombre des chefs-d'œuvre de Rome.

Une multitude de lampes éclairent la *confession de Saint-Pierre*, à laquelle conduit un escalier entouré d'une balustrade : le pavé et les murs sont en marbre précieux. C'est le lieu où le pape Anaclet fit déposer le corps du prince des apôtres. On y voit les statues de saint Pierre et de saint Paul en métal doré. Celle de Pie VI, ouvrage de Canova, dans l'attitude de la prière, rappelle que ce pieux et courageux vieillard allait chaque jour invoquer saint Pierre sur son tombeau. « Je vais à » Vienne, disait-il, comme j'irais au martyre; » mais pour l'intérêt de la religion nous » devons exposer notre vie. Peu m'importe que » les ministres impériaux me ridiculisent; » leurs sentimens sont connus. D'ailleurs ne » savons-nous pas que nous devons devenir » insensés pour Jésus-Christ [1]? » Ce voyage pénible, entrepris avec des intentions si pures, réveilla la foi des princes d'Allemagne, inspira aux protestans une grande vénération pour les vertus et les lumières de Pie VI, et en disposa peut-être plusieurs à rentrer dans le sein de l'Eglise. Toutes les puissances de l'Europe persécutèrent ce pape [2]. Les souvenirs historiques inscrits sur les monumens funèbres de Saint-Pierre ont un intérêt divers de temps

---

[1] C'est ainsi que, dix siècles plus tôt, le pape Constantin, cédant aux désirs de l'empereur Justinien II, s'achemina vers Byzance, pour conférer avec ce tyran sur la paix de l'Eglise.

[2] L'empereur Joseph II, le grand duc de Toscane, le sénat de Venise, le roi d'Espagne, le roi de Portugal qu'excitait le féroce Pombal, même le faible et borné roi de Naples, qui seconda, malgré sa piété, les desseins des marquis Tanneci et de Caraccioli.

et de pays : dans ce centre d'unité, reposent confondus des docteurs de l'Eglise [1], des monarques, des papes tour à tour puissans et persécutés, et des princes, jouets du caprice de la fortune. Plusieurs femmes brillent parmi tous ces morts illustres; c'est Charlotte, reine de Chypre et de Jérusalem [2]; c'est cette comtesse Mathilde, protectrice d'un grand pape et d'une impératrice malheureuse [3]; Mathilde qui commanda en souveraine depuis les Alpes jusqu'aux confins de l'Apulie et que le Tasse a chantée en vers immortels [4]; c'est enfin Christine de Suède, reine trop vantée. Là fut inhumé aussi Othon II qui termina à Rome, à l'âge

---

[1] Léon, Chrysostôme, Grégoire de Nazianze.

[2] Charlotte, dernier rejeton de l'illustre maison de Lusignan, disputa en vain son royaume à Jacques, fils de Lusignan, puis à Catherine Cornaro; enfin elle se retira à Rome en 1487 et céda ses droits aux royaumes de Chypre et de Jérusalem, à son neveu le duc de Savoie. Depuis cette époque, les rois de Sardaigne ont ajouté à leurs titres celui de roi de Chypre et de Jérusalem.

[3] Adélaïde ou Praxède.

[4] « Une femme recueille l'héritage des héros; c'est Mathilde :
» elle égale leur courage et leurs vertus. Sa sagesse et sa valeur
» l'élèvent au-dessus des sceptres et des couronnes. »

« Sur son front éclate une mâle fierté; le feu du courage
» étincelle dans ses yeux. Là elle triomphe des Normands; et
» ce Guiscard, jadis invincible, fuit devant elle : ici Henri
» succombe sous ses efforts; elle lui arrache l'étendard de
» l'empire et va dans un temple attacher ce trophée : plus
» loin elle replace un pontife au trône du Vatican. »

de vingt-huit ans, son orageuse existence. Et enfin Saint-Pierre a reçu aussi les cendres de ces Stuarts, nobles précurseurs de nos Bourbons dans la carrière des royales infortunes, fils de l'Eglise, qui allèrent se réfugier et s'éteindre dans le sein de leur mère. Je ne m'attendais pas à trouver ici la sépulture du grand maître de Malte, Alof de Wignacourt [1], loyal et digne ami d'Henri IV; cette découverte me fait plaisir. Mon beau-père a copié l'épitaphe et la rapporte à mon excellent oncle, digne descendant de cette race chevaleresque.

Avant de quitter la superbe basilique, nous voulûmes examiner la *chaire de Saint-Pierre*. On nomme ainsi le véritable siége de bois du prince des apôtres. Pour honorer cette précieuse relique, Bernin a déployé tout le luxe de son talent : il l'a ornée des statues des quatre docteurs de l'église latine et de l'église grecque ; du sein des nuages, où rayonne une *gloire*, se détache un Saint-Esprit sous la forme d'une

---

[1] Le règne d'Alof, qui dura vingt ans, fut illustré par des victoires sur les Turcs et par de grands et importans travaux, auxquels le nom de *Wignacourt* est resté. Il était oncle d'Adrien, également grand-maître, mort en 1697, et dont la brillante épitaphe se trouve dans Vertot.

colombe, entourée de séraphins [1]. En général, cet artiste manque de naturel ; sans naturel point de vérité, partant point de grâces dans l'expression.

Ma lettre est bien longue, mon bon père. Ah ! si du moins elle vous portait ce trésor d'amour et de tendresse qui est ma vie, mon bonheur et ma souffrance, vous seriez content de votre fille et lui donneriez une bénédiction de plus ! N'est-ce pas le cœur que vous prisez, ce cœur désillusionné, mais toujours aimant, qui reverse toute sa vivacité sur son père bien-aimé, sur sa mère chérie ? Adieu ; cet élan de mon ame vers la vôtre a presque guéri ma tête. De loin même, vous êtes un baume à mes maux.

[1] Que penser des railleries de nos philosophes sur les richesses de la basilique de Saint-Pierre, tandis qu'ils s'extasient sur la splendeur du temple de Jupiter capitolin, où étaient amoncelés tant de statues et d'objets précieux, qu'à peine on y pouvait circuler ? Les offrandes et le trésor du temple de Delphes montaient à cinquante-quatre millions, dit l'auteur d'Anacharsis.

LETTRE ONZIÈME.

ROME, 28 janvier 1824.

Eh quoi ! mon bon père, vous avez le courage de m'envoyer des reproches jusqu'à Rome ! Vous revenez sur ce que vous appelez mon dévouement inconsidéré ! Vous me parlez de mon ardente curiosité. Hélas ! ne savez-vous pas que je suis incorrigible ? Et puis, en fait d'abnégation de soi-même, d'insouciance de ses aises, de dédain pour sa santé, de sacrifice continuel au bonheur d'autrui, n'ai-je pas reçu le mauvais exemple au foyer paternel, dites ? . . . .

« — Comme tu vas ! . . . . ne peux-tu marcher droit?
» — Et comme vous allez vous-même, dit la fille ;
» Puis-je autrement marcher que ne fait ma famille?

Lorsque j'écrivais mes deux dernières lettres, j'étais, il est vrai, fort souffrante; mon médecin qui craignait une fluxion de poitrine m'a fait garder la chambre. Me voici remise; j'ai même pu assister au service du 21 janvier; mais n'en soyez pas inquiet; le duc de Laval m'a fait monter dans sa tribune, où il y avait feu, coussin et tapis. La mort du cardinal Gonsalvi a fait ici grande sensation. Peu de jours auparavant, le pape l'avait nommé préfet de la propagande à laquelle le cardinal laisse quarante-un mille écus romains; il en lègue vingt mille à la réparation de *Saint-Paul hors des murs*. Son corps a été exposé trois jours consécutifs au palais de la *consulta*. L'affluence des curieux fut très-considérable à l'église de Saint-Marcel dont cette Eminence était titulaire. Je le vis revêtu d'ornemens épiscopaux. Les éloges sur son gouvernement ne tarissent pas; vous entendez tout le monde dire : « c'était le » seul homme capable de bien administrer »; ses ennemis d'hier sont aujourd'hui ses plus chauds panégyristes. Ainsi la mort désarme les passions, en brisant l'obstacle à d'ambitieux projets, ou en écartant le mérite qui éclipsait le nôtre. Gonsalvi avait été abreuvé d'humiliations depuis le décès de Pie VII; il s'était retiré à *Porto d'Encio*. Les immenses legs de ce prince de l'Eglise rappellent ceux du cardinal d'Amboise, homme d'état dont la puissance s'étendit sur un plus vaste théâtre.

Un autre prélat est très-malade ; c'est le cardinal Severoli. Au conclave il avait été, ainsi que le cardinal *della Genga*, rejeté par l'Autriche. Léon XII obtint seulement quatorze voix, la veille du jour où il fut proclamé ; le lendemain matin il en comptait trente-quatre, nombre suffisant pour parvenir au pontificat, puisque l'assemblée des cardinaux ne s'élevait qu'à quarante-neuf. Quelle dut être alors la mystification du parti des couronnes ! Le cardinal Castiglione, prélat fort respectable, aurait réuni l'unanimité des suffrages, si la crainte de revoir Gonsalvi au ministère, n'eût été plus forte que les vœux pour l'exaltation de Castiglione. Un mot du saint Père : il est généralement vénéré ; on espère d'heureuses améliorations ; déjà il a réformé quelques abus ; et, loin d'en murmurer, tous le bénissent ; sa santé a donné beaucoup d'inquiétudes. On attribue sa guérison à l'héroïque prière de monsignor Strambi, évêque de Macerata, qui a offert sa vie à Dieu pour racheter celle du souverain pontife : on a remarqué qu'en effet sa mort a coïncidé avec le soulagement éprouvé par Léon XII dont il était le confesseur. Ce vénérable évêque était de l'ordre des Passionistes, nouvel institut établi, il y a cinquante ans, par Paul de la Croix : statuts, esprit, costumes, c'est à peu près comme chez les Jésuites. Le corps de Mgr. Strambi s'est conservé intact, souple et sans corruption. Le peuple affluait à l'église de Saint-Paul et Saint-Jean, où sa tombe demeura ouverte pendant plus de quinze jours.

29 janvier.

Voici une résolution spontanée, mon bon père. Notre voyage de Naples, notre association se sont arrangés en vingt-quatre heures : bon augure dans ces sortes de projets. Le meilleur état de ma santé, le beau temps, l'avis du médecin ont fixé nos incertitudes. Jusqu'alors ma curiosité engourdie et l'appréhension de quitter Rome, où j'avais tant souffert depuis deux mois, me faisaient repousser toute idée de déplacement. La famille du comte d'H... tenait à partir à la fin du mois, afin de se retrouver à Rome à l'époque du carnaval. Leur compagne, Melle de V.., par un dévouement bien rare, s'obstinait à ne pas les suivre plutôt que de m'abandonner; MM. de R. me restaient fidèles; les comtes d'Ar... et de L. d. P., me proposaient de m'accompagner pendant le carême. Je n'aurais pu manquer d'une aimable et sûre escorte contre les brigands; mais diviser notre bonne et douce société, être un obstacle au plaisir de tous, m'eût pesé comme un remords. . . . . . Nous voyagerons à petites journées, pour éviter les bandits et la fatigue. Je vous écrirai à mon arrivée à Naples. Quel sera mon regret de n'y plus rencontrer le fils de notre cher comte de St. M., si jeune encore et déjà si distingué!

P. S. Le comte de G.. ami de mes neveux, est arrivé ici, ainsi que l'excellent frère du comte C. de R....; ce seront d'agréables compagnons. Si nous allons à Naples, ils augmenteront notre caravane.

LETTRE DOUZIÈME.

NAPLES, 1.ᵉʳ février 1824.

Notre voyage a été fort heureux, ma bonne mère, à l'exception d'une petite aventure arrivée à propos pour le rendre un peu piquant. Du reste, point de brigands à combattre, point de forêt périlleuse, pas de chute à la rivière. Ce n'est qu'une affaire de police, avec menace d'arrestation ou du moins de consigne à la frontière ; et tout cela pour un misérable passe-port oublié. Mais il faut vous conter par le menu nos exploits.

Le soleil radieux qui détermina mon départ disparut bientôt et fut remplacé par une pluie à torrens qui ne m'effraya guère ; les pluies en ce pays ne durent pas plus de vingt-quatre heures.

Trois berlines à quatre chevaux furent appareillées; c'était une vraie caravane. A entendre le comte M., nous avions l'Arabie déserte à traverser; il était fort décidé à nous donner l'alarme; il voulait nous faire prendre une escorte et disait avec un sérieux tout diplomatique que des motifs graves le déterminaient à nous y engager. Au fait, ce n'était pas sans quelque raison, puisque la veille, une femme avait été assassinée sur la route, à peu de distance de Rome : mais nous étions trop fiers de notre nombre et de trop bonne humeur pour redouter aucun danger; le conseil fut dédaigneusement rejeté. On convint seulement de coucher à *Velletri*, patrie de l'empereur Auguste. Cette ville était autrefois la capitale des Volsques. Une belle statue en bronze d'Urbain VIII, du Bernin, placée sur le grand marché, et le palais Lancelotti s'y font seuls remarquer.

Nous arrivâmes à quatre heures, pour être témoins d'une scène déchirante. Un petit enfant qui venait de mourir était étendu dans une corbeille de fleurs [1], à la porte de sa mère. Le

[1] Cet usage, de placer à la porte du logis dans une corbeille de fleurs les enfans nouvellement décédés, existait encore naguère dans le nord de la France. En 1711, des soldats

moment était venu de l'emporter au cimetière. La pauvre mère couvrait le corps de son fils de baisers; elle le serrait dans ses bras et poussait des cris lamentables. Des religieux l'entouraient; lui disaient des paroles consolantes; mais les douleurs maternelles ne veulent pas être consolées; il fallut employer une sorte de violence pour la détacher de ce fils qui n'était plus.

Il n'était pas facile de loger toute notre troupe. En serrant les rangs de femmes dans une petite chambre, et les hommes dans une autre, on parvint à se caser; et cette espèce de camp disposé à la hâte accrut la gaieté. On fit cercle autour du foyer; des récits d'Anne Radcliffe prolongèrent la veillée; chacun paya son tribut. Cette grande salle avait l'air d'un hangar. Un prêtre italien causait avec un Turc, tandis qu'un Grec nous observait de manière à faire croire qu'il aurait voulu aussi entrer en conversation. L'heure du départ pour le lendemain fut réglée sur le besoin de repos qu'on me supposait. J'étais comblée de soins, de prévenances aima-

---

hollandais, qui venaient d'entrer dans une petite ville du Cambrésis, ayant vu à la porte d'une chaumière un panier gracieusement recouvert de fleurs, crurent que c'était un trésor offert à leur cupidité; ils s'en saisirent et allèrent l'ouvrir dans un champ voisin;... ils y trouvèrent un petit cadavre.

bles ; l'un m'offrait son manteau, l'autre ses bottes fourrées ; un troisième, voulant ménager ma poitrine, m'imposait silence. Tant de sollicitudes compensaient au centuple mes souffrances et diminuaient la fatigue et les désagrémens de la route ; nous déjeûnâmes vers onze heures à Terracine, situation délicieuse. Je réserve pour mon retour la vue de ces aspects enchanteurs ; aujourd'hui je vise uniquement à atteindre saine et sauve le but de mon voyage.

Vers cinq heures, nous sommes rendus à la frontière napolitaine ; on examine les passe-ports, M.^{dle} de V.... ne s'y trouve pas inscrite. Une vive altercation s'établit avec l'employé civil. Grande rumeur, sérieuse opposition à notre départ ; on veut du moins garder Melle de V..... comme suspecte ; on s'agite, on discute, on raisonne, on supplie ; vains efforts ! Rien n'ébranle nos impitoyables commissaires ! J'essaie de faire valoir l'insignifiance et la nullité des femmes en politique ; le désir de continuer notre voyage l'emportait sur la vanité. Oh ! répond le commissaire : *le donne sono più cattive che gli uomini.* En preuve de cette assertion, il rappelle les troubles de la constitution. Enfin le temps s'écoule ; la nuit approche ;

deux heures de pourparler n'avaient amené aucun résultat, quand on s'avise d'une lettre de recommandation que le duc de Laval nous avait donnée pour l'ambassadeur de Naples. Ce témoignage honorable de Son Excellence atteste notre humeur pacifique; et, en vérité, quelque chose d'assez inoffensif sur nos physionomies repoussait la pensée d'aucune intelligence avec les ennemis de l'état; mais la loi ne fléchit point. L'exact commissaire n'ose assumer sur sa tête une si redoutable responsabilité; il en refère à son supérieur; et, monté sur le siége d'une de nos voitures, il nous accompagne jusqu'à Fondi; maints procès-verbaux rédigés avec une extrême minutie, nous retinrent plus d'une heure. M. L. nous citait à ce propos l'emphase pédante d'un juge de cette ville, racontée si plaisamment par Horace. J'examinai à loisir le caractère hideux des figures qui nous environnaient; on m'engageait à précéder mes compagnons; mais je préférai partager leur bonne ou mauvaise fortune. Il fut mis en question si l'on prendrait une escorte; car l'obscurité devenait profonde; et les visages sombres de Fondi, qui semblaient nous dévorer comme une proie, l'effrayant renom de ses alentours et le défilé que nous devions franchir frappaient de terreur notre imagination. Toutefois nous mîmes notre sort dans les mains de la Providence, et poursuivîmes notre route à travers les nombreux postes autrichiens. Une patrouille de huit soldats nous suivit dans l'endroit le plus désert où la route est resserrée entre des montagnes. A dix heures nous atteignîmes *Mole di Gaëte* [1], où de nouvelles procédures de la part d'un commissaire de police durèrent encore long-temps. Il fut décidé que le comte d'H.... présenterait à la police Melle de V.... dans les premières vingt-quatre heures de notre séjour à Naples. Sans cette petite malencontre, je ne pourrais vous dire, ma bonne mère, comme le pigeon de Lafontaine :

« . . . J'étais là ; telle chose m'avint ;
» Vous y croirez être vous-même. »

Mais plus heureux que lui, le gîte ne nous a pas manqué ; l'auberge et le souper furent excellens ; et les autres infortunes de la *volatille malheureuse* n'eurent point lieu. J'en suis pour mes éloquens discours et les supplications piteuses que je comptais adresser au chef des bandits.

---

[1] Le port de Gaëte, ainsi que celui de Terracine, fut bâti par Antonin à qui la Gaule se fait gloire d'avoir donné le jour.

Le lendemain à Capoue, mauvaise auberge et mauvaise collation. Si telles étaient les délices qui perdirent Annibal, je ne puis l'excuser. D'ailleurs, il faut le dire, cette ville n'est plus l'antique Capoue qui, dans ces affreuses guerres des Othon, des Vespasien, fut châtiée si rigoureusement à cause de sa fidélité à Vitellius. Celle-ci toutefois a bien aussi ses souvenirs affligeans; elle fut ravagée par Genseric, lorsque la vengeance d'Eudoxie appela ce vandale en Italie [1]; elle le fut encore lors des guerres acharnées que se livrèrent les ducs de Capoue, de Spolète et de Bénevent.

Nous entrâmes à Naples, à l'heure où les ombres de la nuit nous dérobaient cette belle cité et ses pittoresques environs. Deux heures durant, nous parcourûmes la ville sans pouvoir découvrir le logement que le banquier de la famille d'H.... avait arrêté. L'inutilité de nos efforts nous décida enfin à descendre à l'hôtel royal, où, à force de débats, nous obtînmes quelques lits assez misérables. Le comte de G..., l'abbé M... et M. L. C... qui nous avaient précédés,

---

[1] Le perfide Maximin, après avoir épousé cette impératrice, lui découvrit qu'il était l'assassin de Valentinien III, son premier mari.

nous reçurent avec une véritable joie. A peine installés, la causerie prit son train ; après la causerie, ce fut la conversation, personne plus grave qui nous amena, je ne sais comment, sur le compte de Louis XIV. MM. de R... et l'abbé M... attaquaient assez vivement le grand roi ; j'étais seule à le défendre ; c'est vous dire qu'il était fort mal défendu. Je me sentis néanmoins ranimée par le désir de repousser une agression qui me paraissait peu équitable : mes adversaires, politiques ultramontains, ne pardonnaient pas à Louis sa résistance au pouvoir pontifical ; à toutes leurs invectives je répondais, avec M. de Bonald, que jamais roi ne fut plus roi que ce grand prince. — Son orgueil, dites-vous, fut l'origine des *tristes servitudes* de l'église gallicane. Moi je vous rappelle que sa mémoire reçut toutefois du pape Clément XI le plus glorieux témoignage. La nouvelle de la maladie de ce monarque fit éclater à Rome la plus vive douleur ; les fidèles remplissaient les églises, demandant, implorant la conservation du roi de France. A Saint-Louis, où le Saint-Sacrement fut exposé, le souverain pontife, entouré du sacré collége, fondait en larmes au milieu d'un concours immense. Ne soyez donc pas, messieurs, plus romains que le pape lui-même.

Oui, j'aime toujours Louis XIV. Quand je déplore ses fautes, n'en concluez pas que M. de Maistre me fait brûler tout ce que j'ai adoré.

Hier dimanche, notre surprise fut grande quand, à la messe, un bedeau s'avança vers nous, disant d'un ton impératif : *levate il capello*. Nous eûmes peine à comprendre cette étrange injonction et à nous y soumettre. Le pavé de l'église fut à l'instant jonché de chapeaux de femmes ; il fallut suivre l'exemple général. Que dirait saint Paul de cet usage dont je ne puis comprendre le motif ?

Enfin le banquier de Mmes d'H.... les installa dans leur appartement, trop petit pour que je pusse m'y établir. MM. de R.... firent en vain des recherches toute la journée pour nous en trouver un ; il nous tardait de quitter le nôtre. Une scène assez désagréable eut lieu entre l'intendant, maître de l'hôtel royal, et Melle d'H. Il s'agissait de nous expulser d'un salon pour en accorder la jouissance à M. de *Geniceo*. Moins vive que moi, Melle d'H.... ose se livrer à sa colère et lui impose. Lorsque M. de *Geniceo* apprit l'insolence de l'intendant, il nous fit faire mille excuses, et nous engagea à rester à notre bon plaisir. Il fallait opter : être sans asile, ou bien arrêter pour un mois un logement très-incommode. Force nous fut de prendre ce dernier parti; et, comme le camérier augmentait le prix convenu la veille, MM. de R.... allèrent chez le duc locateur et lui reprochèrent cette mauvaise foi. Celui-ci, stupéfait, se confondit en excuses, ajoutant qu'il s'en rapporterait à ma décision. MM. de R.... se logèrent dans le même hôtel. Nos soirées se passent à causer, à rappeler nos souvenirs, à lire des passages de Virgile, de M. de Châteaubriand, et d'autres écrivains qui ont parlé de Naples. Jusqu'à présent, ma vive et profonde affection pour la ville sainte semble défier ce pays enchanteur de toucher mon ame; le sentiment que j'éprouve se réduit à un intérêt de curiosité. Où retrouver ici les religieux souvenirs de Rome, pur et perpétuel aliment de mon imagination ? Rien ne peut compenser l'inépuisable vie de cette cité glorieuse.

C'était le premier dimanche du carnaval ; aussi le *corso* était brillant. Il n'y avait pas moyen de traverser la rue, tant la presse était grande.

Adieu, chère et bonne mère ; adieu. Ne trouvez-vous pas cette lettre un peu longue ?

LETTRE TREIZIÉME.

NAPLES, 7 février 1824.

Depuis mon arrivée à Naples, mon bon père, je n'ai pu encore me résoudre à confier au papier un seul souvenir, une seule impression. Je suis bien changée depuis deux ans! Alors j'étais mourante; les souffrances épuisaient mes forces physiques, mais la jeunesse de mon ame y suppléait. Aujourd'hui j'ai recouvré une partie de ces forces; mais mon intelligence débile, mon ame sans feu sont presque incapables de rien reproduire. Je ne ferai qu'une sèche analyse; et mon imagination ne saura plus colorer mes récits. Cependant ces jouissances rapides et successives, le temps en effacera la trace; et j'en aurai regret. Dater de Naples des lettres sans vie et sans chaleur, demeurer froide et prosaïque au milieu de ces merveilles, de cette poésie perpétuelle, cela est bien triste, bien décourageant. La solitude seule pourrait me raviver, et la solitude me fuit; ma chambre est le quartier général où se réunit notre petite et aimable société. On vient y prendre l'ordre à neuf heures du matin; et souvent la conversation retient les premiers qui s'y rendent pour s'informer de ma santé et disposer en conséquence des projets de la journée.

Nous vivons en famille; toute cérémonie, toute contrainte est bannie. Cette simplicité de relations paisibles me ravit, et ce n'est pas la moindre de mes jouissances; pour que rien ne manque au bonheur de cette troupe si bien assortie, nous avons un aumônier, l'abbé M..., excellent et digne prêtre, homme grave et doux, aimable et exemplaire. Né à Constantinople d'une famille française, il trouve que Naples a de la ressemblance avec sa ville natale. M. de Châteaubriand, qui n'est pas né à Constantinople, préfère Parthenope à Byzance.

Sommes-nous bien au sein de la grande Grèce, dans cette contrée qui avait déjà ses philosophes, ses poëtes, ses statuaires, lorsque Rome n'avait encore que de sauvages guerriers, des ravisseurs de Sabines ? J'ai quelque peine à me l'imaginer. Cette belle cité n'a pas éprouvé comme Rome les grandes et solennelles douleurs qui font vieillir; son front n'est pas chargé de tant de cicatrices; mère moins malheureuse, elle n'a pas vu égorger sur son sein ses enfans, martyrs par milliers; elle n'a pas été obligée de creuser furtivement de ses mains leurs sépultures à son propre foyer. Naples est toujours la ville riante; il y a long-temps que Rome ne sourit plus.

A Rome, la plupart des églises sont bâties sur d'anciens temples; ici cette coïncidence est beaucoup plus rare; Saint-Janvier pourtant remplace Apollon. L'église dédiée au patron de Naples fut élevée sous le règne de Constantin; il reste de l'édifice primitif deux hautes tours construites par Charles Ier. Cette basilique dut ses modifications successives à Charles II, de la maison d'Anjou, et à Alphonse Ier. Les cent colonnes de granit égyptien qui la supportent maintenant ne me paraissent pas d'un grand effet. La première fois que nous allâmes à Saint-Janvier, le cardinal Ruffo officiait. Cet archevêque est d'une famille très-ancienne, dont plusieurs membres se signalèrent dans les troubles du pays [1]. Parmi les tombeaux de l'église Saint-Janvier, on voit celui de Charles d'Anjou, frère de saint Louis, appelé au trône de Naples par Innocent IV, et celui d'André II, assassiné à Averse, à l'âge de dix-huit ans. Sous le maître-autel repose l'objet de la vénération passionnée des Napolitains, le corps de saint Janvier, archevêque de Bénevent. La peste ravageait la ville, en 1526; elle cessa à la suite d'un vœu fait à ce saint; et le peuple reconnaissant élève en son honneur la chapelle *del tesoro*, dont le nom indique assez des richesses immenses qu'elle renferme et des sommes qu'elle coûta. Mais, en dépit de ses colonnes de brocatelle, de ses statues d'argent exécutées par Finelli et de ses bustes de bronze, ouvrage des artistes napolitains les plus renommés, le mauvais goût des ornemens d'architecture en détruit la beauté.

A Rome, les arts le disputent aux souvenirs;

[1] On voit un Ruffo jouer un rôle dans la guerre de Manfredi. En 1410, Nicolas Ruffo souleva la Calabre en faveur de Louis d'Anjou ; enfin en 1799, un cardinal Ruffo, parent éloigné de l'archevêque actuel, se jeta aussi dans cette province pour y former une espèce de Vendée.

ici, le ciel et la nature triomphent des uns et des autres. Du haut de la chartreuse de Naples, on jouit d'une sorte de panorama qui vous enchante. Ce monastère, situé sur la pointe de la montagne, domine toute la ville ; l'œil embrasse à la fois les longues pentes du Pausilippe, le cap Misène, la riante contrée de Pouzzolle, Baya et Cumes. Sur toute cette côte parée de verdure et d'habitations se déploient les hauteurs délicieuses du Castellamare, de Sorrente, de Portici, de la *Torre del greco* et de *l'Annonziata*. Les îles Caprée, Ischia, Nisida et Procita s'élèvent du sein de la mer ; enfin à l'horizon, la chaîne bleuâtre des Apennins compose un tableau d'une poésie enchanteresse. Si votre œil pénètre ensuite au fond de ces rues étroites et obscures, s'il plane sur ces maisons à neuf étages, sur cette multitude de clochers, de dômes, de places, de quais, si de là il remonte vers le môle, le château neuf, et sur toutes ces terrasses verdoyantes qui prêtent à cette cité un luxe oriental, vous êtes frappé du contraste avec Rome, au sévère aspect. Celle-ci, lorsqu'on la considère du haut de son capitole, ressemble à un vaste et superbe tombeau : c'est partout le silence ; c'est partout des ruines où l'on dirait qu'il n'y a qu'à évoquer les fantômes ; partout enfin c'est le désert. A Naples le peuple qui fourmille comme un essaim, les mille et mille voix qui s'élèvent au ciel comme un vague bourdonnement, la foule de voitures, l'agitation incessante accusent une existence dissipée, consacrée exclusivement au plaisir, aux intérêts matériels. La population est de trois cent mille ames.

Il fallait pourtant s'arracher à ce spectacle plein de charmes, pour visiter l'église de la Chartreuse. J'étais peu disposée à m'extasier sur ses marbres précieux, ses stucs dorés, ses mosaïques et même ses tableaux; je certifierais toutefois qu'il y existe des chefs-d'œuvre, de Solimène, de Guido Reni, de Lanfranc, du factieux Ribera, du fougueux chevalier d'Arpino, bien dignes de leur renommée. Le plafond de l'église est l'œuvre de Luc Jordano, le Protée de la peinture. Une anecdote, que je n'ose garantir, peut donner une idée de la rapidité du pinceau de cet artiste; son père, l'appelant pour dîner : *je suis à vous*, répondit-il; *je n'ai plus à faire que les douze apôtres.* Luc Jordano, désintéressé, d'une société aimable et douce, se plaisait à orner les églises de ses ouvrages. Je m'arrêtai en face des *prophètes* de l'Espagnolet, variétés d'admirables et profondes expressions, coloris plein de vigueur. Ce peintre, né dans le royaume de Valence, imita et perfectionna le genre de son maître le Caravage. On voit de lui une foule d'anachorètes, de prophètes, de vieillards. Il aimait de prédilection les supplices et les scènes terribles.

C'est surtout à Naples qu'en admirant la verve poétique des peintres célèbres, on rencontre partout la trace de leurs sanglantes rivalités. Tel chef-d'œuvre est inachevé; tel autre a été gâté; le poison, le poignard ou la terreur ont obligé le malheureux artiste de s'exiler. Corenzio, Carraciolo et le fameux l'Espagnolet formèrent une sorte de triumvirat pour éloigner tous les concurrens que le gouvernement appelait à peindre des fresques à Naples. Annibal Carrache fut leur première victime. Le cavalier d'Arpino abandonna ses travaux et s'enfuit au Mont-Cassin; le Guide, effrayé de leurs menaces, retourna à Rome; enfin le Dominiquin, malgré la protection du vice-roi, ne put échapper à la basse envie de ces barbares artistes; il mourut empoisonné; le ciel se chargea de la vengeance.

La sacristie, le chapitre, tout l'ensemble de

ce couvent est brillant de propreté et de luxe. Le cloître est soutenu de colonnes doriques en marbre. Il faut le dire, je trouve que, pour une chartreuse, ce couvent est dans une situation trop riante. Il me semble que les pères du désert, ces grands modèles de la vie monastique, n'allaient pas cacher leur vie dans la vallée de Tempé, sur les bords heureux du Pénée, du Céphise et du Pamisus : c'est sur les plages stériles de la Thébaïde; c'est sur les rochers de Patmos qu'ils couraient s'ensevelir ; ce n'est pas au mont Pausilippe que saint Bruno a établi ses austères disciples ; c'est dans les landes du Dauphiné. Car enfin, est-ce pour les heureux du siècle que les monastères ont été institués ? L'infortuné recherche les lieux plus en harmonie avec sa triste situation. Celui que des passions ont troublé se réfugie là où la nature sévère n'offre plus d'alimens aux passions; celui qui veut s'élever au ciel par le silence et les pensées méditatives, a soin de s'enfoncer dans la solitude où nul attrait n'appelle les hommes sensuels et mondains ; celui enfin qui veut apposer sur son cœur, long-temps ouvert à un souvenir trop tendre, le sceau de la religion, n'a garde de rester dans un séjour où ce cachet puisse être brisé.

Avant d'arriver à la Chartreuse, on passe au pied du château Saint-Elme. Située sur le sommet de la montagne, cette forteresse commande la ville et la mer. Jadis c'était une simple tour bâtie par les intrépides Normands qui enlevèrent ces provinces aux Grecs et aux Lombards. Charles II en fit une sorte de citadelle ; des fortifications y furent ajoutées, lorsque Lautrec l'assiégea. Charles-Quint et Philippe II l'augmentèrent d'un large fossé et de plusieurs ouvrages avancés.

Pavées en lave du Vésuve, les rues de Naples sont agréables et commodes pour celui qui les parcourt à pied ; la plus magnifique peut-être, par ses dimensions et par les édifices dont elle est ornée, est celle qui doit son nom à Pierre de Tolède [1], vice-roi sous Charles-Quint. Ne dirait-on pas, à la vue de cette affluence prodigieuse, de ces longues files de voitures, de ces femmes élégantes placées aux fenêtres, que ce jour est celui d'une fête publique ? On voit beaucoup de marchands de comestibles

[1] Le gouvernement sage et ferme de ce vice-roi réprima des désordres et des abus ; aussi fut-il adoré du peuple et détesté des grands ; il agrandit, assainit et embellit la ville de Naples ; il réforma les tribunaux, et marcha à la défense du royaume, menacé d'une invasion par Soliman.

et peu de libraires ; ce qui donne la mesure des besoins intellectuels de ce peuple, comparés à ses besoins d'une autre nature. Le mouvement de ce quartier surpasse celui de Paris dans les rues du Bac, de Saint-Honoré et de Richelieu ; mais l'activité à Naples paraît sans dessein ; celle des Parisiens a toujours un but. Le soir, des coureurs précédant les voitures et portant leurs fallots à la main, ajoutent au coup-d'œil une sorte de pompe.

Adieu, mon bon père. J'ai à peine le temps de vous dire combien je savoure les expressions de votre tendresse. J'en bénis Dieu chaque fois, comme d'une nouvelle faveur ; et cette reconnaissance pleine d'amour me rend meilleure.

LETTRE QUATORZIEME.

NAPLES, 8 février 1824.

Te parler de Rome, mon Adèle, n'aurait pas pour toi l'intérêt de la nouveauté; aussi je n'ai songé, en t'écrivant jusqu'aujourd'hui, qu'à calmer ton inquiète et tendre amitié. Pauvre amie! Tu connais bien l'ame de ta sœur; tu sais que pour elle, les jouissances d'esprit seraient nulles, si celle du cœur lui était déniée. Sur toutes choses elle a besoin de réciprocité et d'expansion. Heureuse surtout quand elle voit partager ses impressions. Tu jouirais de me savoir à Naples avec une petite colonie où règne la plus simple, la plus douce intimité; c'est ici que je puis dire avec Labruyère : « Tout ce qui est mérite, se sent, se discerne,

» se devine réciproquement ; et si l'on voulait
» être estimé, il faudrait vivre avec des per-
» sonnes estimables. » Une vivacité naturelle,
le désir de voir, l'humeur inquiète me rendent
toujours la plus active.

A mon arrivée ici, je croyais ne pouvoir
jamais me détacher des idées graves et mélancoliques qui, à Rome, me rendaient inaccessible aux distractions, à la moindre gaieté ;
maintenant quelque chose d'étranger à ma vie
habituelle m'enlève aux souvenirs en me dérobant aussi l'avenir. Je communique mon admiration ; je trouve des esprits qui m'entendent,
des cœurs qui me comprennent ; un échange
continuel d'idées ravive mon ame ; sentir n'est
plus uniquement pour moi une souffrance, c'est
une jouissance d'intelligence et de cœur.

La *Chiaia*, avec ses cinq allées d'acacia,
ses bosquets de myrtes et d'orangers, son beau
temple circulaire, ses vases, ses fontaines, ses
statues, est une promenade à laquelle rien
ne peut se comparer. Une grille élégante la
sépare d'une rue composée d'édifices réguliers,
où logent les ambassadeurs et les étrangers
marquans. De l'autre côté, c'est la mer, cette

mer, image du créateur par sa puissance et son immensité, comme elle l'est des passions humaines par sa mobile et turbulente physionomie. Aujourd'hui la voilà riante et pure comme un jour serein, comme le sourire d'une jeune fille; demain peut-être elle sera courroucée, sombre, menaçante, impétueuse comme la colère et l'orgueil; une autre fois nous la verrons plaintive, gémissante dans sa sublime monotonie. Au loin, dans un douteux horizon, on aperçoit comme voilés les caps et les îles de cette côte gracieuse.

Cette promenade toute aristocratique, car le peuple n'y est pas admis, se prolonge jusqu'au Pausilippe; Coccius, Lucullus et les habitans de Cumes firent percer, en quinze jours par cent mille esclaves, cette grotte célèbre, afin d'établir une communication facile et directe entre Naples et Cumes. Alphonse I.er l'agrandit, et Pierre de Tolède la fit telle qu'on la voit maintenant. Trois voitures peuvent y passer de front; mais l'obscurité doit occasionner des accidens; du reste, je n'y suis pas encore entrée. Sa longueur a plus d'un quart de lieue. En quittant ces beaux rivages, les ténèbres, la poussière et le bruit confus de chevaux, de voitures, de piétons qui se heurtent, doivent exciter une sensation peu agréable.

Un vent assez froid nous détermina à visiter d'abord l'intérieur de la ville; faisons-en une revue rapide. — Palais du roi; rien de remarquable; bâti, ainsi que l'élégante chapelle qui en dépend, par le comte de Lemnos, sur les dessins de Dominique Fontana. — La *Trinité majeure*, église en forme de croix grecque; pendentifs de la grande coupole dus au talent de Lanfranc. — Chapelle de Saint-Ignace, décorée de huit colonnes de marbre africain et des statues de David et de Jérémie; cette dernière d'un ciseau fier et vigoureux. — Style bizarre de la façade qui appartenait autrefois à l'ancien palais des princes de Salerne. En général, l'architecture des monumens et des palais est ici bien moins régulière qu'à Rome; le goût s'y montre rarement dans sa pureté. — *Sainte-Claire*, galerie dorée soutenue par des pilastres de différens marbres; chapelles latérales moins élevées que le reste de l'édifice, mauvais effet, coup d'œil disgracieux. — Robert d'Anjou appela le Giotto pour orner Sainte-Claire de sujets tirés de l'écriture sainte; Maestro Simone y travailla avec l'artiste florentin. — Comment trouvez-vous ce monument, demandait un jour Robert à son fils, le duc de Calabre [1]? — Je trouve qu'il ressemble à une écurie, répond le duc. — Dieu veuille, mon fils, que vous n'y logiez pas le premier ! Cette parole du roi fut prophétique; le prince mourut bientôt après, emportant les regrets de la nation, qui avait fondé sur la sagesse de son gouvernement les plus douces espérances. Cette église, vaste ossuaire, renferme les tombeaux de Robert d'Anjou, appelé le Salomon de son siècle, et de Sancia sa femme; celui de Charles II, dit le boiteux, dont la vie orageuse et la royale bonté ont été célébrées par le Dante. On y voit la sépulture d'un esclave sarrasin, devenu sénéchal du royaume de Naples, nommé Cabano,

[1] Le tombeau de ce duc est de Mazaccio, appelé le *Michel-Ange* du quatorzième siècle. Déjà, sous Charles d'Anjou, à l'époque de Cimabué, Thomaso-Stefani et Tesoro, son élève, avaient révélé du talent; Della Fior donna à son pays Solario, qui fut chef d'une nouvelle école. Il avait exigé de *ce serrurier* qu'il devînt peintre, pour obtenir la main de sa fille. Solario va à Bologne, à Florence, à Venise, à Ferrare. Après des années de voyages et d'études, il revient; il montre ses ouvrages; Della Fior l'embrasse et le nomme son fils. Ceci se passait dans les premières années du quatorzième siècle; remarquez l'époque. Ces prodiges de sentimens sont inconnus de nos jours, où l'on est de feu pour les opinions et les intérêts, et de glace pour les affections. Le Zingaro (Solario prit ce nom de bohémien par allusion à ses aventures) eut une école; ses principaux élèves furent Niccolo di Vito, Angioletto, les deux Donzello, etc.

mari de la fameuse Catanaise qui eut la plus grande part à la mort d'André II [1].

9 février.

Lorsqu'hier je laissai ma lettre, chère Adèle, M. de R... et Melle de V... reprirent le sujet intarissable de leurs discussions. Melle de V... défend le classique avec tout l'esprit possible ; et M. de R... le romantique avec toute son ame. Je ne prends qu'une faible part à ces conversations et je m'amuse de leurs débats. La matière commence à être un peu rebattue, surtout en France ; aussi ne crains pas que je t'envoie le procès-verbal de cette docte conférence. A travers toutes les idées qui furent émises, j'en eus une que je n'exprimai pas alors et que je veux te communiquer. Pour réduire à ses termes les plus simples cette controverse littéraire, ne pourrait-on pas assimiler le classique à la sculpture, et prendre la peinture pour type de ce qu'ils appellent le romantique. Expliquons-

[1] D'abord blanchisseuse, et mariée à un pêcheur, elle devint gouvernante de Jeanne.

nous : ce qui fait le caractère propre de la sculpture, ce qui la fait ce qu'elle est, c'est la justesse des proportions, l'exactitude, la pureté, la correction du dessin, le fini des contours, enfin la belle simplicité de l'action. Tel est, ce me semble, le classique. La peinture se donne plus de liberté, plus d'essor ; le cercle de ses attributions est moins restreint ; la terre avec ses fleuves, ses forêts, ses montagnes, les mers avec leurs tempêtes, l'atmosphère avec ses nuages, le ciel avec ses mystères, le cœur de l'homme avec ses abîmes, tout est de son domaine. Dans ce vaste empire la peinture a moins de mesure à garder ; des régles trop sévères gêneraient son allure ;

« Le réel est étroit ; le possible est immense. »

N'est-ce pas à peu près ainsi qu'il faut considérer le romantique ? Je n'attache pas à cette comparaison plus d'importance qu'elle n'en mérite ; je te la livre pour ce qu'elle vaut. Revenons au réel, tout étroit qu'il puisse être.

Le prince de Salerne, fils de Charles d'Anjou, étant prisonnier en Sicile, fit vœu de bâtir *Saint-Dominique majeur*. Cette église renferme aussi des tombes royales ; celles d'Alphonse Ier, de sa fille Isabelle, de Ferdinand II, de la reine sa femme, d'Antoine Petruccio, du marquis de Pescaire, etc. C'est à Saint-Sévère qu'il faut aller voir les mausolées des princes de Sangro. Une statue allégorique représente Raimond de Sangro, sous la figure d'un homme pris dans un filet. Ce Raimond, désabusé des illusions du monde, se fit prêtre après la mort de sa femme. Un autre monument, prodige de grâce et de hardiesse aux yeux des connaisseurs, est la statue de la princesse, enveloppée d'un voile transparent. Mieux vaudrait qu'une église ne renfermât aucune production des arts que d'offrir aux yeux des chefs-d'œuvre de cette nature.

A l'église de *Santa-Maria nuova*, le tombeau de l'inconstant et brillant Lautrec, et celui de Pierre de Navarre [1] furent élevés par un duc de *Sesso*, au dix-septième siècle. Epuisons, chère Adèle, la nomenclature des églises, par celle de Saint-Paul, bâtie sur les ruines

---

[1] Ce capitaine illustre se distingua au siége de Naples; et, lors d'une expédition navale contre les Maures, en Afrique, il fut fait prisonnier à la bataille de Ravenne, par les Français. Il trahit ses devoirs en portant les armes contre sa patrie, et fut enfermé au château de l'OEuf, où sa mort lui épargna le supplice des traîtres.

de l'ancien temple de Castor et de Pollux, en mémoire d'une bataille gagnée sur les orientaux, l'année 574. Le corps de saint Gaëtan y est déposé, et ses miracles font le sujet de différens tableaux. Près de cet édifice était le théâtre où Néron parut sous les livrées d'un histrion. Tous les peuples de la contrée voisine accoururent pour voir l'étonnant spectacle de la majesté impériale avilie à ce point. A peine la foule eut-elle quitté le théâtre qu'il s'écroula ; et Néron envisagea cet événement comme une faveur des dieux.

LETTRE QUINZIÈME.

NAPLES, 10 février 1824.

Ainsi, mon Alfred, te voilà éloigné de la maison paternelle. Te voilà sevré des tendres caresses de ta mère, du sourire gracieux de tes sœurs, de la bonne et cordiale société de tes frères. Un joug un peu dur va peser sur toi ; ce n'est plus ce joug doux et léger qu'impose l'autorité d'un père ; je le sens ; et je partage la tristesse que tu éprouves ; mais je me confie dans ta raison et dans la force de ton caractère pour surmonter ces dégoûts et supporter ces privations. Le regard attaché sur le but où tu dois tendre, tu sauras vaincre ta faiblesse et bientôt tu trouveras une sorte de contentement dans ta nouvelle position.

Je ne voulais pas morceler le récit de notre délicieuse course à Pompeïa, et j'ai remis jusqu'à ce jour à t'en parler. Partons sans délai. Nos trois calèches fuyaient le long de ce beau golfe de Naples ; un ciel tantôt pur, tantôt voilé, parfois assez de vent pour agiter les flots qui s'abaissaient et s'élevaient alternativement, tout nous présageait une journée magnifique. On entrevoyait dans un lointain douteux de jolies nacelles, et les voiles blanchâtres de quelques vaisseaux. Nous cheminions gaiement à travers les faubourgs et les rians villages de *Portici*, de *Resina*, de *la Torre del Greco*, ensevelis tant de fois sous les cendres du Vésuve, et toujours aussi habités. Ainsi l'homme réveille des passions qu'il a long-temps travaillé à guérir ; il a vu son cœur dévasté dans tel péril, et il l'expose de nouveau ; l'idole brisée la veille est relevée le lendemain. C'est dans ce petit village de *la Torre del Greco* que Pergolèse, atteint d'une phthisie pulmonaire, pieux et résigné comme il appartient au génie malheureux, vint se réfugier et mourir. C'est là qu'avant d'expirer il écrivit son *Salve regina*, et ce *Stabat mater*, chant sublime de douleur que l'Europe catholique répète en chœur tous les ans. Pergolèse est mort dans sa vingt-troisième année.

On éprouve en arrivant à Pompéïa cette impression suspensive, ce mélange d'attente curieuse et de vive émotion qu'inspire toujours une chose extraordinaire. Une partie de la ville est encore recouverte de jolis champs de lupins à fleurs bleues. Pompéïa, bâtie par Hercule ou plutôt en son honneur, ornée d'édifices somptueux, fut engloutie il y a près de 1800 ans, et rendue à la lumière vers le milieu du siècle dernier, comme si elle avait passé ce long laps de temps dans un magique sommeil. Les maisons sans toit semblent avoir été démeublées d'hier. Plusieurs encore sont embellies de charmantes et fraîches peintures qui représentent des sacrifices, ou des sujets de la fable, ou des oiseaux, ou bien encore des usages domestiques particuliers aux anciens. Toutes les maisons se ressemblent; partout de petites chambres isolées, sans cheminées, sans communications, la plupart dépourvues de fenêtres; cependant les vitres, les glaces transparentes n'étaient pas inconnues de l'antiquité. De petites cours carrées, rafraîchies par une fontaine, pavées en marbre, abritées par des portiques avec quelques bancs de pierre, prouvent que la douceur du climat permettait aux habitans de vivre en plein air. Tout ici vous transporte au milieu des nations païennes; vous êtes initié en quelque sorte à leur culte, à leurs mœurs frivoles et exclusivement sensuelles. On admire le goût, l'élégance de cette époque reculée; mais quelle distance sépare leur riante et absurde théogonie, toujours bornée au bonheur matériel, et notre belle religion toute vivante de combats, de vertus, de triomphes, de lumières et même de douleurs. Nous parcourûmes les restes des temples d'Esculape et d'Isis, le vestibule, le sanctuaire, où les prêtres se cachaient pour rendre leurs oracles. Ces temples ne diffèrent des habitations, ni par leur architecture, ni par leur grandeur. Le caractère spécial de nos églises les distingue de toutes les choses humaines; le monde disparaît dans leur enceinte et la divinité les remplit. Il n'y avait point entre les dieux du paganisme et les hommes, cet espace incommensurable qui existe entre le créateur et la créature. Les dieux se mêlaient aux hommes par leurs passions et souvent valaient moins qu'eux par leurs vices; il leur fallait donc des temples tout humains, où l'on retrouvât les habitudes et, pour ainsi dire, les usages de la vie ordinaire. Chez nous, au contraire, l'infini s'oppose au néant, la sainteté à la corruption; et l'amour de notre Dieu est d'autant plus touchant qu'il franchit cet abîme et descend jusqu'à se donner à nous. Aussi nos églises sont-elles toujours très-spacieuses ; c'est le monument le plus considérable de la société chrétienne. Chez les anciens, vastes amphithéâtres, cirques immenses ; chez les chrétiens, grandes et profondes églises ; c'est dans l'ordre. Les uns ne se réunissaient guère que pour se livrer aux plaisirs ; pour les autres, le besoin le plus vif, le plus durable est de prier en commun et de se réfugier près de la divinité.

J'ai considéré le Forum, environné d'un beau portique. Les pierres d'attente, préparées pour sa reconstruction, sont encore éparses. . . . La voie consulaire conserve la trace des chars antiques ; ces théâtres semblent prêts à recevoir dans leur sein de nombreux spectateurs. Les noms des rues, des enseignes, une chèvre, une vache en pierre, des fours de boulangers, des comptoirs, des meules à moudre le grain, tout en un mot produit une illusion complète. On entre dans les boutiques ; les marchandises ont disparu ; voici l'atelier d'un statuaire, l'artiste seul est absent. Les rues, de douze à quinze pieds, sont pavées en laves. Le quartier des soldats, bien conservé, est entouré d'un portique. Le long de la voie publique, sont alignées deux rangées de tombeaux; beaux marbres blancs, belles et sages proportions, travail élégant et pur. Tout charme, tout ravit dans ces gracieux monumens de la mort : noble idée, me disais-je, coutume bien morale! la mort, mêlant son souvenir aux incertaines jouissances de la vie, devait ramener l'homme à la vertu et le détourner du vice. Toutefois à quoi servait cette leçon philosophique? On sait combien elle était insuffisante à réprimer les passions. D'ailleurs n'était-ce pas un nouvel aliment à l'amour des plaisirs? Les poètes disaient tous comme Horace : *couronnons-nous de myrtes et de fleurs; chantons; car nous mourrons demain.* Plus sage, plus délicat, plus compatissant, le christianisme dépose la cendre des morts dans un séjour mieux assorti aux graves pensées que le trépas doit faire naitre. La religion, mère tendre, ne veut pas nous attrister sans motif par l'aspect continuel des tombeaux; c'est loin de la foule et du bruit qu'elle place tous ces restes vénérés; c'est autour de nos temples, sous l'œil maternel de l'Eglise que nos ancêtres ont élu leur dernier domicile; c'est là qu'ils reçoivent le tribut de nos regrets, de nos larmes, de nos secrètes douleurs. Et lorsqu'à une époque de déconsidération pour les choses sacrées, on crut devoir reléguer les morts loin du séjour des vivans, la croix a suivi ces sépultures exilées; elle s'est établie au milieu d'elles pour les bénir et les protéger.

Il faut néanmoins revenir à une vie plus positive. Arrivés à la maison d'Arius Diomède, nous montons quelques degrés; et nous voilà assis sur une jolie terrasse. Nos courtois chevaliers, que la recherche des antiquités ne préoccupait pas uniquement, s'étaient souvenus qu'il fallait dîner, même à Pompéïa; grâces à leurs soins prévoyans, une table de pierre est dressée; une table sur laquelle Arius Diomède s'était accoudée peut-être il y a deux mille ans. Des mets y sont servis, non des mets exhumés du sein de ces habitations antiques, mais des poulardes qui furent mangées aussitôt que dépecées. Si le vin coula, ce ne fut point celui des *amphores* de Diomède, bien qu'elles fussent encore là appuyées contre les murs.

A cinq heures, on s'acheminait pour revenir à Naples. Nous avions remarqué le matin beaucoup d'aveugles sur la route; cette triste infirmité est causée par l'action des cendres du

Vésuve, qui tourbillonnent sans cesse dans l'atmosphère.

Il fallut traverser la direction que prit l'écoulement de la lave lors des éruptions de 1753 et de 1794. Partout les murs sont construits de morceaux de lave dans différens états de fusion, ou de débris arrachés aux habitations dévastées. Ainsi la destruction elle-même vient au secours de l'industrie des hommes; des instrumens de désastre et de mort deviennent des élémens de vie et de conservation.

Il me reste encore un moment de loisir, cher Alfred. Allons aux catacombes, bien plus belles et plus vastes que celles de Rome, mais moins propres à pénétrer l'ame de grandes et mélancoliques émotions, parce que leur souvenir a moins de solennité. Elles sont taillées dans une montagne très-élevée; autrefois on parcourait les trois étages, mais les tremblemens de terre ont encombré et intercepté la galerie inférieure. Des niches superposées servaient jadis de tombeaux. Des voûtes fort hautes surmontent ces immenses corridors qui, de distance en distance, s'élargissent et forment de grands espaces, probablement destinés aux réunions des premiers chrétiens.

Nos guides nous faisaient remarquer, à la lueur vacillante des torches, les parois couvertes de vestiges de peintures. Il me semble que ces crucifix, ces traits de l'histoire sacrée, qui ornent les retraites sacrées des premiers siècles, témoignent en faveur de l'antiquité d'un culte si ardemment attaqué par les religionnaires. Au sortir de ces grottes, magnifiques monumens, les plus gigantesques de ce genre qui existent en Italie, nous visitâmes l'hospice des pauvres. Grand nombre de vieillards y sont bien vêtus et bien nourris.

Adieu. Que n'êtes-vous ici, mes enfans ! Ah ! ce serait trop de bonheur. « Plus les ames se » réunissent, dit le Dante, et plus elles ont » sujet de s'aimer, plus aussi elles s'aiment. Ce » sont des miroirs qui se renvoient l'un à » l'autre les images qu'ils ont réfléchies [1]. »

[1] E quanta gente più lassù s'intende,
Più v'è da bene amare e più vi s'ama,
E come specchio l'uno all' altro rende.
Purgatorio. Canto xv.

LETTRE SEIZIÈME.

NAPLES, 13 février 1824.

Je suis plus que jamais, mon bon père, l'enfant gâté de la providence. Cet air de la mer, si meurtrier à Nice, est ici pour moi tout-à-fait inoffensif. J'éprouve un mieux réel, un visible accroissement de forces. Faut-il attribuer cette amélioration à la douceur du climat, ou bien à un genre de vie moins sédentaire? L'absence de toute contention d'esprit, l'exercice de l'âne ou de la voiture, joint à un air doux et vivifiant, me rendent une sorte de bien-être inaccoutumé.

Prévenu de notre arrivée par une lettre d'Adèle et par une recommandation de notre meilleur ami, le comte de St. M..., l'ambassadeur vint nous surprendre au milieu d'un accès de dansomanie. Mon accueil fut froid et embarrassé ; mais j'aperçus bientôt en lui une bienveillance supérieure aux politesses d'usage ; et depuis, chacune de nos conversations me découvrit la vérité et la délicatesse attachantes de cette ame ; aussi me suis-je bien promis de ne plus juger d'un caractère avant de l'approfondir. Ne sait-on pas que les circonstances peuvent entraîner l'homme le plus honnête à émettre des opinions hasardées ? L'inexorable sévérité de l'esprit de parti fait commettre bien des injustices. Je les déplore quand je vois des hommes, également estimables, se méconnaître et se haïr, tandis que le même sentiment de générosité dicte leurs opinions opposées. L'un ne veut envisager que la royauté opprimée ; l'autre croit toujours avoir à défendre les droits du peuple. Tous deux peuvent avoir raison ; mais la prévention devance le jugement.

La jolie et gracieuse comtesse de Serre emploie les soins les plus aimables afin de rendre la société de Naples agréable aux étrangers. Voulant me faire connaître les personnages les plus marquans elle m'engagea, avec M. de L..., à un brillant dîner où se trouvaient le margrave de Bade, le prince de Suède, l'ambassadeur de Russie, (comte de Stackelberg) et sa femme, celui d'Angleterre (le comte et la comtesse Hamilton); le général Frimont et sa femme, lord Hill, la duchesse de Devonshire, la spirituelle comtesse de Préville et son excellent mari, grand-amiral du royaume. Au moment de se mettre à table, Mme de Serre me laissa opter entre l'aimable et instruit margrave de Bade et le prince de Suède. Vous devinez de quel prestige j'environnais l'infortuné petit-fils de Gustave. Malgré ma vieille réputation d'aimer et de rechercher les gens d'esprit, si un sentiment de noble pitié émeut mon cœur, je ne balance plus; ici mon choix fut bientôt fait. J'essayai, durant le dîner, d'amener ce prince sur plusieurs sujets qui pouvaient l'intéresser; mais, soit manque d'énergie, soit finesse politique, il me parut peu accessible aux idées grandes et généreuses. Nous parlâmes de nos excursions aux environs de Naples; le prince nomma Portici, où j'avais vu le portrait de l'usurpateur Murat; j'exprimai alors mon dévouement à la légitimité opprimée; il sourit avec bienveillance et une sorte de gratitude, puis détourna la conversation.

Ne vous paraît-il pas bien étrange, mon bon père, de voir votre Caroline lancée au milieu des bals et des fêtes, elle que la maladie et la souffrance en ont exilée pendant ses plus belles années. En vérité, je sens de plus en plus le vide de ce genre de succès. Ce n'est pas, me direz-vous, parce que les raisins ne sont pas mûrs, mais plutôt parce qu'ils se flétrissent; aussi j'ai soin de dire, par forme de consolation : *vanité des vanités!* A vrai dire, ce que je regrette, ce n'est pas la fraîcheur de mon visage, mais cette faculté *si vive de m'animer et de m'intéresser à une foule d'objets qui me laissent maintenant froide et indifférente.* Je suis comblée de politesses et de bonté; et je ne crois pas, malgré l'examen le plus sincère, que le dépit se cache sous le voile de mes réflexions philosophiques.

Je suis allée aussi chez la duchesse de Nola, à la première et unique fête italienne donnée ici depuis le séjour du comte de Serre; ce fut lui et sa femme qui m'y conduisirent. Il fallait gravir une montée très-rapide; les chevaux reculaient toujours; la frayeur nous gagna et nous mîmes pied à terre. Vers la fin du bal, la comtesse de Serre me chercha en vain; je m'étais soustraite à la chaleur et au bruit, et je m'égarais délicieusement avec mon beau-père et M. de R.... dans les sinuosités de ces jardins, où d'élégans palmiers et autres arbres orientaux recevaient un éclat fantastique d'une brillante illumination.

Puis-je, mon bon père, vous entretenir si longuement de fêtes et de bals, lorsque je suis environnée d'une admirable nature? Quel lieu ravissant que ce côteau du Pausilippe, dont le nom est si poétique, *(cessation de tristesse)*, couvert d'arbres, de maisons, de clochers! La cime en devient solitaire; à l'ombre des bouquets d'ormes et de chênes, je contemplais la superbe position de Naples, cette mer azurée sur laquelle glissaient des bateaux pêcheurs et que des navires sillonnaient d'un mouvement majestueux, tandis que la brise gonflait leurs voiles. L'imagination féconde du Poussin, de Claude Lorrain ne pourrait inventer de contours plus nobles, d'horizon plus grandiose; la pureté de l'air, la transparence de la Méditerranée, les formes des montagnes et la richesse pittoresque des premiers plans, sont d'une incomparable beauté. Au milieu de cet enchantement nous atteignîmes le tombeau de Virgile, petite masure en brique, de forme presque carrée, entièrement dérobée par des guirlandes de lierre et de clématite [1]. Sur le haut de ce monument s'élevait un laurier. Jamais symbole de gloire ne fut mieux placé. Virgile, né dans les riantes campagnes de Mantoue, vint mourir sur les bords plus rians encore de la mer de Naples; essayons de traduire ces vers d'Angelo da Costanzo;

« Cygnes heureux, beaux gardiens des doux
» rivages du Mincio, dites-moi, est-il vrai
» que le grand Virgile ait reçu le jour au
» milieu de vos nids fortunés ?

» Montre-moi, charmante sirène, le lieu où
» s'écoulèrent ses jours joyeux et paisibles.
» Est-il vrai que ses restes ont trouvé un asile
» dans ton sein ? Heureuse destinée ! où trouver
» une mort plus conforme à une telle naissance,
» un tombeau plus digne d'un berceau si gra-
» cieux ?

---

[1] Cette petite masure, voûtée dans l'intérieur, renfermait l'urne où furent conservées les cendres du poëte de l'Italie. Robert d'Anjou, dans la crainte qu'elle ne fût enlevée, la fit transporter au château neuf, et jamais on ne la retrouva. Le poëte Silius Italicus acheta et habita la *villa di Virgilio*.

» O poëte, tu entendis en naissant les chants
» harmonieux des cygnes ; et les sirènes t'ont
» pleuré au jour de ta mort [1]. »

Un souvenir également honorable à la royauté et au génie apparait ici : Robert d'Anjou, comte de Provence et roi de Naples, accompagna Pétrarque au tombeau de Virgile ; et, lorsque le poëte prit congé de ce prince, Robert, se dépouillant d'un riche manteau, le pria de s'en revêtir, en mémoire de lui, le jour de son couronnement au Capitole.

On descend ensuite cette charmante côte par de jolis sentiers qui serpentent à travers des bocages de myrtes et de chèvre-feuilles. Un rideau de feuillage semble voiler ces magni-

[1]   Cigni felici che le rive, e l'acque,
Del fortunato Mincio in guardia avete,
Deh, s'egli è ver, per Dio mi respondete :
Fra vostri nidi il gran Virgilio nacque?
    Dimmi, bella sirena, ove a lui piacque
Trapassar l'ore sue tranquille, e liete?
Così sien l'ossa tue sempre quiete !
E ver che in grembo a te morendo giacque?
    Qual maggiore grazia aver dalla fortuna
Poeta? qual fin conforme a nascer tanto?
Qual sepolcro piu simile alla cuna?
    Ch' essendo nato tra 'l soave canto
Di bianchi cigni, alfin in veste bruna
Esser dalle sirene in monte pianto.

fiques aspects, comme une gaze légère cache les objets pour les embellir encore.

A *Santa-Maria del parto*, le tombeau de Sannazar passera-t-il inaperçu ? Ce poëte, dès l'enfance, développa la plus tendre sensibilité et sut allier au génie la valeur d'un soldat et le plus touchant dévouement à son souverain [1]. Lisez ses belles élégies, il pleure la mort de ses amis, et les malheurs de sa patrie ; dans son poëme pastoral l'*Arcadie*, il chanta les mœurs naïves des bergers. Si un mélange de mauvais goût dépare ses sujets sacrés, il les traite avec une délicatesse qui les met à l'abri de toute profanation. Retiré au sein d'une aimable solitude, tout près du Pausilippe, il employa ses richesses au soulagement des pauvres et à la décoration des églises.

Sur la plage riante de Margellina, nous fûmes assaillis par un essaim de jeunes filles, jolies mendiantes, indigentes folâtres, qui nous demandaient la *carita* d'un air plus malicieux que suppliant. Leur voix mélodieusement accentuée, leur physionomie expressive, animée, leur taille

---

[1] Il combattit pour Ferdinand II, suivit en France Frédéric son successeur, et vendit une partie de son héritage pour l'aider à reconquérir son royaume.

svelte et légère, formaient une nouvelle harmonie dans ce gracieux paysage, au milieu de ce tableau d'une nature si fraiche et si pure.

Ainsi tout, dans les œuvres du Créateur, est mélodie, concert, enchaînement. Mais l'homme n'est pas toujours assez heureux pour établir, entre les ouvrages de Dieu et ses propres travaux, cet accord mystérieux, cette alliance admirable que tous les cœurs bien nés conçoivent si bien, lors même que l'esprit le plus éclairé ne peut dignement l'exprimer. La pesante et sombre architecture du palais *del capo di monte*, est bien peu en rapport avec les sites heureux qui l'environnent. N'ayant pu y entrer, nous vîmes du moins le beau pont jeté d'une montagne à l'autre par les Français. Sur cette hauteur s'élève aussi le séminaire des Chinois, admirable institution [1] unissant plus que deux montagnes; car elle rapproche l'Asie de l'Europe.

Le musée bourbon, créé par Charles III, le père du roi actuel, est surtout destiné à recevoir les objets découverts à Pompéia et à

---

[1] Fondée par Mathieu Ripa, missionnaire napolitain, en 1726.

Herculanum; et c'est là ce qui le rend si digne d'intérêt, même pour les voyageurs qui ont visité ceux de Rome et de Florence. Honneur à ce prince, digne descendant de Louis XIV, qui, animé d'un noble amour pour les arts, sut protéger, encourager tous les travaux d'exploration et ouvrit un royal asile aux monumens sans nombre que recélaient les deux villes englouties ! Honneur à son gouvernement qui dédaigna les offres magnifiques de l'Angleterre, et conserva à Naples ces richesses du sol de la patrie.

Il fallut bien, sous peine de passer pour barbare, prêter quelqu'attention à ces précieux manuscrits trouvés à Herculanum, et déroulés si ingénieusement par le père Piaggi. Mon ignorance s'accommodait mieux de la contemplation de divers vases étrusques d'un travail exquis, ou de peintures gracieuses du caractère le plus ingénu, le plus poétique. S'il était permis d'élever des doutes sur l'authenticité de tous les casques et armures qui sont là étalés, on pourrait croire qu'ils appartiennent à la chevalerie du moyen âge. On nous montra aussi des ustensiles de cuisine et des alimens parfaitement conservés, mais qui n'auraient que peu d'appas pour les gastronomes de nos jours. N'oublions pas une multitude d'ornemens et de joyaux de femmes.

Voilà une interminable lettre, mon bon père ! Quand ma plume a la bride sur le cou, il est difficile de l'arrêter. Je voudrais que votre œil paternel pût pénétrer jusqu'à moi, être témoin de mes pures jouissances, et vous convaincre que votre souvenir vient toujours s'y mêler. Je me trouve ici heureuse dans notre douce intimité ; c'est un échange perpétuel de prévenances et d'affection, qui me fait le plus grand bien.

LETTRE DIX-SEPTIÈME.

NAPLES, le 20 février 1824.

Voici, mon cher Amédée, quelques détails rapides sur deux charmantes tournées aux lieux chantés par Homère et Virgile, chantés aussi par notre Châteaubriand. Là, tout respire l'enjouement et la gaieté. Tout, même jusqu'aux ruines, y retrace le culte du plaisir, l'enchantement de la vie. La douleur même s'y cache sous des fleurs. Depuis bien des années, je ne vous ai parlé à tous que souffrance et résignation. Pouvais-je peindre fidèlement ce que je ne comprenais et ne voyais plus ? Aujourd'hui qu'une douce chaleur semble me raviver, je me retrouve une sorte d'aptitude au bonheur. Mais une voix secrète m'avertit sans cesse que ces jouissances seront fugitives, et mêle ainsi une amertume salutaire à d'éphémères délices.

Au moment où nous dirigions nos pas vers Pouzzole, une grande revue avait lieu sur la Chiaja, à l'occasion de l'anniversaire de la naissance de l'empereur. Quinze mille Autrichiens se déployaient comme une haie d'acier, le long de cette magnifique promenade; et du milieu des bataillons s'élevaient les magiques accens de la musique allemande si propre à enflammer la valeur guerrière. C'était chose merveilleuse d'entendre cette éclatante et divine mélodie, qui allait se répétant sur les hauts palais de Naples, sur le Capo di Monte, dans la grotte du Pausilippe, pour jeter enfin ses derniers accens « sur ces côtes plantées de » myrtes, d'orangers, de palmiers, sur cette » mer où naquirent Apollon, les Néréides et » Vénus [1]. »

Emue au dernier point par cette pompe militaire, je gagnai lentement le pied du mont Pausilippe, et traversai cette grotte célèbre qui s'étend sur une longueur de trois cents toises.

---

[1] *Les Martyrs*, par M. de Châteaubriand.

Il y règne une profonde obscurité [1]; et au sortir du souterrain, on est ébloui, ravi, enchanté par les torrens de lumière qui inondent les fertiles et belles campagnes.

Ici la nature, qui déploie avec orgueil ses grâces et sa fécondité, semble rivaliser avec les fictions poétiques. Les anciens appelaient cette vallée *champs phlégréens* ou *guérets de feu*. Des hommes d'une taille athlétique, qu'Hercule seul put dompter, en furent, dit la fable, les habitans primitifs. Occupés d'abord par les Grecs, puis envahis par les Romains, ces lieux enchanteurs furent encore embellis par les travaux successifs d'une merveilleuse industrie; mais les tremblemens de terre ont englouti ces précieux ouvrages. Après bien des vicissitudes, ils n'étalent plus aujourd'hui que les trésors d'une nature ravissante.

En quittant l'admirable plage, le chemin qui vous mène à Pouzzole serpente entre la mer et des rochers volcaniques. La ville, fondée par les Grecs, perdit sa liberté lorsqu'elle se déclara en faveur d'Annibal. Cicéron la qua-

---

[1] Malgré les douze réverbères qui y sont allumés.

lifiait la *petite Rome*, en raison de son luxe et de sa puissance. Bientôt elle fut entourée des maisons de plaisance de Lucullus, de Pompée, de Marius et de César. Néron lui accorda le droit de colonie; prise et détruite plusieurs fois par les barbares, cette cité opulente faillit, dans la suite, subir le sort de Cumes, de Baya et de Misène; et elle ne l'eût pas évité si le zèle et la sagesse du vice-roi de Naples n'y eussent remédié. Les habitans, effrayés des nombreux tremblemens de terre, la désertaient. Pierre de Tolède obtint du souverain exemption de tout droit, et fit bâtir une tour, un palais et une belle fontaine; il aplanit la route de Naples et vint s'y établir une partie de l'année.

Nous aperçûmes d'abord le fameux môle, hardie, étonnante conquête de l'homme sur les eaux. Vingt-cinq arches le composaient; treize seulement subsistent encore avec deux ou trois grandes arcades. Caligula y fit jeter un pont de bateaux qui joignait Pouzzole à Baya [1].

[1] Il fit attacher ensemble grand nombre de vaisseaux, couverts de madriers, lesquels à leur tour recouverts de terre, permirent d'y planter des arbres, d'y élever des maisons. L'empereur, vêtu d'une robe d'or brodée de perles, la couronne sur la tête, traversa le *pont triomphateur*, suivi de tous les

Il est à Pouzzole des souvenirs d'une nature plus consolante. Voyez saint Paul qui aborde cette ville, au milieu des bénédictions d'un peuple de néophytes ; ce Paul qui embrassait tous les peuples dans les saintes effusions de sa charité, qui, tout à la fois recommandait à Philémon, Onésime le pauvre esclave, et envoyait à Corinthe, à Philippes, à Ephèse, à Rome ses sublimes épitres; ce Paul enfin pour qui saint Jean Chrysostôme éprouvait une admiration passionnée et qu'il nommait avec tant de justesse et de bonheur, *le cœur du monde entier.*

La cathédrale dédiée à saint Procule était jadis un temple d'Auguste; il en reste quelques colonnes et des fragmens de murs, construits avec d'énormes carrés de marbre. Sur la place, la statue de Tibère et celle d'un évêque présentent un singulier rapprochement. Qui croirait que le Sérapis des Egyptiens avait là un temple? Le sol est encore jonché de débris de frises,

---

grands de l'empire. Ce monstre fit ensuite précipiter à la mer tous ceux qui l'avaient traversé, à dessein de remplir le trésor épuisé par ses extravagances. Plusieurs patriciens, voulant prévenir leur malheureux sort, eurent la faiblesse d'instituer l'empereur leur héritier, et accélérèrent ainsi leur perte; car il les fit empoisonner, afin de jouir plus tôt de leur succession.

de corniches, de chapiteaux qui ont appartenu à ce vaste édifice; mais, ce qui en fait surtout apprécier les formes et les dimensions, ce sont trois immenses colonnes encore debout. Elles sont en marbre cipolin, et incrustées de coquillages; on y voit encore l'anneau de bronze où les victimes étaient attachées.

Cette recherche des ruines fut pour nous une délicieuse promenade au milieu de peupliers élancés, de longues guirlandes de vignes, de belles et riches cultures. Nous parvenons à l'amphithéâtre, où une chapelle est érigée en l'honneur du martyre de saint Janvier. L'arène est tapissée d'un frais gazon couvert d'arbres fruitiers; des arbrisseaux s'élancent des hauts gradins. J'ai peine à me persuader que ce cirque ait jamais été plus spacieux que celui de Rome; il y subsiste encore deux étages. Nous ne pûmes pénétrer dans le labyrinthe de Dédale, où l'eau coulait à plein bord.

Embarqué à Pouzzole, on aborde au pied du rocher, où sont épars les débris du palais et des bains de Néron; la vue est merveilleuse. Près des étuves, plusieurs chambres voûtées renferment des niches et des bancs de pierre sur lesquels on plaçait les matelats des malades. Nous voulûmes braver la chaleur des étuves ; cette température brûlante nous suffoqua comme pour nous rappeler l'étymologie du mot Phlégéton, *(torrent de flammes)*. Lorsque je m'acheminai vers la mer tenant en mains les œufs que nous avions fait cuire dans l'eau de ces bains, je me sentis enlever vers la barque par un batelier robuste ; et, craignant d'écraser mes œufs, je les lançai prestement à la mer ; ce qui excita chez mes compagnons une grande hilarité. Nous débarquâmes de nouveau près du lac Lucrin, le Cocyte des anciens, *fleuve des pleurs*, où l'on engraissait les huitres pour la table des voluptueux Romains. Maintenant c'est un petit marais rempli de joncs, et comblé en partie, lors du fameux tremblement de terre qui, en 1538, fit surgir de la mer le *Monte-Nuovo*.

Vous arrivez au lac Averne. Les sombres forêts ont disparu ; mais les montagnes qui l'environnent sont très-boisées. Si tu étais ici, je te ferais raconter le sacrifice d'Enée aux dieux infernaux. Le lac n'exhale plus ces vapeurs sulfureuses auxquelles était attribuée la funeste propriété de faire périr les oiseaux ; car sur ses ondes voltigeait une belle colonie de canards sauvages. A l'ouverture de l'obscure galerie qui mène à l'antre de la sybille, nous marchâmes cent pas environ avant de nous engager dans un couloir où l'on respire à peine. Bientôt l'épaisse fumée des torches, les cris, les demandes sans réponses et les rires bruyans produisent la plus bizarre cacophonie. Les sinuosités souterraines nous plongeaient au sein des ténèbres que dissipait soudain la lueur rougeâtre des flambeaux. L'apparition de nos guides et leurs figures de bandits nous causaient une sorte de terreur qui n'était pas sans attrait pour l'imagination. Le mien, à la stature de géant et au regard de démon, me disait de me confier à lui; c'était chose difficile, en vérité; mais la scène devint grotesque, quand chacun, saisi par son *cicerone*, fut hissé sur ses épaules. L'eau montait jusqu'aux genoux de nos porteurs.

Enfin nous voici parvenus à l'antre de la sybille, petite cellule carrée, taillée dans le roc. Une chambre voisine conserve des baignoires et des fragmens de mosaïque. Déposés à sec sur une élévation en maçonnerie, nous examinâmes à notre aise cette procession d'étranges caricatures. Il fallait de la foi pour apercevoir dans ce bassin le Styx aux noirs replis. Mon obstination à négliger les conseils de mon guide et à me laisser pendre sur ses épaules, en manière de robe sur un porte-manteau, me fit glisser jusqu'à mi-jambes dans le *fleuve que l'on ne passe jamais deux fois.* Ce fut grâce à Melle de V.... si je n'allai pas au fond. Il n'est besoin de dire qu'à travers toutes ces folies, la descente d'Enée aux enfers fut oubliée; et l'ombre de l'infortunée Didon, échappant avec un fier dédain aux poursuites de son parjure amant, ne vint pas nous attendrir. Je pardonne à saint Augustin les larmes qu'il a versées à la lecture du quatrième livre de l'Enéide. Si la froideur du stoïque Enée est de nature à révolter un homme vif et sensible, il n'est pas de femme délicate qui ne réprouve les fureurs insensées de cette reine.

Quand nous sortimes de l'antre ténébreux, nos visages noircis ressemblaient à ceux des cyclopes, sauf qu'il restait deux yeux à chacun de nous. Notre caravane offrait une espèce de parodie de suppôts de Pluton. Bientôt nos regards rencontrent les ruines d'une villa de Cicéron et celles d'un temple d'Auguste. On atteint ensuite la belle voie antique de Cumes chargée d'anciennes substructions et de vestiges du temple des géans. Enfin l'*arco felice*, porte de Cumes, d'un effet très-pittoresque, est en partie taillé dans le tuf volcanique, en partie bâti de gros quartiers de marbre. Des touffes de girofliers, de genêts et de myrtes couronnent ces beaux décombres. Nous gravissons le monument pour découvrir les tombeaux épars çà et là sur la campagne; je salue avec mélancolie celui de Scipion, déplorant la malédiction que la douleur arracha à ce grand homme : « Ingrate patrie, tu n'auras pas mes os. »

Le nom de Cumes, ville jadis si riche, si élégante, rappelle plus d'un souvenir. Tarquin le superbe s'y retira après son expulsion de Rome ; Pétrone s'y fit ouvrir les veines, afin de se soustraire à la vengeance de Néron. Près de Cumes aussi périt Tejas, dernier roi des Goths, vaincu par Narsès en 552. Sannazar servait de guide à Gonsalve, sur cette plage où gisent tant de ruines. Le grand capitaine racontait ses victoires et disait : « il ne me » reste plus d'ennemis à craindre. » « C'est ainsi » que parlaient nos ancêtres, » répliqua le poëte.

Nous sommes au terme de notre course, mais non à la fin de nos admirations : de magnifiques débris s'offrent à nous. Mercure, Vénus et Diane ont eu là des temples ; c'est un bien gracieux paysage que ces heureuses campagnes, ces vallons fertiles et la mer vue à travers un cadre d'édifices ruinés ! Faut-il s'étonner que les statuaires aient été bien inspirés, dans ces contrées poétiques que l'imagination peuplait de déesses descendues de l'Olympe et où vivaient réellement et circulaient les jeunes prêtresses de ces divinités fabuleuses, type parfait de la beauté et de la grâce *plus belle encore que la beauté ?* L'artiste, pour donner à son œuvre la pose la plus noble et à ses draperies les formes les plus agréables, n'avait qu'à promener son rayon autour de lui. C'est sur le costume de la prêtresse qu'il trouvait ce bandeau pur, cette élégante tunique, cette guirlande de lauriers ou de myrtes que nous admirons dans les plus belles sculptures de l'antiquité.

Le vent se lève ; il se fait tard ; la mer devient houleuse. Nos matelots nous engagent à éluder un trajet assez dangereux et une côte inabordable ; et nous suivons un sentier étroit, escarpé, creusé entre des rochers, cinq cents pieds au-dessus de la mer.

Plus faible que mes compagnes, j'étais montée sur un âne; on m'aperçut tout à coup comme suspendue au-dessus d'un abime. Un interstice de rochers mettait absolument la mer sous mes pieds; l'effroi fut extrême. Je descendis aussitôt que le terrain me le permit; bien m'en prit, car une troupe de mulets venaient à ma rencontre. Peu après nous rejoignimes nos bateaux et nous rembarquâmes pour Pouzzole. Sur ces bords où la lyre du poëte que nous chérissons a retenti d'accords si doux, nous n'avons pas manqué de redire avec lui :

« Colline de Baya ! poétique séjour !
Voluptueux vallon qu'habita tour à tour
Tout ce qui fut grand dans le monde,
Tu ne retentis plus de gloire ni d'amour;
Pas une voix qui me réponde,
Que le bruit plaintif de cette onde
Ou l'écho réveillé des débris d'alentour ! »

Tout à coup le bruit des salves d'artillerie interrompit nos méditations; c'était un navire autrichien, pavoisé de drapeaux, qui célébrait l'anniversaire de la naissance de l'empereur. Les flammes semblaient surgir du sein des ondes et les faire bouillonner, tandis que les échos portaient au loin le bruit majestueux du canon.

Je relis ma lettre écrite à la hâte et sans ordre ; tu serais en droit, mon enfant, de me réclamer quelques détails. Près de Cumes, la Solfatare est un cratère à demi éteint ; il s'en élève des émanations sulfureuses d'une odeur assez forte pour imprégner les vêtemens ; des éclats de lave en jaillissent. Toute la plaine est sèche et désolée ; un bruit sourd se fait entendre lorsque le sol est frappé ; ce terrain miné et aride renferme de l'alun et du soufre.

A peu de distance du volcan, on rencontre le lac solitaire d'Agnano, entouré de hautes collines ; un chemin encaissé entre deux montagnes vous y conduit. Près de ce lac, la grotte *del cane* me fit penser au soupirail de la Pythie, d'où s'exhalaient les vapeurs enivrantes qui provoquaient les oracles ; une porte fort solide ferme l'entrée de cette excavation. Mes instances épargnèrent, à un pauvre chien, une partie de l'expérience cruelle à laquelle le soumet la curiosité des voyageurs ; au moment où on l'amena, il semblait implorer notre pitié et tremblottait de tous ses membres ; je demandai grâce, comme je le faisais à six ans pour les sottises du chien de ma mère. Il n'y resta donc que peu d'instans ; et sortit agité de légères convulsions. Ces infortunés animaux sont ainsi condamnés à une courte et douloureuse existence; ils ne peuvent guère supporter plus de douze à quinze fois une pareille épreuve. On devrait bien se contenter du flambeau qui s'éteint à l'approche de cette grotte.

Il n'est point, cher enfant, de jouissances qui ne soit altérée par quelque regret : je l'éprouve ici, mon bonheur eût été plus complet si tu l'avais partagé; si j'avais pu jouir des élans de ta vive et jeune imagination à l'aspect de tous ces enchantemens. Hélas ! tu ne trouveras qu'une faible compensation dans les récits que tu viens de lire.

LETTRE DIX-HUITIÈME.

NAPLES, 28 février 1824.

Je vous conterai aujourd'hui mon excursion au Vésuve. Je n'ai pas atteint le cratère, et me suis arrêtée aux trois quarts du cône ; je suis fière de ce sacrifice de la piété filiale. Etes-vous contente, ma bonne mère? Une bénédiction de plus me dédommagera d'une telle privation. La veillée fut consacrée à lire les lettres de Pline à Tacite, sur l'éruption dont Pline l'ancien fut la victime [1]. Durant la soirée, la pluie tombait à torrens, et déjà nous n'espérions guère

---

[1] A cette éruption périt aussi Drusille, fille ou sœur du premier Agrippa, roi des Juifs, d'abord femme d'Azize, roi d'Emèze, puis épouse de Félix, ce gouverneur de la Judée, devant lequel saint Paul comparut. Félix était frère de Pallas, puissant affranchi sous l'empereur Claude.

réaliser notre projet. La pluie, au contraire, rosée bienfaisante, nous prépare la plus belle journée ; elle affermit un peu les cendres du Vésuve qui voltigent dans l'air et blessent la vue. Nous suivons les admirables prolongemens de la ville de Naples jusqu'à Portici où l'on quitte la mer. A Resina, les altercations risibles et fatigantes d'une foule de guides, se disputant à qui offrira sa monture, ne cessent pas d'étourdir le pélerin du Vésuve.

On commence à traverser des vignes enclavées de murailles bâties en lave; et bientôt on explore tous ces décombres de la nature par un chemin hérissé de petits monticules. Nos *ciceroni* nous montraient les laves des diverses éruptions, en commençant par celle de 79 qui engloutit Pompéïa et Herculanum. Après une heure et demie de marche, on gagne l'ermitage situé sur un coteau, environné de vignes de *Lacryma Christi* et d'un groupe d'arbres, les derniers qui ombragent ce lieu dévasté. Nous faisons chez les ermites un bon déjeûner; puis chacun remonte sur son âne. La route s'adoucit; mais elle est moins sûre; c'est une espèce de chaussée étroite et élevée; un de nos compagnons me voyant à l'arrière-garde de la garde, s'arrête pour me laisser passer ; sa mule, moins polie, regimbe et se cabre entre deux précipices ; moment d'horrible terreur ! Arrivé au pied du cône, on ne voit plus qu'une montagne de cendres et de scories et nulle trace de chemin. Avec le secours de deux bras, je me mets à gravir, pleine d'ardeur, ce singulier volcan dont il est difficile de se faire une juste idée. Sur ces tristes hauteurs, la vue fatiguée cherche au loin quelque spectacle qui la repose ; et alors Naples, le Pausilippe, la mer, des îles riantes vous présentent leurs aspects enchanteurs ; ils délassent un instant du Vésuve. On enfonce dans la cendre jusqu'à mi-jambe, et souvent on recule plusieurs pas ; d'autres fois il faut franchir des quartiers de lave. De temps en temps je m'assieds sur cette fournaise, avec la même sécurité que sur les frais gazons de la Flandre. Je reconnais enfin la folie de mes efforts ; je ressens de vives douleurs ; mes forces s'épuisent ; on me conjure de ne pas m'exposer davantage ; on craint que je ne vienne à m'évanouir, et à vomir le sang. C'est encore votre souvenir, ma tendre mère, qui m'a épargné cette dangereuse imprudence. Je risquais de détruire en un instant le fruit de mon séjour en Italie, le fruit de soins et de remèdes si prolongés. Enfin je me résigne ; et mon beau-père et le comte de R... ne veulent pas m'abandonner. Une pierre qui se détache les frappe tous deux d'un coup violent. Peu de jours auparavant, un de nos malheureux compatriotes fut ainsi frappé à la poitrine et faillit en perdre la vie. Si cette course était absolument exempte de dangers, la curiosité serait moins irritée.

Je laisse notre caravane continuer sa marche pénible. Assise au pied du cône, et dans le charme de l'isolement je me console de ma mésaventure en méditant sur ces accidens terribles, sur ce grave et perpétuel avertissement que Dieu place à dessein dans ce séjour du plaisir et du bonheur. C'est un tombeau au milieu d'un cercle de danseurs ; c'est la mort au sein d'une fête ; c'est l'épée suspendue au-dessus de la table du banquet. Nous entendons les cris de nos compagnons et voyons flotter leurs mouchoirs sur les bords du cratère ; six minutes leur suffiront pour nous rejoindre. Ils diminuent mes regrets en m'apprenant qu'ils n'ont trouvé qu'un abîme dont l'œil pouvait mesurer la profondeur ; ils assurent que j'en ai vu assez pour apprécier cet ensemble de destruction et de richesses.

Le thrace Spartacus, échappé des prisons de Capoue et poursuivi par les soldats du préteur Claudius, se retira sur le Vésuve à la tête de sa petite troupe destinée comme lui aux combats des gladiateurs. Il descendit, au moyen d'échelles composées de sarments de vignes, cette montagne que les Romains jugeaient inaccessible [1]. Sur la terrasse des ermites, une rixe éclata entre nos guides. Elle devenait alarmante, lorsque leur chef, le robuste Salvator, rétablit la paix et fit justice des plus mutins, en appliquant de vigoureux coups de poing.

La base du Vésuve est d'une fécondité prodigieuse. La terre donne trois récoltes par an; on la cultive avec des bêches comme un jardin. Ainsi ce volcan, tantôt formidable, tantôt bienfaisant, ravage ou fertilise, et répand tour à tour et la mort et la vie. Ces torrens de feu, après avoir dévasté tout ce qui se rencontre sur leur passage, se refroidissent, se condensent pour fournir aux cités voisines des pavés d'un marbre ferrugineux. Le lapidaire sait aussi en extraire des bijoux élégans. Semblables aux

---

[1] La défaite de ce héros, égal aux plus grands capitaines romains, causa une joie si vive au sénat que Crassus, voulant immortaliser ce triomphe, fit servir dix mille tables au peuple et distribuer du blé pour trois mois à chaque citoyen.

terres que fécondent les éruptions du Vésuve, les cœurs volcanisés par certaines passions feraient-ils naître plus de vertus?

Ayant peu de momens à passer ici, nous n'en perdrons plus un seul. Il faut, hélas, renoncer à Pestum et à sa double moisson de roses; j'en ai un chagrin extrême; mais le temps nous échappe; nos passe-ports ne sont pas en règle; les pluies rendent les chemins impraticables. D'ailleurs nous en fûmes détournés par M. Dugas-Monbel, traducteur d'Homère et non du Tasse, comme j'ai eu la simplicité de le lui dire à lui-même, croyant faire par là acte d'exquise urbanité, et par M. de Ballanche, auteur de ce charmant poëme d'Antigone qui abonde en sentimens purs et tendres, en nobles pensées et qui m'a fait verser de si douces larmes. On pourrait dire d'Antigone, comme de l'Iphigénie de Racine, qu'elle est toute chrétienne, tant il y a en elle de piété, de dévouement, d'innocence; tant sa résignation, au milieu des plus grandes infortunes, semble puiser à la source des espérances immortelles!

29 février.

Obligée de sacrifier le voyage de Pestum, j'opinai, ma bonne mère, en faveur d'une excursion moins lointaine, et nous dirigeâmes nos pas du côté de Salerne, en longeant des collines ravissantes, bordées de jolis villages. Nos conducteurs desirant, je le présume, abréger leur journée, tentèrent de nous effrayer des *ladroni* dont la contrée est remplie; mais notre bravoure déçut leur espoir. A la hauteur du chemin de la *Cava*, on délibéra sur le parti à prendre, ou d'aller jusqu'à Salerne, ou de parcourir ce vallon enchanteur. J'étais attirée vers ce port, jadis le plus fameux de l'Occident et le plus florissant de l'Italie. Là, débarquèrent ces intrépides Normands accueillis, à leur arrivée, par Robert Guiscard, employés ensuite à sa défense. Devenus souverains de cette ville, les Normands y fixèrent leur résidence.

Salerne fut détruite par l'empereur Henri IV. Barri l'avait été par le duc Guillaume; Capoue déclinait ; Bénevent, ayant subi la domination du saint siége, perdit son ancienne splendeur ; Naples commença à surgir des ruines de ces puissantes cités sous Fréderic II, puis sous Charles d'Anjou. L'existence des états ressemble à celle des individus; mêmes vicissitudes, mêmes leçons.

Au nom de Salerne se rattache la célèbre école de médecine où accouraient en foule les malades opulens. On aime à se rappeler la tendresse ingénieuse et le dévouement de l'épouse de Robert, duc de Normandie. Les médecins ayant déclaré que le seul remède à la blessure empoisonnée de ce prince, serait d'en sucer le venin, Sybille se présente; le duc n'y veut pas consentir ; sa fidèle compagne le surprend pendant son sommeil. — J'aurais bien désiré voir la cathédrale où furent inhumés des hommes illustres; mais nous entrevîmes Salerne, comme Moïse avait entrevu la terre promise.

Le vœu général nous entraîna vers la *Cava;* jamais le charme intime et suave de ces lieux ne s'effacera de ma mémoire. Nos *ciceroni* nous indiquèrent, dans la cour d'un bâtiment en ruines, un point de vue très-remarquable. Immobile entre deux rochers, je contemplais les flots paisibles de cette mer d'azur, lorsque M. de R..., vint m'arracher à ma douce rêverie. Un vallon mystérieux s'ouvrit bientôt devant nous; on suit un chemin étroit, entre deux hautes montagnes. Le Tasse, encore enfant, s'échappait de la cour de Salerne où vivait son père, et venait s'égarer dans cette belle solitude. Là, cette jeune imagination, prenant un premier essor, révélait déjà son mélancolique génie. Salvator Rosa, homme extraordinaire, qui pouvait exceller dans la poésie et la musique, aussi bien que dans la peinture, s'oubliait des journées entières à peindre ces sites d'un pittoresque sublime; artiste passionné, il puisait dans son ame ardente les inspirations de son pinceau. Il aimait à retracer les effrayans phénomènes de la nature, les torrens, les précipices, les tempêtes, enfin ces orages de la vie morale de l'homme, telle qu'il la ressentait.

Soudain dans ce désert, vrai repaire de brigands, nous apparut une femme de haute stature, à la démarche noble et à la physionomie distinguée. Elle cheminait lentement dans ce défilé; nous la suivimes des yeux avec intérêt jusqu'au moment où elle se perdit dans un taillis obscur.

Il eût fallu voir le monastère de la Trinité, où furent accumulées de précieuses archives : lois si vantées des Lombards, capitulaires, traités du moyen âge, monumens paisibles de la vicissitude des empires ; mais cette excursion a été morcelée ; nous sommes revenus sur nos pas avec le sentiment pénible qui attriste, lorsqu'une lecture attachante est interrompue.

Il en est des belles scènes de la nature comme du bonheur ; on n'en jouit jamais dans leur plénitude. Assis sur le bord d'un ruisseau d'eau vive et limpide, nous promenions nos regards sur ce délicieux paysage. L'air, la lumière, les bois, les rochers, le vallon, tout semblait sourire à l'imagination comme à la vue. Eh bien ! notre ravissement était douloureux ; il y avait de la tristesse dans notre joie. On ne se livre au bonheur qu'à demi et avec défiance, tant on est convaincu qu'il est fugitif, périssable, incertain. Le jour baissait ; nous regagnions lentement et à regret nos voitures, lorsque nous aperçumes une petite chapelle. C'était un refuge qui s'offrait à nos rêveries et à nos misères ; car il est des misères de tout genre.

Un enfant priait à l'entrée de la chapelle ; il priait à voix haute ; ses paroles accentuées, sonores, argentines nous touchaient vivement. Tout à coup l'enfant tourna de notre côté sa jolie tête, son visage angélique ; nous fîmes alors un pas vers lui et lui demandâmes son nom. Je n'oublierai pas qu'il s'appelait *Vincenzo.*

Adieu, ma bonne mère ; aimez votre fille et écrivez-lui quelquefois ; vous savez combien je savoure tout ce qui me vient de votre cœur. Vous savez à merveille tout ce qu'il faut dire et tout ce qu'il faut faire pour me rendre heureuse.

LETTRE DIX-NEUVIÈME.

ROME, 6 mars 1824.

Je vais, cher Alfred, consacrer ma soirée au récit de nos dernières courses à Naples, *séjour de l'oisiveté et des délices*, comme dit Horace. Impossible de rien t'adresser de cette ville, tant nos momens étaient remplis. Ai-je déjà parlé de Sorrente, de Castellamare, deux noms devenus magiques pour moi? Mais il faut, avant tout, dire un mot de notre jolie tournée à Baya, à Bauli, au cap Misène.

Le comte de Préville, grand-amiral de Naples, avait mis à notre disposition le *canot amiral* et ses meilleurs rameurs. Le dimanche matin, le pilote vient nous avertir que le vent est propice ; nous nous embarquons vers huit heures, à l'issue de la messe. Les vœux de MM. de L... de G... et de Mme d'H.... nous suivent. Le drapeau blanc flotte sur nos têtes ; une brise légère permet à nos voiles de se déployer ; un élégant pavillon bleu nous préserve des feux du soleil qui reflète ses rayons d'or dans une mer d'azur. Nous voguons mollement ; nous nous laissons bercer par les flots et par nos rêveries ; nous laissons errer nos regards sur les coteaux rians qui se succèdent sans interruption. Quatorze vigoureux rameurs fendent les ondes, sous les ordres d'un pilote à la physionomie intelligente et expressive. L'air retentit tour à tour de barcarolles, de cantiques, de marches guerrières, ou de romances chevaleresques ; puis un silence suspensif, des élans d'admiration et de reconnaissance remplacent ces chants de joie ou de piété, de tendresse ou de triomphe.

On double la côte de Pausilippe, en face de l'île Nisida où se réfugia Brutus poursuivi comme assassin de César. Après avoir traversé le rocher percé, où l'on voit les restes de l'école de Virgile, nous nous trouvons à Baya, célèbre dans les annales romaines. Cette ville fut abimée par un tremblement de terre, l'an de J. C., 1538. Plusieurs débris semblent avoir servi à quelque grand édifice; les chambres sont voûtées et se communiquent. C'est à Baya que prit naissance le triumvirat de César, Crassus et Pompée. Sur cette plage, les conjurés résolurent la mort de Néron; mais Pison refusa d'ensanglanter sa table et les dieux hospitaliers, soutenant qu'il valait mieux immoler le tyran à Rome, sur le théâtre même de ses forfaits. Le long de ces mêmes rivages, où jadis s'élevaient les belles maisons de campagne des Romains, nous n'avons rencontré que de tristes cabanes.

A Bauli, on nous montre le tombeau d'Agrippine, à la lueur d'une torche qui faisait étinceler les yeux noirs, vifs et fins de notre conductrice. Cette femme a un costume bariolé de rouge qui lui donne je ne sais quel air de devineresse ou de sybille. L'ombre de la mère de Néron semble errer encore sur ces rives; Tacite rapporte comment le monstre tenta de la faire submerger avec son vaisseau; mais la fille de Germanicus gagna une barque à la nage, et arriva sur les bords du lac Lucrin, d'où elle se fit porter dans sa maison de campagne. Là, elle s'abandonnait au désespoir, lorsque les satellites du parricide entourent son lit, et la percent à coups d'épées. Ainsi fut vérifiée la prédiction du Chaldéen : « Néron » régnera pour tuer sa mère. » « N'importe, » répondit la fière impératrice, pourvu qu'il » règne. » Délire effroyable de l'ambition ! Agrippine avait empoisonné Claude ; et cette épouse criminelle périt à son tour de la main de son fils. Autre souvenir d'horreur. Au souterrain *di cento camerille*, Néron entassait ses victimes. Quand on a respiré cet air balsamique, quand un regard satisfait vient d'embrasser les côtes de cette mer admirable et qu'il faut s'enfoncer dans ces lieux plus sombres de crimes que de ténèbres, on se sent transporté, avec une rapidité cruelle, des impressions les plus délicieuses aux impressions les plus pénibles. Quel raffinement de barbarie !... Des cachots ténébreux sous un ciel où la privation du jour devait être plus sensible aux infortunes ! Néron parut aux Romains un bon prince, durant les cinq premières années de son règne ; et néanmoins déjà il avait empoisonné son frère, *sans changer de visage*, et fait assassiner sa mère.

Le gouvernement de Néron était affable, populaire et assez juste ; qu'importaient ses crimes !

Tout le pays entre Baya, Cumes et Pouzzole est rempli de sources thermales et sulfureuses ; mais les détails de ce genre appartiennent au naturaliste érudit. Au milieu de cette région encore imprégnée de paganisme, je fus heureuse de voir apparaître un clocher. La *folie* de la croix est donc honorée là où prévalait ce qu'on a nommé la sagesse d'Epicure. Ici l'homme grandit par son humilité, par ses abaissemens volontaires ; l'empire qu'il exerce sur lui-même se trouve substitué à la tyrannie qui courbait sa tête sous l'oppression. Cette petite église, toute parée de fleurs, cette simple décoration, hommage d'une foi vive et pure faisait un touchant contraste avec l'orgueil et la puissance des monumens anciens.

La *piscine admirable* justifie bien ce titre ; on y descend par quarante-cinq degrés. Les belles et antiques arcades de ce souterrain sont revêtues et comme incrustées d'une végétation délicate et légère, qui semble plutôt un vernis étendu par la main de l'artiste qu'une mousse produite par la nature. Les faibles rayons de lumière que laissaient arriver d'étroites lucarnes venaient encore augmenter l'illusion. Ce réservoir fut construit pour amener les eaux nécessaires au port de Misène. Nous explorâmes ensuite ce sol virgilien, cette terre mythologique, ces champs élysées si bien cultivés, leurs tombeaux, l'Achéron, la mer morte, enfin le cap Misène. Il nous semblait voir encore le bûcher funèbre de ce brave trompette, pleuré si amèrement d'Enée et de ses compagnons. L'improvisation de Corinne fit naître en moi d'autres pensées.

L'endroit où Pline s'embarqua pour observer la fameuse éruption du Vésuve nous fut indiqué, ainsi que les débris de la maison de Lucullus où Tibère termina sa vie infâme. Il faut éloigner sa pensée de ce tyran abject et la reporter sur la mère des Gracques, qui acheva sa noble carrière à Misène, entourée des savans de la Grèce et de Rome, ayant refusé la couronne d'Egypte, afin de se consacrer à l'éducation de ses enfans. Et toutefois le courage stoïque que Cornélie manifesta à leur mort m'a fait douter parfois de la sensibilité de son cœur maternel. Les stoïciens s'isolaient par l'orgueil; la charité unit, rapproche les chrétiens.

Le lendemain, mon cher Alfred, nous entreprimes notre dernière excursion, et débarquâmes à Castellamare, riche de ses eaux minérales et de ses manufactures. En face de cette ville se livrèrent plusieurs combats maritimes. Un des plus célèbres est celui où Roger Loria, le plus illustre amiral de l'Italie [1], fit prisonnier, en 1264, le sage et bon prince de Salerne, depuis roi sous le nom de Charles le boiteux. Notre société se divisa ; quelques-uns allèrent visiter un vaisseau de guerre, dont un capitaine français fit les honneurs en chevalier courtois. Les autres gravirent la montagne qui domine Castellamare, délicieusement abritée d'une forêt de châtaigniers. J'étais trop livrée à ces pensées que l'on taxe d'exaltation, pour préférer l'utile travail de l'homme aux aspects enchantés des hauteurs de Castellamare. Nous nous reposâmes sur le sommet de la colline ; le beau golfe de Naples était sous nos pieds. Il fallut se remettre en mer. Ces sites enchanteurs fuyaient sous nos

---

[1] Quarante-quatre galères, cinq mille prisonniers, parmi lesquels se trouvaient grand nombre de chevaliers français et napolitains, furent le fruit de cette victoire. Roger Loria souilla vingt ans de gloire en abandonnant le généreux Frédéric, après avoir joué le vil rôle d'espion, et plus tard porté la perfidie jusqu'à susciter une conjuration contre la vie de ce prince. Il passa au parti de ces mêmes Français, dont il avait été le vainqueur.

yeux, comme des nuages chassés par les vents ; ainsi s'envolent les frêles jouissances de la vie :

« Je ne veux pas d'un monde où tout change, où tout passe. »

Nous descendîmes à Saint-Daniel, vers quatre heures et demie. Un chemin creux, taillé dans le roc, conduit au sommet de la côte de Sorrente. La nature tranquille et féconde est parfumée ici d'une forêt d'orangers ; je ne sais quel air suave produit une surabondance de vie qui fatigue et accable. L'homme est affamé de bonheur. Il le veut grand, complet, immense. Le bonheur lui arrive-t-il ? il n'en peut supporter le poids ; il fléchit et demande grâce. Céleste origine ! déplorable déchéance !

Cependant le soleil se couchait ; sa radieuse lumière faisait place à une clarté moins vive qui répandait sur tous les objets sa teinte vaporeuse et veloutée ; les oiseaux entonnaient leurs mélodies du soir ; la mer était en feu.

Tout à coup une cloche sonna l'angelus dans le lointain ; à l'instant nous tombâmes à genoux sur cette montagne où les beautés de la création répètent un *Hosanna* perpétuel. Te dirai-je l'état de mon ame au milieu de toutes ces merveilles ? j'étais plongée dans les rêveries les plus tristes. . . . . En descendant la colline, nous vîmes la population que cette cloche avait convoquée, se presser à la porte de l'église.

8 mars.

Un ancien capitaine français voulut bien nous donner un gîte. Par malheur, l'élégance moderne, les meubles parisiens, la figure et les manières de notre hôte dissipaient le prestige : un peu de crême, une cabane rustique et de simples villageois eussent fait mieux notre affaire. Le souper se fit long-temps attendre et n'en fut pas meilleur. Je souffrais des douleurs aiguës de la poitrine; j'étais pensive, silencieuse; car si les choses vulgaires de la vie ne reviennent que trop, les émotions poétiques sont fugitives; on ne les rappelle pas à volonté. Notre hôte mettait dans son accueil toute la grâce possible; il nous conta à souper une anecdote que je veux confier à ta mémoire. A l'époque de l'entrée des Français en Italie, le général Sarrazin s'était emparé de Sorrente et avait frappé cette ville d'une contribution de deux millions. Des députés viennent représenter que la ville est pauvre ; ils ajoutent que le Tasse, leur concitoyen, a célébré la gloire des Français. Le général, à ce nom du Tasse, se sent touché ; il fait assembler deux régimens et se met à leur tête ; il les fait défiler devant le buste du poëte, ordonne de lui présenter les armes, puis va lui-même le couronner de laurier. Il déclare ensuite que la contribution est réduite à cinq cent mille francs. Plus tard, le peuple qui ne comprenait rien à l'hommage d'une nation ennemie, ne vit plus dans ce marbre que l'image d'un complice des Français. Le buste fut brisé !....

Après le souper, Melle de V.... dessina les paysages qui s'étaient déroulés à nos regards pendant notre navigation. On se logea de son mieux ; chacun se mit à l'œuvre pour la disposition des lits et des chambres. Force me fut de rester oisive au milieu de ce remuement universel, et de prendre ensuite la meilleure chambre. Il y avait dans la maison une créature demi-sauvage, d'origine ostrogothe ou visigothe, dont personne de nous n'accepta les services. Le lendemain, lorsque je voulus sortir, mes trois portes se trouvèrent closes ; je jetai une des clefs par la fenêtre, afin qu'on me tirât de prison.

Il fallut s'éloigner de Sorrente. La matinée était ravissante ; la voix légère et brillante du rossignol primait sur les tendres accords d'une multitude d'oiseaux ; un air embaumé soufflait sur nous ses parfums. Nous avons dédaigné de visiter le palais confortable qui profane, en la remplaçant, l'habitation du Tasse. Hommes opulens, pourquoi avez-vous fait peser vos marbres, vos colonnes, vos lambris sur ces lieux que la pauvreté et les malheurs du génie auraient dû vous rendre sacrés ?... A défaut de cette ruine, nous trouvâmes près de là un myrte énorme, contemporain du grand poëte, trophée naturel qui s'est élevé de lui-même au chantre d'Herminie et d'Olinde. Adieu, Sorrente, adieu ; il faut s'arracher à ton gracieux séjour. Nous allons à Caprée !... Ce rocher à pic, cette terre désolée semblent maudits du ciel irrité des outrages qu'il y reçut. On n'y voit pas un arbre, pas une plante ; digne séjour d'un sombre tyran ! Il semble que la nature saisie d'effroi, se soit enfuie de là, emportant tous ses trésors, sa riche végétation, ses oiseaux, ses fontaines.

Tibère, suivant Tacite, choisit cette île de difficile accès, parce qu'elle n'a point de port, et qu'on n'y pouvait aborder sans être aperçu de ses gardes. Les ruines du palais principal occupent la cime d'un rocher entre le golfe de Naples et celui de Salerne. Du sein de ces débris, deux blanches colombes prirent tout à coup leur vol. Long-temps elles se balancèrent ensemble sur les vagues de l'atmosphère; puis nous les vîmes s'abattre sur la chapelle que supporte ce rocher et qui est dédiée à Marie, colombe mystique du salut, fidèle messagère de réconciliation. Enfin ces candides oiseaux, comme s'ils étaient venus là puiser des forces pour se séparer, s'envolèrent, chacun de son côté, avec une triste lenteur.

Tandis que les sanglans édits de Caprée épouvantaient l'empire, une voix de paix et de mansuétude s'élevait du côté de l'Orient. Tandis que le vieux Tibère, du sein de ses palais, montrait à la terre consternée jusqu'où peut aller le délire du despotisme et des forfaits, Jésus naissait pour la consolation et le salut du monde;

il appelait à lui les bergers et les rois, et sa crèche était l'autel où fut consacré à jamais le grand principe de l'égalité chrétienne et de la sainte liberté des enfans de Dieu.

Il m'était impossible d'aller à pied jusqu'à la pointe du rocher ; et, malgré ma répugnance, je fus contrainte de me laisser porter sur un fauteuil, par deux habitans de l'ile. Ces montagnards grimpent et sautent avec une merveilleuse agilité à travers les monceaux de pierres. J'avais pitié de mes compagnons que suffoquait la chaleur. Nous avions à gravir le village d'Anacaprée et son escalier de sept cents marches taillées dans le roc. Toute cette partie de l'île, qui conduit au palais de Tibère, est dénuée d'arbres ; des voyageurs qui l'ont vue sous un autre aspect peuvent l'avoir décrite autrement.

Il restait bien des ruines à visiter : celles du Forum, des bains d'Auguste ; mais l'heure tyrannique nous imposait le retour. La traversée de Caprée à Naples dura cinq heures ; le temps était superbe, la mer paisible et transparente ; chacun de nous concentrait ses pensées pour les recueillir ; car on les sentait près de s'échapper avec tous leurs parfums.

Le crépuscule commençait à étendre sur nous ses voiles mélancoliques; les discussions animées du jour avaient cessé. Le bruit des rames qui faisaient jaillir sur la mer mille étincelles phosphoriques, interrompait seul le silence. Quelques bateaux pêcheurs effleuraient légèrement la surface des flots. M. de . . . . se prit à entonner *l'Ave maris stella*. A ce chant d'amour et d'espoir, vous eussiez vu nos bons matelots s'épanouir, se découvrir et s'incliner respectueusement, heureux d'entendre invoquer sur cette mer, celle qui veille au salut du marinier durant les périls de la tempête. En nous débarquant à Sainte-Lucie, l'un de ces braves nous montra avec une sorte de complaisance une tabatière ornée du portrait de leur sainte patronne,

» Etoile au doux rayon qu'en un péril certain
» La foi du nautonnier jamais n'implore en vain;
» Qui du faible toujours écoute la prière
» Et rend le pauvre mousse aux baisers de sa mère [1].

La musique des gardes du roi salua notre rentrée à l'hôtel royal; c'était comme le résumé de toutes nos sensations, le récit poétique de notre délicieuse journée.

[1] M. F. Delcroix. *Le Mousse*, poème élégiaque.

Il me reste à te parler du château de Caserte, le Versailles de l'Italie. Cet édifice, le plus régulier de la Péninsule, est un carré parfait, surmonté d'une majestueuse coupole; le portique est appuyé sur quatre-vingt-huit colonnes d'où s'élève un escalier de cent degrés en marbre, de la plus noble architecture; chaque marche est d'un seul bloc, de près de vingt pieds de long. Le reste du palais ne répond pas à cette belle ordonnance. Des tableaux qui représentent des chasses toutes sanglantes importunent l'observateur délicat. Nous nous arrêtâmes quelque peu devant le groupe d'Alexandre Farnèse, duc de Parme, couronné des mains de la Victoire, ayant la Flandre à genoux devant lui et l'Escaut enchaîné sous ses pieds. Ce qui ne laisse pas que d'être flatteur pour nos amis les Flamands.

Les grottes, les fabriques du jardin de la reine Caroline me parurent de vrais colifichets; les grands chênes verts du parc, entremêlés d'ormes, les magnifiques magnoliers dédommagent de la symétrie monotone du jardin, de ses insipides cascades, de ses nymphes, de ses statues de Diane et d'Acteon. Charles III semble avoir voulu imiter son aïeul Louis XIV, en élevant cette somptueuse résidence sur un sol ingrat et nu, tandis qu'à peu de distance, il aurait trouvé les situations les plus pittoresques. On est tenté de croire que c'était une gageure.

Nous venions de voir le bel aqueduc à trois rangs d'arches, construction aussi solide que majestueuse, lorsque notre voiture fut brusquement renversée; la violence du choc me fit perdre un instant connaissance; revenue à moi, je suffoquais; bientôt la voix altérée de M. de R.... aiguillonna mon courage; à l'aide de son bras, je m'élançai sur la crête du chemin; le comte de G... tenait les chevaux. Voyant tous les visages bouleversés, comme la mouche, je courais, j'allais, je rassurais; mais la contusion que j'avais reçue à la tête, et ma pâleur donnèrent l'alarme. Melle de V..., effrayée surtout par la crainte de m'avoir blessée, se trouva mal. Nous continuâmes notre route, l'espace de trois ou quatre milles, sans obtenir un verre d'eau; une forte douleur m'empêchait de lever le bras. A notre arrivée à Naples, les sollicitations pressantes de M. Ch. de R..., déterminèrent, non sans peine, un médecin à venir. Je te fais grâce de ses prescriptions.

Notre aventure fit bruit à Naples : le lendemain l'ambassadrice me trouva couchée sur un canapé, en proie à de cruelles souffrances ; mais bientôt la curiosité l'emporta, et je continuai à visiter Naples. Surtout, ne divulgue pas ce petit désagrément ; mes parens pourraient s'en inquiéter.

Quand saurai-je les ressources que la Providence t'a ménagées ; quand saurai-je si mon Alfred est fidèle à son Dieu ? En servant ce maître-là, tous les autres devoirs s'accomplissent facilement, car c'est encore, c'est toujours le servir, puisque toutes les actions les plus simples dans l'ordre de la société, dans l'ordre de l'état où nous sommes placés, sont vivifiées et ennoblies par l'amour. Pourquoi ne te ferais-je pas encore aujourd'hui la recommandation maternelle que ta pieuse enfance accueillait si volontiers ? Chaque matin, quand l'homme rouvre ses yeux à la lumière, son premier devoir est d'élever son ame vers l'auteur de tout bien. Quel cœur pourrait se refuser alors à un élan de reconnaissance et d'amour ! ce n'est pas le tien, mon Alfred. Loin de nous, loin de tout ce qui te chérit, tu as plus besoin que jamais de t'adresser à Dieu. Que tous les jours il reçoive de toi ce salut filial, ce tribut de tendresse et de respect qu'au sein de la famille l'enfant se plaît à porter à sa mère.

Adieu, mon Alfred. Je n'ajoute plus rien, ma lettre est déjà assez longue ; et je voudrais m'appliquer ces vers de Gresset :

> Trop paresseux pour abréger,
> Trop occupé pour corriger,
> Je vous livre mes rêveries.

LETTRE VINGTIEME.

ROME, 9 mars 1824.

Me voici à Rome depuis une dizaine de jours, ma bonne mère, après avoir fait le plus joli et le plus heureux voyage. Ce séjour de Naples est déjà loin de nous, mais il sera le sujet de plus d'un entretien au coin du feu.

Toutefois, cet enchantement des environs de Naples ne doit plaire que passagèrement; nous sommes destinés à quelque chose de plus pur, de plus élevé. Les souvenirs nobles et religieux de Rome conviennent davantage à l'existence habituelle de l'homme, et surtout du chrétien. Je dirai plus; cette solitude, ce silence, cette gravité mélancolique sympathisent mieux avec la souffrance.

L'isolement serait plus pénible à Naples où l'on ne puise pas à l'intarissable vie d'espérance et d'immortalité propre à la cité sainte. Cette nature ravissante briserait l'ame, si des conversations pleines d'intérêt et une véritable conformité de principes ne suppléaient au vide d'une contrée toute mythologique. Je m'explique ainsi, ma bonne mère, ma vivacité à partager l'enthousiasme auquel depuis longtemps j'étais inaccessible. Vous désirez, je pense, un journal, et je vous envoie celui de mon cœur. N'attacherez-vous pas plus de prix à ce dernier? Souvent j'ai attribué mes vives jouissances à vos vœux, à vos vertus; ma reconnaissance et mon affection en étaient doublées.

11 mars.

Ma lettre a été interrompue, et la gazette vient de m'apprendre la mort de ma pauvre tante de C.... J'ai une sorte de remords d'avoir pu être gaie tandis que vous étiez sous le poids d'une si vive douleur. Elles sont bien

cruelles ces distances qui nous mettent parfois en opposition de sentiment et d'impression avec les objets de notre tendresse ! Ma mère ! ma pauvre mère ! N'avez vous pas les ineffables espérances et le puissant baume de la religion ?
« Foi céleste, foi consolatrice, tu fais plus
» que de transporter les montagnes; tu soulèves
» les poids accablans du cœur de l'homme [1]. »

Il me tarde de savoir comment vous êtes. Adieu; je n'ai pas le courage d'en écrire davantage aujourd'hui; penser aux soins que vous recevez de nos chers amis de Nancy est le seul adoucissement à mes angoisses; ai-je besoin de nommer l'amie par excellence, la comtesse de M. et cette bonne Mme d'A., ainsi que sa fille dévouée ?

[1] Châteaubriand. *Génie du Christianisme.*

LETTRE VINGT-UNIEME.

ROME, 12 mars 1824.

Mes détails sur Naples n'auront plus le coloris du moment ; ces jours ont passé comme un songe, et à peine puis-je encore en saisir la trace. D'ailleurs ce qui est sérieux et imposant s'imprime fortement dans l'ame ; mais ce je ne sais quoi de gracieux, de vague, qu'on respire dans les vallées de Parthenope, est-il donné à la parole de l'exprimer? Cet air est si lumineux, si doux, cette nature si parée de brillantes couleurs, cette vie verse sur tous les objets de si décevans prestiges!... L'homme, toujours plus ou moins malheureux, ne saurait peindre des sensations aussi fugitives. Pourquoi ces images de bonheur, jadis amère dérision pour mon être languissant, ont-elles eu le pouvoir de me ranimer ?

Plus entourée qu'avant mon voyage de Naples, me voici de nouveau rendue à un genre de vie assez calme. MM. de G...., et L. C...., logent aussi au palais Doria. Chacun lit, écrit, cause à sa fantaisie.

Plusieurs se réunissent à l'heure de la promenade ; à cinq heures nous dînons. Les visites de bienséances dispersent parfois ces messieurs; mais ils se hâtent de revenir terminer la journée en famille.

Un soir, la lecture d'Ourika, jolie esquisse de Mme la duchesse de Duras, donna lieu à des réflexions sur le danger des meilleurs ouvrages romanesques. Oui, sans doute, on a beau peindre avec énergie le funeste résultat des passions, cette peinture même ne fait que disposer le cœur à en recevoir les séduisantes atteintes. Si l'on est souvent coupable de céder à une sensibilité trop vive, on l'est bien plus en l'excitant de l'enflammer.

Le duc de Laval, le cardinal de Rohan,

viennent parfois interrompre notre lecture. Vers onze heures, la veillée finit et l'on se sépare à regret. Les comtes d'A.... et de la T. du P...., sont venus ajouter aux charmes de la petite patrie que nous avons formée, dans la patrie universelle des catholiques.

Félicite-nous, mon cher Amédée, de la protection de Dieu, durant notre voyage à Naples. Sur cette même route, le neveu de mon docteur, enlevé par des brigands, eut l'affreuse douleur de voir tuer son camarade, et fut conduit de caverne en caverne, où il passa neuf jours. Les voleurs exigèrent la somme de neuf mille francs pour sa rançon, ainsi qu'une montre de grand prix, avec la *bienveillante attention* d'en faire un cadeau.

Il m'a été impossible d'écrire de Naples avant mon départ; et je vis aujourd'hui sur mon fonds. Je retourne donc à l'église *del carmine*, où se voient les tombeaux de l'infortuné Conradin et de son généreux ami, Fréderic d'Autriche [1].

---

[1] Conradin descendait des maisons de Clovis et de Charlemagne; en lui coulait le plus noble, le plus illustre sang de l'Europe. Il est bon d'observer qu'un grand nombre de seigneurs français, ayant en vain demandé la vie de ce noble prince, se

Conradin essaya de reconquérir, à l'âge de dix-sept ans, sa couronne livrée par le seigneur Frangipani, à Charles d'Anjou, son vainqueur. Ce cruel politique, insensible aux grâces de sa jeunesse, le fit décapiter, en 1268, sur la *piazza del mercato*, ainsi que le duc d'Autriche, qui tomba le premier sous la hache du bourreau. Conradin baisa la tête sanglante de cet heureux ami. Oui heureux, car est-il bonheur égal à celui d'accomplir un sublime sacrifice [1]. Son dernier élan d'amour fut pour sa mère, la princesse Elisabeth, dont l'inquiète tendresse retarda de deux ans la fatale entreprise. Cette mère désolée avait espéré obtenir au poids de l'or une vie si précieuse; mais n'étant arrivée qu'à l'issue de l'horrible catastrophe, elle consacra ses trésors à agrandir et à enrichir l'église où il avait été inhumé.

retirèrent indignés de la cruauté de Charles et abandonnèrent son service.

Robert de Béthune étendit à ses pieds Pierre de Barri, qui avait prononcé la sentence capitale et fit assommer le bourreau par ses valets.

[1] Il semble que M. de Châteaubriand pensait à ces héros de l'amitié, lorsqu'il écrivait ce ravissant passage : « Que » celui qui le peut exprimer nous rende le regard de ces » deux hommes, quand, se contemplant l'un l'autre en silence » les sentimens du ciel et du malheur rayonnaient et se con- » fondaient sur leur front. Amitié, que sont les empires, les » amours, la gloire, toutes les joies de la terre, auprès d'un » seul instant de ce douloureux bonheur ! »

Sur cette même place *del mercato*, (la plus étendue qui soit à Naples), Mazaniello donnait ses audiences en 1647. Cette victime des fureurs populaires vient opposer les forfaits de l'anarchie à ceux de l'ambition et du despotisme, comme pour imposer silence aux détracteurs des états monarchiques [1].

Le prisme à travers lequel je voyais la ville d'Herculanum s'évanouit, lorsqu'à la lueur des torches j'aperçus ces larges corridors tracés au cordeau et percés dans une lave épaisse. Le seul objet capital est le grand théâtre; on en distingue la forme, les proportions et les

---

[1] Les horribles exactions des Espagnols, produisirent cette révolte. Le fameux pêcheur d'Amalfi gouverna arbitrairement Naples pendant huit jours. A la tête de quatre-vingt mille hommes de la populace, il contraignit le duc d'Arcos, vice-roi, à se réfugier au château neuf et à traiter avec lui. Mazaniello ouvrit les portes des prisons, supprima les impôts, et exerça enfin une autorité sans bornes. Une tentative d'assassinat dans l'église des Carmes, où il haranguait le peuple, est vengée sur-le-champ; et la tête de Joseph Caraffa, frère du duc de Montéleone, est placée sur un poteau avec cette inscription : *traître, rebelle à la patrie.* Saisi ensuite d'une furieuse démence, ce chef populaire est massacré par les ordres du vice-roi, et le peuple dont il était l'idole, ne montra d'abord ni douleur, ni ressentiment. Mais bientôt l'enthousiasme public devient de la frénésie; son corps est couvert des insignes de la royauté, et cent mille hommes suivent son convoi funèbre. Le vice-roi lui-même est forcé de lui rendre les honneurs militaires. Cette révolution de huit jours vit tous les excès, toutes les folies d'un peuple insensé, brisant et adorant tour à tour un homme sans naissance et sans vertu.

gradins. Il reste aussi sur les murs quelques vestiges de peinture, dont on a détaché des fragmens pour les placer dans des armoires vitrées. En réfléchissant que, dans ces temps comme dans les nôtres, ce ne sont jamais les grands artistes qui peignent les décorations, on a une haute idée de la peinture à cette époque. La juste crainte de l'écroulement de Portici et de Résina, bâtis sur Herculanum, détermina le gouvernement à combler une partie découverte [1]. Herculanum est tout-à-fait anéanti; ce n'est plus une ville; ce n'est plus même le cadavre d'une ville; c'est quelque chose à quoi il n'est pas possible de donner un nom. Telles sont ces existences qu'une grande et irréparable infortune est venue frapper; il n'y a plus d'espoir, plus d'avenir pour elles. Il n'en est pas ainsi de Pompeïa; elle n'est qu'ensevelie sous la cendre; à cela près c'est une ville comme une autre; soufflez sur la cendre et Pompeïa va sortir de son tombeau.

Il serait trop long d'énumérer les ornemens et ustensiles de ménage, comestibles, peintures, statues, médailles, camées, mosaïques qui

---

[1] Le prince d'Elbœuf a le premier déterré cette ville fameuse; et Charles III poursuivit ses travaux.

remplissent plusieurs galeries et chambres au musée de Portici. Ce palais est d'une élégance infinie ; les meubles sont tendus en toile des Indes, un des petits salons est entièrement revêtu de porcelaine faite à Naples, à l'imitation de la porcelaine chinoise. Cet appartement renferme aussi des tables en marbre, en lave et en belle mosaïque. Les terrasses sont surchargées et embaumées de grenadiers, d'orangers, et les jardins environnés des plus riantes campagnes.

13 mars.

Je reprends mon journal. La *favorite*, maison de plaisance, moins spacieuse et moins royale que Portici, est située entre la mer et les montagnes. — Décors pleins de goût ; salon de forme ovale, enrichi de stuc ; pavé en marbre de diverses couleurs provenant du palais de Tibère ; j'aurais voulu l'ignorer. Peut-on danser sur le pavé où marchait Tibère ? Aussi n'y danserai-je pas. Ce palais appartient à la duchesse de Floridia, la Maintenon de Naples.

Son attitude a de la dignité et de la grâce ; à cinquante-quatre ans, elle offre encore de l'éclat. Dès notre arrivée à Naples, je lui fus présentée par la comtesse de Serre ; elle se plut à me parler de la France et à me raconter des traits de la bonté du roi. Le prince Partana, son premier mari, lui a laissé une fille. Le genre de figure de cette jeune personne m'a rappelé les têtes du Perugino ; ses cheveux partagés sur le front et contenus sous un simple filet de soie blanche, étaient en parfaite harmonie avec son visage virginal. Le roi avait indiqué pour notre présentation le bal qui devait avoir lieu la veille de notre départ ; c'était une occasion de voir les souverains et les personnages historiques. Je dus composer ma parure en vingt-quatre heures ; grâce à la bienveillance de Mme de Serre, qui me mena chez tous les marchands, elle fut bientôt complète. S'il faut sacrifier encore à la capricieuse déesse, je veux que ce soit sans excès, sans préoccupation, sans afféterie, en conservant l'aimable simplesse qui plaît tant à mon noble père.

Quelques jours avant ce départ, l'ambassadeur me proposa de revoir les *studii*, somptueux musée, dont je n'ai pas conservé de notes. Dans la salle des bronzes, je considérai long-temps et avec intérêt le buste de Platon ; voilà bien l'idée que je m'étais faite des traits de ce divin philosophe : douceur, noblesse et gravité. M. de Serre m'a parlé avec esprit de mes préventions contre lui ; j'en ai fait l'aveu avec franchise, en y ajoutant la rétractation la plus sincère ; il y a plaisir à s'entretenir avec un homme supérieur ; il comprend tout si vite et si bien ! Chacune de nos conversations m'a donné la mesure de la profonde sensibilité de cet homme distingué.

Le mouvement et l'agitation de nos préparatifs firent division à la tristesse de cette journée. La pensée de cette séparation pesait sur notre ame.

Le chemin sinueux qui monte à *Capo di monte*, tout étincelant de pots à feu, au milieu de la profonde obscurité de la nuit, semblait nous conduire à un palais enchanté. A côté de la salle de bal, le roi jouait au piquet avec le prince Ruotti, capitaine de ses gardes ; son accueil fut bienveillant. M. de Serre nous présenta ensuite au duc et à la duchesse de Calabre. Le duc m'adressa plusieurs questions sur Mme la duchesse de Berry, sa fille, et sur M. le duc de Bordeaux; il me montra les petits princes âgés de douze à quatorze ans; l'aîné a une jolie figure et les plus beaux yeux noirs; la petite princesse Antoinette me parut une naine; elle est âgée de huit ans, on lui en donnerait vingt-cinq. Je fus surtout ravie de la tournure distinguée de la princesse Christine, que son père voulut bien me montrer; sa physionomie est douce et pensive; le duc de Calabre a la tête enfoncée et courbée, le regard sournois; la duchesse est fort grasse et d'une vulgarité excessive. M. de Serre me fit parcourir les salles en me signalant les personnages les plus connus; il me nomma entre autres le général Colart, commissaire de l'Autriche à l'île d'Elbe et le premier ministre, Medici, le Villèle de Naples, auteur de sages réformes, d'utiles améliorations. Je causai avec Mme de la Tour, gouvernante des princesses, puis avec sa jeune assistante qui me conta mille détails amusans sur les usages napolitains. Elle ne tarissait pas sur la bonté de la famille royale. Le général Frimont et sa femme m'entretinrent de notre chère Lorraine. Le roi, avec ses bottes à l'écuyère, fit une apparition dans la salle de danse; et, s'approchant du comte de Serre qui me donnait le bras, disserta sur l'ancien menuet et les contredanses actuelles, donnant comme de raison la préférence au menuet. S. M. me demanda depuis quand j'étais à Naples, si j'aimais ce pays, depuis quelle époque j'avais vu madame la duchesse de Berry. Sa bonhomie était très-rassurante; les regards scrutateurs des courtisans l'étaient moins.

Le maintien de la duchesse de Floridia, lorsque le roi lui adressa la parole, me parut parfait. Il faut que je te conte un mot de ce prince, fort peu flatteur pour son peuple : « mon armée, disait-il, est comme ma porce- » laine; belle à la vue, mais elle ne résiste pas » au feu. »

Malgré tout le charme de la conversation de M. de Serre, je persistai à me retirer; j'étais souffrante et d'une extrême lassitude. Au moment où l'on disposait un somptueux banquet, le roi disparut pour éviter une collision diplomatique que l'on redoutait. Moi qui n'avais pas de rivaux à mettre d'accord, je voulus pourtant faire comme le roi et m'en aller; je battais donc en retraite, suivie d'un cortége de chevaliers qui prirent mon turban bleu en signe de ralliement, quand le comte d'H...., à force d'instances, me fit changer de résolution.

Nous rentrâmes à deux heures et demie. Je substituai à ma parure un costume de voyage et me jetai sur mon lit jusqu'au moment du départ. Dès cinq heures du matin, ma chambre était envahie; et les regrets sur les momens délicieux que nous venions de passer à Naples, s'échappaient de toutes les bouches.

La veille, nous étions allés, dès le matin, nous promener à la *chiaya*, et revoir, pour la dernière fois, ces beaux rivages que la mer caresse à toute heure de ses flots azurés. Nous fîmes ensuite une visite à l'archevêque de Tarente, Mgr. Capecalatro, beau vieillard d'une grande urbanité, dont la vie politique n'a pas été sans quelques nuages. Ce prélat possède une riche galerie de tableaux, et la plus belle collection de chats qu'on puisse trouver dans le royaume des Deux-Siciles. Othello, noir et magnifique chef de la troupe miaulante, vint à moi; j'aurais voulu que tu le visses

De sa molle fourrure élégamment vêtu,
Ou bien, le dos en voûte et la queue ondoyante,
Offrir sa douce hermine à ma main caressante.

Je parcourus la galerie où se trouvaient confondus des sujets de piété et des portraits de la famille de Napoléon. J'admirai le martyre de sainte Agathe : souffrance aiguë, résignation céleste. D'autres pièces renferment aussi des vases étrusques, des camées antiques, des pierres gravées très-rares et une suite de monnaies grecques et romaines.

Nous avons manqué notre course à Ischia, île charmante où les femmes sont si jolies avec leur gracieux costume, où tant d'infortunes royales se réfugièrent. Ce délicieux panorama est bien propre en effet à consoler les grandeurs déchues, en leur offrant la supériorité des bienfaits de la nature sur les dons trompeurs et éphémères de la fortune. Lorsque Charles VIII s'empara de Naples en 1493, le roi Ferdinand fit voile vers Ischia, suivi de la vieille Renée, femme de son grand-père, de Jeanne, sa fille et du généreux Fréderic [1], son oncle. Ferdinand répéta à haute voix ce verset du psalmiste : *Nisi Dominus custodierit*

---

[1] Après la mort de Ferdinand, on sait que Fréderic succéda légitimement à cette couronne dont il avait rejeté l'usurpation. Il est peu de tableaux aussi consolans dans l'histoire que celui du dévouement des Siciliens à ce noble prince et de sa sublime abnégation.

civitatem, *frustra vigilat qui custodit eam*, « si le Seigneur ne protége pas une ville, » c'est en vain que veilleront ceux qui la » gardent. » La garde de Dieu c'est l'amour du peuple. En effet, la haine des sujets de Ferdinand favorisa les projets du roi de France. Hélas, Louis XVI et Marie-Antoinette avaient été l'idole du peuple !...

On vit, quelques années plus tard encore, à Ischia, le spectacle lamentable de tous les débris de la famille de Ferdinand le vieux : la reine Béatrix, veuve de Mathias, roi de Hongrie et répudiée ensuite par Uladislas, roi de Bohême, et cette infortunée Valentine, duchesse de Milan, à laquelle furent ravis à la fois ses états, son époux et son fils unique. D'où naît donc, mon cher Amédée, l'intérêt passionné qu'inspire le malheur des grands hommes et des potentats détrônés ? Pourquoi, identifié à l'affection de leurs amis, de leurs sujets, est-on enivré de leurs victoires ou accablé de leurs défaites ? Pourquoi le sentiment qu'ils inspirent devient-il un lien entre ceux qui se connaissent à peine ?.... Je donne ce problème à résoudre à ta jeune tête ou plutôt à ton jeune cœur.

LETTRE VINGT-DEUXIEME.

ROME, le 17 mars 1824.

Je suis pénétrée, attendrie, mon bon père, en lisant ces conseils, ces réflexions, ces encouragemens qui, après l'Evangile, sont la plus douce, la plus solide nourriture de mon ame. Fasse le ciel que je conserve long-temps un guide, un ami si cher !...

Depuis mon retour ici, notre société s'est accrue. Le caractère franc, noble et délicat du comte d'A..., l'humeur vive et naturelle de M. de L... d. P..., les rendent d'aimables compagnons. Le duc de Laval, toujours rempli de prévenances, m'était venu chercher le mardi gras pour me faire promener *al corso*;

mais, trop occupée des douleurs de ma mère, aurais-je pu me trouver à cette brillante réunion ?

Je veux, mon bon père, consacrer ces jours de retraite à vous conter notre retour de Naples. J'ai bien regretté que le mauvais état des chemins nous empêchât de prendre la route du mont Cassin, noble et glorieuse solitude, l'Athos de l'Italie, où tant de grandeurs vinrent s'ensevelir, et d'où surgirent tant d'autres grandeurs ; où des rois désabusés venaient chercher un abri contre les soucis du trône [1] ; où enfin, à l'ombre du cloître, d'humbles moines faisaient, sans le savoir, l'apprentissage du souverain pontificat. Une colonie de religieux, sous la conduite du grand Benoît, vers 526, convertit le temple d'Apollon en monastère. Là se trouvaient réunis vertu et science, gloire et malheur, tout ce qui est grand aux yeux de Dieu et des hommes. . . . .

[1] Carloman, frère de Pépin, abandonna ses prétentions au trône et se retira au mont Cassin. La sainte majesté du pape Zacharie arrêta, dans sa marche sur Rome, Rachès, roi des Lombards. Un an après cet événement, ce prince vint se jeter aux pieds du pontife avec la reine Tésia, sa femme et sa fille Rotrude. Il se fit moine au mont Cassin ; et les deux princesses y bâtirent un autre monastère, où elles prirent le voile. L'abbaye a donné plusieurs papes à l'Eglise, entre autres Etienne IX et Victor III.

De Naples à Capoue, pays riche, fertile, profusion d'arbres fruitiers, de prairies, de vignes et de mûriers. Partout sur la route, les touffes d'anémones, de violettes et de jasmins embaumaient l'atmosphère.

Averse, à trois lieues de Capoue, a été rebâtie par les chevaliers Normands qui avaient remis Sergio en possession de son duché; celui-ci conféra à Reinolf, leur chef, le titre de comte d'Averse. Capoue, que nous avions déjà traversée, est une ville régulière, mais déserte; on y remarque beaucoup de marbres et d'inscriptions de l'ancienne Capoue, incrustés dans les murs des maisons et surtout à l'hôtel de ville. L'église, cathédrale gothique, est encore appuyée sur quelques colonnes de granit enlevées à l'amphithéâtre.

Capoue est la patrie du fameux Pierre de Vignes, qui, de la misère la plus profonde, s'éleva jusqu'à devenir l'ami et le grand chancelier de Frédéric II. Accusé d'avoir conspiré avec les ennemis de l'empereur, il eut les yeux crevés par ordre de ce prince. Le malheureux ne put supporter son infortune; il se donna la mort. C'est à cette occasion que le Dante,

après avoir mis dans la bouche de Pierre de Vignes une justification touchante, lui fait tenir ce beau langage sur le suicide : « quand une
» ame féroce s'arrache elle-même du corps,
» Minos la relègue au septième cercle ; elle
» tombe alors au hasard dans la forêt ; puis elle
» y germe, devient plante et arbre ; les harpies
» viennent dévorer ses feuilles, et la douleur
» s'exhale par les plaies en effroyables gémisse-
» mens. Nous ne revêtirons plus nos premières
» dépouilles à l'heure du grand jugement ; il
» ne serait pas juste que l'homme reprît ce corps
» qu'il s'est ravi lui-même. Nous ne trainerons
» que de misérables lambeaux ; et nos corps,
» errant dans la triste forêt, iront se rattacher
» sur les rameaux où les appelle notre ombre
» désolée. »

A Sainte-Agathe, où nous déjeûnâmes, un musicien aveugle vint, selon l'excellent usage, chanter notre beauté sans égale : *Voi siete le più belle donne che si può trovare.* Ce judicieux éloge du bon aveugle ne nous porta pas bonheur. A peine sortions-nous de l'auberge que nos chevaux se mirent à se cabrer sans rime ni raison. Plus loin un ressort de notre voiture se brisa.

Entre Sainte-Agathe et Terracine, la mer paraît et disparaît d'un instant à l'autre; elle vient, s'en va, revient encore; on ne sait si elle veut se faire voir ou se cacher; je crois qu'elle veut l'un et l'autre, comme cette bergère de Virgile [1]. De Terracine on aperçoit la montagne de Falerne et ses vignobles qui commencent à bourgeonner. On passe de la voie domitienne à la voie appienne; on franchit le Glarigliano, autrefois le Lyris, rivière trop souvent ensanglantée. Là, Bayard, autre Horatius Coclès, défendit un pont contre deux cents lanciers; et cette belle action lui valut pour emblème un porc-épic avec les mots : VIRES AGMINIS UNUS HABET : *Lui seul vaut une armée.*

Près des vestiges de l'amphithéâtre de Minturne, Marius, vainqueur des Cimbres, des Gaulois et des Germains, sept fois consul, fut vaincu à son tour par Sylla, sur les rives du Lyris. Abandonné de ses troupes et caché dans les joncs d'un marais, il fut découvert par un soldat; déjà celui-ci allait frapper le fugitif : « Barbare; oseras-tu bien tuer Marius?

---

[1] L'auteur fait sans doute allusion à ce vers :

Et fugit ad salices et se cupit ante videri.

(*Note de l'Éditeur*).

Et s'il l'avait osé !.... on ne frémirait pas au récit des massacres, des prescriptions auxquels Rome fut livrée par les factions; on n'aurait pas vu ce guerrier célèbre finir sa vie dans de honteuses orgies, afin d'échapper à ses remords implacables.

Il était dix heures du soir quand nous atteignimes *Môle di Gaëte*; une conversation animée ne nous laissa pas le loisir de songer aux brigands. On parla, je ne sais à quel propos, du sentiment appelé *mélancolie*. Le thème, s'il n'est pas neuf, est du moins bien fécond, j'étais peu capable de prendre une part active à cette controverse. Melle de V... se déclara l'adversaire de la mélancolie; M. de...., soutint la partie contre Melle de V...; je ne puis répondre d'avoir retenu les argumens de l'un et de l'autre; aussi ne veux-je pas en être le rapporteur.

Que la mélancolie soit un bien ou un mal, ce n'est pas, selon moi, ce qu'il importe le plus d'examiner. Tient-elle à notre nature ? Est-elle dans nos mœurs ? Est-elle le résultat obligé de notre position religieuse ou sociale ? voilà, je crois, les questions qu'il faudrait poser et discuter. Or, qu'est-ce que la vie de l'homme ? une courte journée remplie de longues misères ; un voyage qui commence par des pleurs et finit par des gémissemens. Attachemens périssables, liens rompus aussitôt que formés, bonheur passager suivi d'amers regrets, ou empoisonné par la perspective d'un douloureux lendemain, amour de la vérité et de la vertu sans cesse aux prises avec les penchans déréglés et l'esprit d'erreur ; ce sont là, me semble-t-il, assez de motifs pour expliquer les profondes tristesses de notre pauvre humanité et l'absoudre des larmes qu'elle répand à toute heure. On sait bien qu'un doux et riant climat, qu'une éducation insouciante et légère, des mœurs frivoles, la prospérité matérielle et un long état de tranquillité politique peuvent, chez certains peuples, voiler parfois et amortir le sentiment mélancolique ; mais le climat, les mœurs, la politique ont beau faire ; il y a trop de soupirs au fond du cœur de l'homme pour qu'on parvienne à les étouffer tous ; les bergers d'Arcadie ont beau danser et folâtrer ; on entrevoit derrière les myrtes et les rosiers, un tombeau qui leur rappelle qu'on ne danse pas toujours. Félicitons les anciens d'avoir ignoré cette maladie de l'ame, eux à qui manquaient les salutaires remèdes qui la rendent supportable et douce ; ou qui en font chérir les saintes amertumes [1]. La loi évangélique, loi d'amour et de compassion, loi de renoncement et de sacrifice, est venue dire : *Heureux ceux qui pleurent;* admirable parole qui n'avait jamais été prononcée sur la terre, sentence profonde, divine sanction du besoin le plus intime, le plus touchant du cœur humain ! C'est au christianisme surtout qu'il appartenait de montrer combien il y a de consolation, et par conséquent combien de poésie dans le malheur.

Pendant toutes ces discussions, je gardais un silence commandé par de violentes douleurs à la poitrine ; on s'en aperçut, lorsque nous descendîmes de voiture, et je fus obligée de me retirer. Le lendemain, avant notre départ, une même pensée nous ramena tous sur le balcon

---

[1] En parlant des anciens, l'auteur sans doute n'a voulu désigner que les Romains et les Grecs, sans y comprendre le peuple hébreu. Est-il en effet une littérature plus abondante en tristesses sublimes que celle des livres saints ? Quel poëte élégiaque a surpassé Job et Jérémie ? L'antiquité païenne, bien qu'elle n'ait jamais beaucoup approfondi ce sentiment plein de souffrance et de charme qu'on nomme mélancolie, n'y est pas restée aussi étrangère qu'on paraît le dire. Il a été démontré à Mme de Staël qu'elle s'était exprimée sur ce point d'une manière trop absolue.

(*Note de l'Editeur*).

de notre hôtel pour y contempler le lever du soleil. Nous avions sous nos pieds des bosquets d'aloès et d'orangers ; la mer et Gaëte étaient devant nous. Gaëte située sur une montagne séparée de la route de Môle di Gaëte par une langue de terre, ces clochers, ce château, cette vieille tour d'Orlando assise sur le roc, cette traînée de maisons blanches, ces frais vergers, tout était ravissant, admirable. On se regardait en extase et l'on ne pouvait s'arracher à ce lieu de délices. Nous considérions avec envie le court trajet de mer qui nous séparait de Gaëte. Charles de Lannoy, capitaine illustre, auquel François Ier remit son épée, y mourut en 1527. Les restes du connétable de Bourbon furent aussi déposés dans le château. J'eusse souhaité qu'ensevelie au fond de la mer, la mémoire de sa trahison fût à jamais anéantie. La courageuse défense de Trivulce et d'Aligre, forcés enfin de capituler avec le grand Gonsalvi, éveille des souvenirs plus honorables.

Ce fut au siége de Gaëte, en 1437, lorsque les Génois défendirent cette ville, que ses habitans lui avaient remis en dépôt, que la générosité d'Alphonse le magnanime, roi d'Aragon, envers les assiégés lui fraya le chemin au trône ; fait prisonnier à ce siége, ainsi que plusieurs autres guerriers illustres, Philippe Visconti, alors maître de Gènes, fit amener à Milan le royal captif, et bientôt, séduit par la franchise, l'élégance et la grâce de ce prince, Visconti favorisa les prétentions d'Alphonse à la couronne de Naples. On dit que ce roi, ami des lettres, fut guéri d'une maladie par la lecture de Quinte-Curce, et que Cosme de Médicis l'apaisa par le don d'un manuscrit de Tite-Live.

Entre le Môle et Gaëte se voient les ruines de l'*Academia*, villa de Cicéron ; non loin de là, cet illustre orateur fut assassiné dans sa litière, prix sanguinaire d'un pacte criminel entre les deux ambitieux qui se disputaient l'empire du monde.

J'adresse à ma mère un mot d'intime participation à ses regrets. Hélas ! je n'ai pu mêler mes larmes aux siennes, compatir à la douleur de cette amère séparation. Oh oui ! quelques jours encore, et l'on n'aura plus à se séparer ; il n'y a pas de mort pour les croyans ; c'est alors que commence la véritable vie ; le trépas appose un sceau inviolable sur nos affections que brise trop souvent l'humaine inconstance.

LETTRE VINGT-TROISIEME

ROME, 19 mars 1824.

Quand aurai-je de vos nouvelles, ma bonne mère ? Personne n'a-t-il pitié de moi ? Je ne sais comment vous avez supporté la perte qui vous déchire le cœur. Oh! du moins si j'étais près de vous, je vous tiendrais le langage consolant que vous avez tant de fois réclamé de votre fille ; je vous parlerais de cette religion sainte, toujours secourable dans nos amères douleurs, toujours compatissante à nos misères ; je vous parlerais de ce culte de vie et de sentiment, de cette chaîne mystérieuse qui nous unit à ceux que nous regrettons. Si nous avons dans le ciel des amis, des protecteurs, nous pouvons être à notre tour les protecteurs et les amis de ceux qui ont disparu de la terre ; pouvoir consolant, délices des ames tendres ! Ma bonne mère, vos prières, vos larmes, vos souffrances formeront pour ma pauvre tante un trésor de mérites ; douce et salutaire croyance qui a fait le bonheur de ma vie à cette époque où *le matin je me disais : d'ici au soir ce sera fait de moi,* où *mes yeux s'étaient obscurcis à force de les tenir levés vers le ciel.*

Qu'il me soit permis, maintenant, ma tendre mère, de détourner un peu votre attention, de l'appeler vers votre fille qui erre si loin de vous, qui gémit de cet éloignement. Prenez sur vous de me suivre dans mes excursions. Mon père a dû vous communiquer la suite de mon journal à Gaëte. De cette ville à Itri, le pays est entouré d'une ceinture de collines d'où se détachent, en bouquets épars, les orangers portant fruits et fleurs, les caroubiers verdoyans et sombres, les arbousiers aux grappes purpurines.

Itri couronne une hauteur ; on traverse une gorge étroite entre des rochers grisâtres remplis de cavernes de voleurs ; c'est la digne patrie de Fra Diavolo. Dans une des grottes de ce défilé, un éboulement faillit écraser Tibère. Sejan le couvrit de son corps; dévouement digne d'un meilleur maître et d'un meilleur sujet! Je n'aime pas à rencontrer le courage et la fidélité en si bas lieu; néanmoins ces actes généreux, qui éclairent parfois la vie des grands scélérats, ne seraient-ils pas une dernière trace de l'empreinte divine gravée dans le cœur de tous les hommes?

Les hideuses villes d'Itri et de Fondi contrastent avec ces champs d'une prodigieuse fécondité, embellis encore par les haies de buis, de myrtes et de lauriers; des montagnes escarpées abritent la route. La sainteté, la science et la beauté ont laissé à Fondi des souvenirs. C'est là que saint Thomas, le docteur angélique, le grand philosophe du treizième siècle, termina sa carrière. Sur la côte, le pirate Barberousse tenta d'enlever la belle Julie de Gonzague; mais, éveillée par le bruit, la comtesse de Fondi se sauva à demi vêtue; le fils du potier de Mytilène livra la ville et les églises à un horrible pillage. Pendant une partie du seizième siècle, cette riante contrée, entre Terracine et Naples, fut ravagée par les barbaresques, qui emmenèrent les habitans en captivité.

A Terracine commence la contrée vraiment enchanteresse, le paradis terrestre de l'Italie méridionale. La mer écumante se brise avec fracas contre les écueils de ce beau rivage. Si l'on gravit la cime du rocher, la scène devient divine : à droite, on aperçoit le promontoire de Circé; quelques îles interrompent l'immense plaine des ondes; à gauche, le Vésuve se perd dans le vague de l'horizon. Ces bois de chênes verts, de palmiers, d'aloës, de citronniers et de cactus aux larges feuilles, se marient délicieusement aux ruines du château de Théodoric; il nous fut interdit de voir ces ruines, car, par crainte des voleurs, le chef de la douane nous refusa des guides. De beaux édifices construits par Pie VI bordent la grande rue de Terracine. La ville haute est bâtie sur des rochers.

Ici Drusus vint à la rencontre des cendres de Germanicus, avec les enfans de ce héros; les larmes et les cris du peuple qui l'accompagnait, témoignaient de la vivacité de sa douleur. Une foule innombrable couvrait le port, les rivages et les toits; touchante et sublime oraison funèbre!

On entre bientôt dans les marais pontins [1], peuplés autrefois de villes et de somptueuses maisons de campagne, devenus depuis un lieu de désolation et de mort ; l'infatigable persévérance de plusieurs papes est enfin parvenue à les dessécher. Une route belle et monotone les traverse aujourd'hui ; ombragée de deux rangs d'arbres, elle est protégée à droite par l'Apennin, à gauche par un large canal tiré au cordeau, ouvrage de Pie VI et de Pie VII. On voit dans les marais pontins très-peu d'habitations, très-peu de culture ; les oiseaux de marais y abondent, et des troupeaux de buffles y paissent en grand nombre.

Nous avons couché à Velletri, où la juste crainte des brigands, qui dévastent le canton, nous empêcha encore de visiter les restes des beaux temples de Castor et de Pollux et de celui d'Hercule. Le dimanche, à la grand'messe, les jolies Albanaises, coiffées d'une manière si pittoresque et vêtues de spencers de velours brodés en or, causèrent bien des distractions.

[1] On les parcourt pendant vingt-cinq milles jusqu'à Torre de Ponti ; cette route, appelée *via pia*, est construite sur l'ancienne voie appienne, premier ouvrage considérable du temps de la république, que l'on doit à Appius Claudius.

Un feu d'artifice, coup-d'œil assez bizarre en plein midi, termina la procession. Nous destinons une journée spéciale pour visiter plus tard ces environs délicieux.

La reine d'Etrurie est morte le 13; MM. de L..... l'ont vue sur son lit de parade, habillée en religieuse. La chaleur de l'appartement faisait ruisseler sur son visage la cire dont on l'avait couvert. Quatre ou cinq dames d'honneur en grande tenue, robes bleues et roses, étaient là pour attendre ses commandemens; un principal officier venait à l'ordre chaque matin, comme si elle était vivante. J'ai vu passer vers neuf heures du soir, à la lueur des torches, son char funèbre que l'on conduisait à l'église des saints Apôtres où se firent ses funérailles.

Par un singulier jeu de la fortune, le palais de cette reine et celui de M.*me* *Lætitia* étaient voisins. Il y a dix ans, peut-être, je n'eusse été frappée que du rapprochement de la mère du conquérant et de la mère du souverain dépossédé. Aujourd'hui il n'y a plus de place pour l'indignation; pourrait-on refuser un tribut de pitié à cette Hecube nouvelle, qui reste vivante pour pleurer les malheurs de sa famille?

LETTRE VINGT-QUATRIÈME.

ROME, 21 mars 1824.

J'ai baisé mille fois votre lettre, ma bonne mère; j'étais inquiète, malheureuse; ce silence me mettait mille chimères dans la tête, ou plutôt dans le cœur. Oh! je veux cet été passer quelque temps sous l'aile maternelle; je sens que j'ai besoin d'être près de vous pour revivre enfin.

Je viens vous parler encore de Naples, de son histoire plus que de ses ruines, de ses usages plus que de ses monumens. Les habitudes paresseuses des Napolitains se décèlent même à l'église; ils ne s'agenouillent jamais et se contentent de s'incliner sur leur banc à l'élévation, ils se frappent alors la poitrine et jettent des cris de miséricorde. Je ne sais quoi de païen caractérise leur culte envers la sainte Vierge ; ils envoient des baisers à ses images, et font le signe de la croix avec l'huile de la lampe qui brûle devant sa statue. Leurs mœurs sont empreintes de superstitions tout-à-fait idolâtres ; on voit à la façade de beaucoup de magasins des *jettatura* ou cornes et autres amulettes. Celles que portent les hommes à leur montre et les femmes à leurs colliers sont en corail. Les enterremens à Naples ont lieu avec une grande pompe ; le corps, accompagné par la confrérie des pénitens, est placé dans un sarcophage de forme antique ; nous en vîmes plusieurs couverts d'un tapis de velours cramoisi, chargé de broderies et de franges en or. Est-ce bien là le luxe qui sied à la mort, l'appareil qui convient au deuil des survivans ?

A Naples, on rencontre souvent, sur les murs des édifices, des inscriptions propres à entretenir le peuple dans des sentimens de vertu et de piété ; ce sont de courtes sentences tirées de l'Ecriture, ou des mots tels que ceux-ci : *Dio ci vede; rispetto alla santa Chiesa*. Dans cette contrée où l'imagination exerce tant d'empire; où le peuple n'a, en quelque sorte, de moralité que par les choses extérieures, la religion, tendre mère, se complaît à descendre, pour cette partie de ses enfans, aux humbles détails de leur vie; elle se mêle à tous les exercices, à toutes les occupations de leur douce et légère existence. *Les humbles pratiques de la religion*, dit M. de Bonald, *sont les petits soins de l'amour qui font la douceur de la vie ou le bonheur des ames sensibles.*

Pour entendre le père Jabalo, dominicain, excellent prédicateur, nous allâmes à un *carnavaletto* [1]. Une heure suffit à peine pour allumer une profusion de cierges qui tracent des dessins élégans. Tout ce faste théâtral convient peu au recueillement de la prière; il semble que les Italiens emploient plutôt la religion à faire ressortir les arts, qu'ils n'emploient les arts au profit de la religion. Jamais je ne fus moins dévote; je me croyais à un concert où l'on exécutait des airs d'opéra. Je suis peu musicienne et j'ose à peine émettre mon opinion : mais j'incline pour la musique

---

[1] On appelle ainsi trois jours de sermon avec salut et grande musique.

allemande. Les Italiens, s'il est permis de le dire, mettent plus de coloris dans leurs compositions musicales ; et les Allemands plus d'expression et de sentiment.

Ce climat est singulièrement précoce ; dès les premiers jours de Février, on servait en abondance des fraises et des petits pois. On trait les vaches et les chèvres à la porte des maisons, comme les ânesses à Paris ; c'est aussi l'usage à Rome. Le macaroni se vend et se mange en pleine rue ; c'est la nourriture journalière du peuple ; il y joint des morceaux de neige apportée des montagnes. La douane établie pour cette espèce de denrée est chose assez plaisante ; on déplore la disette de glaces comme une calamité.

Vous ne reprocherez plus à votre Caroline de dédaigner les détails domestiques ; je ne vous fais grâce d'aucun. Voici une circonstance qui se rattache d'une manière pénible, non aux usages intérieurs, mais à la chose publique. Les troupes autrichiennes occupent Naples en ville conquise : deux cents hommes bivouaquent sur le *largo santo spirito*, armés de deux pièces de canon, mèche allumée ; précaution mot ée, car, pendant notre séjour à Naples, on appréhendait un mouvement populaire. Quand donc les peuples seront-ils assez sages pour vivre en paix, sous le gouvernement que la Providence leur a donné, et pour éviter ainsi les malheurs de l'intervention étrangère ?

Naples fut prise quarante fois. « Un de ces » hommes qui paraissent de loin en loin dans » les jours du vice pour interrompre le droit » de prescription contre la vertu, » Bélisaire s'en rendit maître après une longue résistance. Cette capitale fut occupée aussi en 543 par Totila, généreux barbare qui veilla lui-même à la distribution des alimens, pour prévenir, parmi les assiégés affaiblis par de longues privations, les funestes effets de l'intempérance.

Naples, la dernière ville d'Italie soumise à l'empire grec, resta indépendante jusqu'à ce qu'elle fût subjuguée par le comte Roger, premier roi de Sicile, de la race normande. Elle passa, après la mort de Guillaume III, dernier rejeton de cette dynastie valeureuse, à la maison de Souabe [1]; puis elle fut disputée

---

[1] Par le mariage de Constance avec Henri VI, empereur d'Allemagne.

entre les princes d'Anjou et d'Aragon ; enfin elle demeura aux Bourbons.

Les expéditions des Français en Italie furent parfois brillantes, mais toujours malheureuses, depuis Childebert et Lothaire, jusqu'à cet aventureux duc de Guise. Le duc de Guise était à Rome en 1648, pour faire casser son mariage et épouser Melle de Pons, lorsqu'on apprit l'insurrection de Naples. Le roi d'Espagne chargea Dom Juan d'Autriche de réduire les rebelles ; Guise se montre à l'instant avec ses amis en habit de voyage et de guerre ; c'était le 10 Novembre : « Messieurs, c'est main-
» tenant qu'il faut montrer de quel sang nous
» sommes », il envoie Tilli, son secrétaire, à Melle de Pons ; passe devant l'ambassade d'Espagne. Le soir on avait atteint le port de Fiumicino ; le duc de Guise se précipite sur la plus petite des felouques de transport ; le pilote refuse, et déclare qu'il ne faut que deux personnes avec lui, la mer étant grosse ; Guise ordonne à ses gens de s'éloigner et reste seul avec le pilote. Le soir, il était au pied de la tour de Roland, près de Gaëte ; on veut arrêter la felouque qui essuie une bordée de canon ; la chaloupe gagne le large ; une tem-

pête s'élève ; mais le duc refuse de débarquer avant d'être à Naples ; enfin il mouille à côté du pont de Caligula, près des étuves de Néron et des bains d'Octave. Le pilote voulait débarquer à Ischia ; l'impétueux Français s'empare du gouvernail ; puis il cingle vers *la torre del greco* et s'approche de la côte. Un cri part de la capitane ; les batteries font feu ; Dom Juan, malade à bord du vaisseau, paraît sur le tillac ; le peuple accourt en foule ; le duc se lève, se découvre la tête et s'écrie : *Guise ! vive le peuple de Naples !* Une décharge d'artillerie suit ces paroles ; les vaisseaux espagnols dirigent sur lui toutes leurs bordées ; mille clameurs retentissent sur la terre et sur la mer ; la felouque aborde. Henri de Lorraine saute à terre, et un cri général apprend à Dom Juan que Naples reçoit dans son sein M. de Guise. Celui-ci une fois proclamé duc de Naples, un peu d'or, quelques soldats eussent suffi pour assurer sa conquête ; mais bientôt il est trahi, abandonné ; la fortune change ; et pendant qu'il s'empare de l'île de Nisida, Dom Juan est salué par le peuple de Naples. Guise s'élance sur la route de cette capitale, et voit son étendard tomber du haut de l'église des Carmes ; il se détourne, ôte son chapeau devant la statue de saint Janvier, regarde encore une fois Naples et ses beaux rivages ; puis, nouveau Brennus, il s'achemine tristement du côté d'Averse et de Capoue. Ainsi s'évanouit cette éphémère conquête ; il est juste de dire que l'étourderie et les déréglemens du héros lui firent perdre ce que lui avait acquis son intrépidité. Voilà bien le Français, individu ou peuple.

Le château de l'Œuf est un monument d'une antiquité assez reculée : Guillaume Ier, duc de la Pouille, le fit construire ; Augustule, défait par Odoacre, y fut enfermé ; là, vint donc aussi se briser le colosse romain. A chaque révolution nouvelle de ce beau royaume, le château-neuf, autre forteresse, est le refuge ordinaire du parti vaincu. Tour à tour, les Angevins, les Aragonais, les Français et les Espagnols l'assiégèrent. Lorsque Gonsalvi entra à Naples, au bruit des acclamations de ce peuple inconstant, et quel peuple ne l'est pas ? les Français se retirèrent au château-neuf, et se défendirent l'espace d'un mois avec une valeur brillante. Pierre de Navarre fit à ce siége le premier usage des mines.

C'est dans cette citadelle que la trop célèbre

Jeanne première, tombée au pouvoir de Charles de Duras, adressa un éloquent discours aux provençaux que Louis d'Anjou [1] amenait à son aide. Dans ce même château, Jeanne II, petite-nièce de la précédente, se fit couronner à la suite de ces funestes divisions qui donnèrent le scandale d'une reine prisonnière de son époux et d'un roi captif de sa femme. Aussi faible que sa grande-tante avait été énergique, Jeanne devint le jouet de vils favoris et de ses passions plus viles encore ; elle mourut dégradée ; tandis que belle, courageuse, spirituelle, Jeanne première conserva toujours des partisans, tant un caractère supérieur exerce encore de puissance, lors même que la vertu perd son ascendant !

Après avoir mentionné ces princesses trop peu dignes du trône, je ne dois pas omettre deux femmes dont la gloire fut sans tache. René d'Anjou était prisonnier du duc de Bourgogne ; Elisabeth de Lorraine se met à la

---

[1] Louis d'Anjou, fils du roi Jean, avait été nommé *la joie de la France*. Cet appel à la couronne de Naples excita en lui un besoin et une avidité d'argent qui causèrent les désastres financiers dont la France faillit être victime. Jeanne, assiégée dans Naples par l'ingrat Durazzo, appela le prince français, qui se hâta de voler au secours de sa bienfaitrice ; mais lorsqu'il arriva, elle venait d'être étouffée sous des matelas.

tête des partisans de sa famille et vient débarquer à Naples où elle est accueillie avec enthousiasme. Dix ans plus tard, on vit Isabelle, épouse de Ferdinand d'Aragon, traînant dans les rues de Naples ses grandeurs déchues, mais non avilies, mendier avec une touchante dignité quelques secours pour son mari détrôné et exilé.

Ce pays, si richement doté par la nature, eut l'existence morale la plus agitée; les Aragonais et les Angevins, les Espagnols et les Français, épris des charmes de Naples, la rendirent victime de leurs puissantes rivalités; les Espagnols surtout traitèrent ce royaume comme ils avaient traité leurs conquêtes d'Amérique. Durant la vice-royauté de Monterey et de Medina della Torrès, les tributs, les impôts et les dons gratuits montèrent à cent millions d'écus.

Les sites de Naples sont pleins de magie; ils étincèlent comme les joies fugitives du pays. C'est une mélodie perpétuelle; point de dissonance; tout est suave, harmonieux. Si l'intérieur de Naples diffère de celui de Rome, le contraste n'est pas moins grand entre les environs de ces deux villes. Autour de Rome, les campagnes désertes, les ruines, les tombeaux jetés çà et là, tout parle de mort et de néant. Un admirateur de l'antiquité dirait que les hommes, intimidés par les ombres héroïques des Romains, n'ont pas osé, même après tant de siècles, mettre le pied sur cette terre sacrée, où la main destructive du temps a seule imprimé ses traces. Quant à nous, c'est à d'autres causes que nous attribuons cette tristesse solitaire que Rome s'est faite autour d'elle.

Nous approchions de Rome; et de gré ou de force il fallait bien devenir sérieux. Napolitains frivoles il y a peu de jours, nous sentions venir à nous les pensées graves et religieuses. Nous arrivâmes le dimanche gras; aussi j'allai sans tarder aux prières de quarante heures au *Gesu;* cette église éblouissante de cierges n'était guère d'accord avec mes dispositions intérieures; mais la piété et le recueillement des fidèles m'édifièrent bientôt; et je me livrai sans contrainte à une confusion de pensées, de sentimens, de regrets et de réflexions sur l'insuffisance des choses humaines pour notre bonheur. Un jour viendra, et ce jour est proche, où s'accompliront ces paroles : *il les menera à des sources d'eaux vives; et Dieu essuiera toutes les larmes de leurs yeux.*

LETTRE VINGT-CINQUIÈME.

ROME, 25 mars 1824.

Nous sommes dans la consternation, mon père ; la charmante Miss Bathurst a été engloutie au fond du Tibre ; les gens du duc de Laval s'étaient jetés à la nage pour la sauver ; toute tentative a été inutile ; rien ne peut indiquer l'abîme où elle a péri. Dans un sentier étroit et tortueux, sur la rive escarpée du fleuve, chacun avait mis pied à terre ; seule, cette jeune imprudente s'obstine à rester à cheval ; alors un oncle à qui lady Bathurst avait confié sa fille, veut saisir, par la bride, le fier animal qui recule effrayé ; la terre s'éboule sous ses pieds ; le malheureux oncle se précipite, mais en vain. Quelle scène horrible et déchirante pour cette caravane tout à l'heure si gaie et si animée ! Dix-huit ans, grâces, fraîcheur, santé, tout ce qu'on appelle bonheur, voilà ce que la mort vient de réduire au néant ! Et les amis, les parens étaient là ; et nul d'eux n'a pu lui porter secours, lui faire entendre une dernière parole, un adieu. C'est chose terrible qu'une mort subite et violente ! La veille de cette catastrophe, sa voix nous avait charmés ; sa figure, sa vivacité, son caractère, tout en elle était aimable. Dieu, touché de tant d'innocence, aura offert peut-être aux regards de cette tendre victime, durant les convulsions de son agonie, *cette croix, notre unique espérance*, cette croix qui, dans le même lieu, apparut à Constantin, signe de salut alors aussi bien pour une faible créature que pour une puissance de la terre. Hélas ! deux mille ans plus tôt, une jeune fille traversa glorieusement à la nage ce même fleuve où cette autre enfant devient la proie de la mort.

Le duc de Laval, qui conduisait la cavalcade, est d'un accablement profond ; il est resté bien avant dans la nuit appuyé sur la rampe de Ponte-Molle, ordonnant, à la lueur des flambeaux, des recherches qui furent infructueuses.

Je l'ai rencontré depuis ce jour fatal, hors la porte Saint-Laurent [1]; il m'a reconduite chez moi, ne m'entretenant que de cet événement tragique dont j'eusse été témoin, si j'avais cédé à ses instances. La cousine de miss Bathurst, qui était avec elle, croit toujours voir les bras de cette infortunée se débattre dans les flots. La pauvre mère est à Turin. Quelle mission pour Mme de la Tour du Pin, de lui donner une nouvelle aussi affreuse! Vous n'aurez rien de plus de moi aujourd'hui; la couleur de mes pensées est trop sombre.

---

[1] La porte Saint-Laurent, située près de l'ancienne caserne des prétoriens, se nommait d'abord porte *Tiburtine*, parce qu'elle menait à Tivoli; sous Aurélien elle prit le nom de porte *Collatina*, à cause de la petite ville de Collatia, où périt Lucrèce. Dans le moyen âge on l'appela porte de Saint-Laurent.

LETTRE VINGT-SIXIEME.

ROME, 4 avril 1824.

J'espérais, mon cher Ernest, recevoir ici de tes nouvelles, avant de me mettre en route. Il me tardait de savoir si ton cœur était toujours le même pour moi. Me voici à la veille de mon départ, sans la moindre nouvelle; cela est pénible; conviens-en; tu me réduis par ton silence à douter même de ton amitié: tu m'avais fait pourtant de belles promesses; voilà bien l'inconstante et oublieuse humanité: *des nuages, du vent, mais point de pluie.*

Je mène ici une vie moins agitée qu'à Naples; et toutefois moins sédentaire qu'à notre premier séjour. Nous avons parcouru hier les ateliers des peintres les plus connus. Le talent de Camucini me paraît élégant, correct, académique; c'est-à-dire un peu froid; son coloris est facile; il a eu, comme Subleyras, l'honneur de la mosaïque à Saint-Pierre; Camucini dans le tableau de *Saint-Thomas*, et Subleyras dans *Saint-Basile*. On contemple avec bien du plaisir sa *Cornélie*, mère des Gracques, et son *Régulus* résistant aux prières de sa famille. En général Camucini est le peintre des beaux faits de la république romaine. Une composition de Wicar, Lillois, peut avoir de la beauté, mais elle me paraît glaciale : c'est la *Résurrection du fils de la veuve de Naïm*. Grâce, fraîcheur et mélancolie caractérisent le pinceau de Robert, jeune Suisse; rien de délicieux comme le tableau de l'*Ile d'Ischia*, où sont rassemblés des groupes variés écoutant un improvisateur; l'attitude d'une jeune fille appuyée sur sa mère est d'une tristesse séduisante; voici une physionomie qui rayonne de feu et d'intelligence; l'attention d'une jeune mère est partagée entre le charme de la musique et le soin de son enfant endormi à ses pieds. D'autres tableaux représentent plusieurs aventures de voleurs, dans des situations toutes palpitantes d'intérêt. Aux éloges bien mérités que nous donnions à ses ouvrages,

Robert répondait toujours avec la plus modeste simplicité. Nous vîmes chez un autre Suisse, d'un esprit fort original, des sites de Tivoli et d'Albano, aquarelles charmantes! La beauté des têtes de l'Alsacien Schnetz lui assure une prééminence marquée en ce genre; il y a dans ces têtes un caractère grave et élevé qui rappelle le Dominiquin. Lors de notre visite, cet artiste peignait l'*Horoscope* de Sixte-Quint; une femme posait comme modèle de la mère du jeune Sixte. Elle avait une physionomie pleine de finesse et d'énergie; comme nous en faisions la remarque, Schnetz nous apprit que c'était la femme d'un *brigand;* en entendant prononcer ce mot, elle se mit à sourire avec malice; vous voyez, dit Schnetz, qu'elle est fière de la noble profession de son mari.

Un autre jour nous allâmes visiter au quartier *Transtevere* l'antique église de *Saint-Chrysogone*. — Joli pavé en marqueterie; — belles colonnes de granit et de porphyre, dont quelques-unes proviennent de l'arc de Septime-Sévère; — belle fresque du Guerchin. — Apothéose du patron de l'église. Sur l'ancien emplacement de l'hospice des invalides romains, qui fut accordé au pape saint Calixte, par Alexandre

Sévère, est bâtie l'église *Sainte-Marie Transtevere*. Cet assemblage incohérent de débris d'édifices païens forme le caractère spécial des temples de l'église primitive; plusieurs papes restaurèrent *Sainte-Marie Transtevere* ; c'est la première église dédiée à la sainte Vierge. Le plafond, enrichi de sculptures et de dorures, est orné d'une *Assomption* du Dominiquin. Sur un des compartimens de la voûte, un enfant gracieux jette des fleurs en se jouant sur les pas de Marie; l'artiste a voulu, dit-on, peindre le jeune chevalier d'Alençon, neveu de Philippe de Valois. Deux peintres, Lefranc et Ciroferi, sont enterrés dans cette église où nous vîmes aussi la sépulture d'Innocent II, qui vint en France chercher un asile et qui fut reçu dignement par Louis VI et la famille royale.

Nous dînâmes, il y a peu de jours, chez le duc de Laval avec la princesse de G...., la comtesse de L...., le général S...., sa femme et autres étrangers de distinction. M. de l'Ecluse nous lut un de ses charmans et instructifs feuilletons insérés au *Journal des Débats*. Cette lecture, faite à Rome, au centre même des arts, offrait un genre d'intérêt tout spécial.

Le duc me fit remarquer ensuite un convoi funèbre de Schnetz; au lointain, on aperçoit un petit cercueil enlevé par des porteurs; une jeune femme éplorée est assise à terre; sa tête tombe sur les genoux d'une autre femme âgée. On voit que c'est la mère et l'aïeule de l'enfant mort; l'une, qui n'en est encore qu'à l'apprentissage des douleurs de la vie, est accablée, anéantie; l'autre jette sur sa fille un regard où se peint la plus tendre pitié, mais une pitié ferme, résignée, résultat d'une longue et triste expérience.

Le duc de Laval vient de commander au même artiste un tableau dont le sujet me paraît fort heureusement choisi; c'est la veuve du magnanime duc de Montmorency décapité à Toulouse, recevant l'envoyé de Richelieu; moment sublime dans la vie de cette héroïne de l'amour conjugal et du pardon des injures.

L'église du prieuré de Malte, que Pie V rebâtit sur le temple de la *bonne déesse*, est située au mont aventin. Du jardin de cette ancienne abbaye, le dôme de Saint-Pierre se montrait à nous à travers un berceau de lauriers, comme un céleste trophée dressé pour l'apothéose de Rome chrétienne.

Je finirai ma lettre par un mot sur le *temple de Nerva* [1]. Trajan le fit ériger en l'honneur de son prédécesseur, dont la jeunesse fut illustrée par des talens militaires; et l'âge mûr, par la douceur et les vertus. Le temple de Nerva était l'un des plus beaux édifices de l'ancienne Rome; il en reste aujourd'hui trois hautes colonnes de marbre de Paros; les murs servent de façade à l'église de l'*Annonciation;* les artistes viennent dessiner souvent l'architrave sculptée en feuillage avec une admirable légèreté. Près de ce temple était celui de Pallas, situé au Forum de Nerva; commencé par Domitien, il fut agrandi et décoré par Trajan; l'entablement est d'un travail parfait; les figures de la frise très-mutilées représentent les arts de Pallas; au second ordre est la figure de la déesse.

Le duc de Laval m'a menée à la société philharmonique; la flamme rougeâtre des fallots de ses coureurs jetait sur les monumens et les ruines un éclat fantastique. Cet usage me rappelle la prérogative accordée à Drullius, lorsqu'il remporta la première victoire navale sur

[1] Ce temple était aussi appelé *Mars vengeur* et *arc de Panthanis*.

les Carthaginois. Des amateurs ont exécuté *la Passion* de Paësiello ; deux femmes se distinguaient par la beauté de leur voix et le sentiment qui l'animait. Il y avait une assemblée immense ; heureusement nous fûmes placés à merveille. Le charme de cette musique m'a entraînée ; je ne suis rentrée qu'à minuit.

Le lendemain, nous allâmes à la villa Spada sur le haut du mont palatin. Au milieu de ces ruines, d'où l'on domine d'autres ruines, cet ensemble de grandeur anéantie forme un tableau qui porte à l'ame une grave et douce tristesse. L'horizon est couronné par des masses de montagnes couvertes de neiges à leur sommet ; les contours de ces montagnes se fondent et s'adoucissent dans une vapeur transparente dont Claude Lorrain donne seul une idée juste et vraie. Toutes ces richesses que l'on foule aux pieds, tous ces marbres épars çà et là, ces grandes destructions, enfin ces arcades, ces ruines dont chacune fait en quelque sorte le cadre d'un nouveau paysage, cette réunion de choses est d'un effet impossible à décrire, ainsi que l'impression profonde qu'on en conserve.

P. S. Je recueille, mon ami, avec un vif

intérêt tous les détails sur le caractère et les dispositions de tes enfans. Nous ne pouvons trop méditer le conseil de saint Grégoire : « Soyez sévère, mais n'exaspérez pas ; aimez, » mais n'amollissez pas. » On est plus ou moins enclin à l'un ou l'autre de ces excès ; et quelquefois tour à tour on passe d'une sévérité trop grande sur un point, à une indulgence excessive sur un autre.

Adieu, mon Ernest ; tu dois être maintenant à N... Que d'impressions pénibles tu y retrouves ! partout, hélas ! des souvenirs amers s'attachent aux lieux qui nous étaient les plus chers.

LETTRE VINGT-SEPTIÈME.

ROME, 12 avril 1824.

Magnifique colysée, que j'ai eu de peine à te quitter hier ! A onze heures du soir, la lune, versant sa clarté voilée par des nuages, donnait un aspect plus rêveur encore à ces nobles constructions et à leurs tristes alentours. Des ombres gigantesques pénétraient sous les arches et rampaient sous les corridors ; il semblait que l'astre mélancolique se trouvait là dans son élément, et qu'il venait dans cette glorieuse solitude compâtir aux infortunes de tout genre dont elle fut tant de fois le théâtre. Prisonniers sarmates et perses, esclaves scythes ou gaulois, vous tous que les lois de la guerre ont traînés ici, vous dont le sang a ruisselé sur cette arène, votre cendre indignée frémit sous nos pas. Barbares, vous avez maudit cette Rome cent fois plus barbare que vous; vous avez appelé sur elle les foudres du ciel; mais dans cette même enceinte, d'autres victimes ont apparu, victimes pacifiques et résignées, venues, non pour maudire, mais pour expier et pardonner. Le sang des martyrs, au lieu de crier vengeance, a crié miséricorde; et Rome est restée debout.

Des défilés obscurs et tortueux nous conduisent jusqu'au sommet de ces gradins mutilés, jusqu'à ces brèches ouvertes, que couronnent et consolident mille plantes aux longs filamens, des lierres, des scolopendres, des lupins, des buissons de sureau, fragiles conservateurs de ces superbes débris; il n'y avait point de parole pour rendre ce qui se passait en nous à ce moment solennel; nous étions tous absorbés dans notre vague et délicieuse contemplation.

Sous Pompée, le peuple, ému de compassion, avait voulu abolir les atroces combats des gladiateurs [1]; mais bientôt la cruauté populaire

---

[1] Les maîtres de Rome se dégradèrent au point de lutter eux-mêmes contre les gladiateurs. Commode remporta successivement la victoire sur huit cents athlètes; Caligula combattit les tigres et les lions dans l'arène.

s'accrut avec la dépravation des mœurs; et sous le bon, le clément Titus, cinq mille hommes furent égorgés dans ce colysée. Il était réservé à un pauvre moine de fermer cette horrible enceinte; sous Honorius, un religieux nommé Télémaque, s'élance tout à coup au milieu de l'arène, réclamant, au nom du Dieu de paix, l'abolition de ces jeux homicides. Il périt sur l'heure; mais sa voix avait été entendue; un édit d'Honorius supprima les combats. Benoît XIV assura la conservation du colysée qui tombait en ruines et le consacra à la voie de la croix.

Il est remarquable que les deux plus vastes monumens du monde, les pyramides et le colysée, aient été construits par le peuple juif en captivité. Les amphithéâtres furent toujours les édifices les plus spacieux chez les nations païennes; leur principal culte était celui du plaisir. En serions-nous venus là aussi, nous qui bâtissons tant de théâtres et si peu d'églises?

Je ne t'ai rien dit encore de Saint-Marc, ma paroisse, église riche en fresques et en tableaux. Elle fut fondée par le pape saint Marc, ou par saint Silvestre son prédécesseur, en 336.

Constantin l'enrichit merveilleusement; le pavé en marqueterie est très-beau. La petite église de Sainte − Françoise romaine renferme le tombeau de Grégoire XI [1], un de nos compatriotes. Cette église est derrière le palais de Venise long − temps habité par les papes. Clément VIII donna ce palais à la république en 1594, pour y loger ses ambassadeurs.

A un amateur d'antiquités comme toi, mon Amédée, il ne faut pas oublier de mentionner le théâtre de Marcellus. Auguste le bâtit et le dédia à ce jeune prince immortalisé par les vers de Virgile et enlevé si tôt à l'amour des Romains. Ce monument pouvait contenir trente mille spectateurs; l'ordonnance en est si pure que les architectes le prennent encore aujourd'hui pour modèle. Auguste employa les dépouilles des Dalmates, des Pannoniens, à l'élévation du portique d'Octavie; il y plaça une riche biblio-

---

[1] Elu à l'unanimité, il se montra toujours digne de son haut rang. Il étendait sa sollicitude sur tous les états de la chrétienté; travaillait à maintenir la paix, ou à réconcilier les princes les uns avec les autres, réprimait les abus, envoyait des missionnaires dans les régions les plus éloignées. L'abolition de la barbare coutume, qui privait les condamnés à mort des secours de la religion, est due à ce saint pontife. Grégoire, cédant aux prières de sainte Catherine de Sienne, transféra le saint-siége d'Avignon à Rome.

thèque et lui fit prendre le nom de cette vertueuse et belle princesse qu'Antoine sacrifia à Cléopâtre. Toujours la douce Octavie fit entendre sa voix au milieu des troubles et des guerres civiles ; noble lien entre deux ambitieux, d'abord gage de leur réconciliation, cette infortunée devint le prétexte d'une rupture longtemps désirée. Epouse résignée et généreuse, Octavie semble appartenir au christianisme par la vertu d'abnégation dont elle offrit le noble exemple à cette époque de corruption et d'égoïsme. — Au théâtre de Marcellus, les cris de guerre et le bruit des armes succédèrent, dans le moyen âge, aux bruyans applaudissemens des spectateurs. De ces constructions, plusieurs familles puissantes s'étaient fait une forteresse. Aujourd'hui, c'est la maison Orsini qui en est propriétaire ; il y règne un autre genre de tumulte ; ce sont les propos joyeux et les querelles de la taverne.

La place du *Monte-Cavallo* offre, malgré son irrégularité, un aspect magnifique. Là s'élèvent le palais quirinal [1], la belle fontaine avec son bassin de granit oriental, les statues

---

[1] C'était sur le Quirinal, qu'Atticus avait cette maison et ces jardins si agréables.

de Castor et Pollux [1], puis le glorieux obélisque du tombeau d'Auguste.

Adieu, mon enfant. Hélas! en quittant Rome, puis-je former un projet? Plus la vie avance, et plus il faut se façonner aux mobilités humaines; on n'ose compter sur rien; j'espère toutefois que ton affection filiale ne me manquera jamais; déjà bien vieille malgré ton jeune âge, elle remonte à une époque, où, enfant moi-même, je berçais ton enfance.

---

[1] Constantin les fit venir de la Grèce pour orner ses thermes. Sixte-Quint les éleva sur cette place et Pie VI fit placer entre ces deux groupes le bel obélisque de granit rouge, trouvé près du tombeau d'Auguste. Les embellissemens de Rome pendant le court pontifical de Sixte-Quint sont prodigieux. Il releva les colonnes trajane et antonine, construisit des aqueducs, continua le desséchement des marais pontins, rétablit et orna le palais de Latran, et enfin acheva Saint-Pierre.

(*Note de l'Éditeur*).

LETTRE VINGT-HUITIÈME.

ROME, 21 avril 1824.

Vous daignez me dire, mon bon père, que ma lettre vous a fait verser de douces larmes. Pour moi, j'ai été bien profondément émue, je vous l'avoue, à la lecture de celle que vous venez de m'écrire. Je me sens bien loin de vos vertus; mais je me crois digne de vous par mes affections et par l'heureuse sympathie de mes idées avec les vôtres. C'est surtout à Rome, dans ce foyer des pensées religieuses, que j'éprouve combien vos nobles sentimens sont vrais, et que j'aime à les partager. Je suis livrée toute entière aux émotions les plus graves, comme vous le seriez vous-même à l'aspect de cette cité immortelle, au souvenir de ses destinées si diverses. Comme vous je préfère les nobles infortunes de Rome catholique, aux éclatans triomphes de Rome païenne; elle n'épouvante plus le monde, elle n'enchaîne plus les rois, elle ne subjugue plus les peuples; mais elle est le centre des arts, l'asile des souverains détrônés, la protectrice des malheureux et même le refuge des grands coupables.

Vous serez bien aise d'apprendre que j'ai passé ma semaine sainte sans fatigue excessive; le pape n'officiait pas à la chapelle sixtine; j'ai préféré cette année le pieux recueillement de l'église du *Gesu;* toutefois j'ai cédé à l'aimable proposition du duc de Laval, qui me proposa de venir, à la fin des offices du Vatican, pour entendre encore le beau *Miserere*, sans subir long-temps l'épreuve de cette chaleur étouffante.

Nous arrivâmes donc très-tard; la foule interceptait tout passage; mais à la vue de l'ambassadeur, les gardes nous firent jour. A l'aide de son bras, je parvins au premier rang des dames.

L'an dernier, j'ai parlé du *Miserere* sous l'influence des prestiges de l'art; j'étais captivée en effet par ces merveilles de mélodie savante ; mais ce que je n'ai pas dit alors, je ne puis le taire aujourd'hui. Si mon oreille fut ravie, mon ame n'éprouva point ce vague et profond attendrissement auquel elle s'était préparée. Je me suis surprise à regretter la simple et populaire harmonie du chant grégorien. Oh ! que ne suis-je maintenant dans une sombre et belle cathédrale, écoutant les plaintifs accens du repentir et de la confiance, le retour monotone de ces modulations mélancoliques qu'un peuple fidèle répète sous des voûtes sonores, et qu'accompagne avec une grave lenteur l'orgue majestueux ! Est-il besoin d'efforts habiles et compliqués de l'art pour éveiller la componction dans les ames ? Le chant du *Miserere* et du *Stabat* a fait sans doute verser plus de larmes au sein de nos vieilles églises que dans cette chapelle sixtine, où la musique et la peinture ont réuni leurs productions les plus admirables.

Le Duc vint me reprendre pour aller à la chapelle pauline qui étincelait de mille cierges, puis au sépulcre de la Basilique, avec le jeune duc de Montebello. Le mardi saint, il m'avait menée à un concert spirituel chez la comtesse Appony. Imaginez le célèbre *Miserere* de

Marcello admirablement chanté par un chœur de cent cinquante musiciens !

Le vendredi, à Caravitta, les sanglots étouffés des femmes prosternées sur les parvis, me causèrent plus de surprise que d'attendrissement. Les trois heures d'agonie, à l'église du *Gesu*, raniment la piété dans la triste solennité de ce jour. Le soir, nous allâmes, à Saint-Louis des Français, entendre la *Passion* du père Rosaven ; c'était une réunion de compatriotes ; de là, à la *Trinité des pélerins*, où les cardinaux et les premières dames romaines lavent les pieds aux pauvres voyageurs et leur distribuent une abondante nourriture ; les bons pélerins sont hébergés durant trois jours et chacun d'eux reçoit trois écus romains. Le récit naïf du voyage de deux paysannes suisses nous intéressa beaucoup.

Voici la seconde fois que j'ai le bonheur de recevoir la bénédiction papale. L'an dernier j'essayai d'exprimer les émotions qu'excita en moi cette sainte et sublime cérémonie ; il m'eût été alors impossible d'aborder les détails. Dans mon religieux ravissement je n'avais rien vu, rien remarqué ; aujourd'hui je me suis fait une sorte de violence ; je n'ai plus tenu les yeux fermés ; *j'ai voulu voir; j'ai vu*. Nous allâmes, avec la marquise Massimo au palais de la Consulta, voisin du Quirinal. Toutes les grandeurs étaient là ; prince de Suède et de Prusse, prince de Bavière [1], prince des Pays-Bas [2], prince du Mecklembourg, etc. Quand Léon XII parut sur le balcon, il avait la tiare en tête et portait une chape toute d'or et d'argent ; huit ou dix cardinaux et beaucoup de prélats l'entouraient ; son trône était ombragé de deux grands éventails de plumes blanches de paons qui se balançaient sur sa tête. Sa sainteté récita les oraisons ; puis s'avançant un peu, elle donna avec beaucoup d'onction et de dignité les trois bénédictions, URBI ET ORBI, *à la ville et au monde.* Un prélat lut ensuite les indulgences qu'on jeta au peuple pour toute la chrétienté. Cette grande puissance spirituelle du pape, me disait tout-bas mon beau-père, contraste bien avec sa débilité corporelle, plus sensible encore à cause de sa stature élevée et grêle. Il a le teint fort livide. Léon XII n'a pas reçu les mêmes marques d'attachement qu'on

---

[1] Le roi de Bavière actuel.
[2] Fréderic, fils du roi Guillaume.

avait prodiguées à Pie VII, l'année dernière, à pareil jour. Notre aimable ambassadeur, qui se trouvait avec nous, voulut me ramener dans son équipage de cérémonie; et le soir il me conduisit chez le cardinal secrétaire d'état qui faisait avec magnificence les honneurs de sa maison. De son palais, situé sur la place Saint-Pierre, nous vimes l'illumination de la coupole, spectacle magnifique dont j'ai parlé il y a un an. L'élite des étrangers semblait s'être donné rendez-vous dans ce salon; nous y trouvâmes la princesse de Rozamouski, la belle Mme de Recamier, un jeune poëte, M. Ampère, et d'autres personnes fort distinguées dont je regrette d'avoir oublié les noms. Après avoir vu la *girandole*, chez l'abbé Feruci, nous allâmes au *monte Pincio*, d'où nous pûmes contempler le dôme de Saint-Pierre étincelant comme une sphère d'escarboucles, au milieu des plus profondes ténèbres. C'était un corps de feu dans un vase d'albâtre [1]; c'était un puissant monarque paré de son diadème flamboyant.

---

[1] Nè si partì la gemma dal suo nastro :
Ma per la lista radial trascorse,
Che parve fuoco dietro ad alabastro.
                                                    Dante

Le comte de Sommery vient de me conter son aventure. Près de Velletri, des brigands l'arrêtèrent ainsi que son frère : ce dernier saisit ses pistolets dont heureusement son domestique l'empêcha de faire usage; car toute résistance était impossible; ils étaient douze contre trois; et ce n'était pas le cas d'appliquer le mot du vieil Horace. Nos voyageurs furent entièrement dévalisés; et une lettre à mon adresse dont ils étaient porteurs me laisse de vifs regrets : elle n'aura guère enrichi le butin de MM. les voleurs. Ah! si du moins ils avaient la politesse de me la renvoyer! Le cardinal Palotta s'est mis avec cinq cents *carabinieri* à la poursuite des brigands; il s'est établi à Frosinone. Les carbonari ont assassiné le directeur de police de Ravenne; le cardinal Rivarola est parti et a fixé son quartier général à Ravenne. Ces cardinaux ont de pleins pouvoirs pour faire arrêter, emprisonner et même condamner à mort.

Il y a sur le Janicule une humble et chétive église que j'ai voulu visiter. Dans un angle obscur de ce petit temple, on me fit lire quelques mots latins presqu'effacés, qui signifient que les restes de Torquato Tasso reposent là sous un marbre...... En 1595, une grande solennité se préparait à Rome ; on avait fait venir de Naples un homme malade, infirme, succombant sous le poids de la souffrance et des chagrins. Le pape voulait réparer avec éclat les torts de la fortune envers le chantre de Solyme. Le pauvre poëte avait été reçu à Rome comme un triomphateur ; mais désabusé, désenchanté, il voit d'un œil indifférent ces pompeux préparatifs. Au lieu de monter au Capitole, il s'achemine languissant vers le couvent de Saint-Onuphre. *Mes pères*, dit Torquato, *je viens mourir auprès de vous ;* et les bons religieux lui tendent les bras en pleurant. Il s'était souvenu, l'infortuné, qu'à toutes les époques de sa vie, il avait rencontré chez les moines, sympathie, consolation et assistance : il s'était souvenu des religieux de la Cava, des bénédictins de Mantoue et de Ferrare, du père Ghisolfi, du père Trajano, ses amis, ses soutiens ; du père Grillo, qui trouvait du bonheur à venir s'emprisonner avec notre *signor Tasso ;* ce qui lui était plus doux, disait-il, que toute liberté et tout autre plaisir.

Deux Anglais suivaient nos voitures ; mais arrivés à la porte, l'intérieur de l'église n'offrant à leurs yeux rien de marquant, ils redescendent sans daigner s'enquérir du but de notre visite ; nous fûmes stupéfaits de cette inepte nonchalance. Près de là s'élève le tombeau d'Alexandre Guidi, célèbre lyrique. Je n'ai vu que le Tasse et ses malheurs.

Les gloires sont sœurs ; de Saint-Onuphre je passe au tombeau de la maison Cornélia, découvert en 1780, hors la porte latine ; c'est un vaste souterrain à deux étages, creusé dans le tuf ; le sarcophage de Scipion, avec les bustes et les inscriptions furent transportés au Vatican. J'ai tressailli en contemplant la sépulture de cette famille si féconde en héros, dont le moins illustre est Scipion Nasica, désigné par l'oracle de Delphes, comme le plus honnête homme de la république. Revenant à la porte Saint-Sébastien, nous vîmes *l'arc de Drusus*, composé de blocs carrés, orné de deux colonnes de marbre africain. On ne s'attend pas à rencontrer, dans une petite rue très-fréquentée, le *tombeau de Bibilus*, un des plus anciens monumens sépulcraux de la république ; un bel entablement supporte encore quatre pilastres ruinés. Bibilus était édile ou tribun, ennemi des patriciens et fort zélé pour les droits du peuple.

Je n'avais pu entrer l'année dernière à Saint-Théodore, petit temple rond, au pied du Palatin, élevé jadis en l'honneur de Romulus, à l'endroit même où ce prince fut exposé avec son frère Rémus. Ce souvenir détermina probablement les païens à y apporter leurs enfans malades ; les chrétiens, à leur tour, mirent les leurs sous la protection de saint Théodore, martyr [1], à qui le pape dédia cet édifice. Ainsi, toujours ingénieuse à répondre aux besoins du cœur de l'homme, l'Eglise s'empare des touchantes superstitions du paganisme pour les sanctifier ; elle les épure, s'il est vrai que ce

---

[1] Jeune soldat, martyrisé sous l'empereur Galère ; un passage éloquent de son éloge, par saint Grégoire de Nysse, nous donne une idée de la vénération et de la confiance que saint Théodore inspirait aux fidèles :

« Troupe nombreuse de fidèles qui accourez des villes et de la campagne, quel sujet vous y amène ? Qui vous a portés à quitter vos foyers, à entreprendre un voyage long et pénible dans une saison rigoureuse ? »

« Est-ce le martyr dont nous célébrons la mémoire qui a sonné de la trompette pour vous attirer de toutes parts, et a fait de son tombeau comme un rendez-vous général où l'on se rassemble, non pour aller à l'ennemi, mais pour se réunir sous les enseignes de la paix chrétienne ? Oui, c'est lui-même ; nous en sommes tous convaincus : c'est lui qui, l'an dernier, conjura par ses prières l'orage dont nos provinces étaient menacées ; arrêta cette inondation de barbares, ce déluge de Scythes dont nos champs allaient être couverts, s'il n'eût été au-devant d'eux, répandant la terreur dans leurs bataillons, se montrant à leurs yeux, armé, non du casque ou du glaive, mais de cette croix devant qui les maux les plus horribles prennent la fuite. »

qui tient au sentiment de l'amour maternel ait besoin d'être épuré. Quoi de plus assorti à la nature de l'homme que les pélerinages ? Ils sont de tous les temps, de tous les lieux, de toutes les croyances. Cette église étant toujours fermée, j'essayai de m'y introduire par une petite porte, attenante à un bâtiment voisin ; je traversai de longs corridors et me trouvai tout à coup en présence de religieux qui priaient. Mon apparition les frappa d'épouvante ; je m'éloignai à la hâte et parvins jusqu'à l'église où le sacristain m'atteignit tout effaré, me disant avec menace : *vous êtes excommuniée.* On voulut bien le lendemain me rassurer contre cette sentence fulminante.

Sainte-Marie de la Minerve a échappé jusqu'à ce jour à ma nomenclature ; bâtie par Pompée sur l'emplacement d'un ancien temple, en mémoire de ses conquêtes, cet édifice est surchargé de peintures, de tombeaux et d'ornemens ; mais toutes ces richesses ne peuvent compenser le défaut de goût qui la dépare. *Sainte-Marie de la Minerve !* Voilà deux noms un peu étonnés peut-être de se trouver ensemble ; il est pourtant bien remarquable que, de toutes ces divinités fabuleuses, la seule qui ait laissé son nom à un temple chrétien, soit précisément une déesse vierge, symbole de la sagesse; il y a là admirable instinct de convenance !

La villa Madama, hors de Rome, sur le penchant du monte Mario, est dans une situation délicieuse. Ce casin, commencé sur les dessins de Raphaël, fut achevé sur ceux de Jules Romain, qui a peint la voûte et la frise d'une des chambres.

Plus haut encore est assise la villa Mellini, joli belvédère, gracieux observatoire d'où nos regards plongent à loisir sur la ville sacrée, sur ses tours, ses monumens de tout âge, sur son peuple silencieux et paisible, sur les champs déserts qui l'environnent.

Vous allez recevoir enfin, mon tendre père, le portrait que je vous ai promis; il vous donnera une idée de ma tristesse. Au milieu de tout cet appareil romain, au sein des grandeurs présentes et passées, je ne puis me soustraire à mes rêveries soucieuses.

S'il est vrai que la mesure du mérite soit la capacité d'aimer, je me crois quelque mérite.

Je pleure d'être si loin de vous, de ne pouvoir chaque matin recevoir la bénédiction paternelle, de ne pouvoir offrir, avec vous, à ma mère les consolations que sa douleur réclame. Je n'aurai plus le fatal courage de voyager, même pour venir à Rome.

P. S. Vous avez donc pu voir enfin, Charles, le dernier de vos petit-fils. Il m'est doux d'apprendre qu'à son caractère excellent vient se joindre déjà une heureuse et facile intelligence. Je le connais peu jusqu'ici ; mais je vois qu'il me sera bien aisé de lui donner une part de l'affection que j'ai vouée dès long-temps à ses frères aînés.

LETTRE VINGT-NEUVIÈME.

ROME, 24 avril 1824.

Si je t'aime encore..... oui, mon Ernest, oui ; lorsque je reçois un témoignage de ton souvenir ou le moindre gage de ta tendresse, une vive et bienfaisante émotion, une conviction intime et pénétrante me disent que nos ames ne cesseront jamais de s'entendre. L'ami de mon heureuse et paisible enfance conserve sur mon cœur des droits contre lesquels se brisent les vains efforts des petites passions.

Ta lettre, mon ami, a fait naître en moi des impressions bien opposées ; la joie et l'amertume. Mon imagination ne m'épargne jamais aucune conséquence des choses; elle m'en présente tous les résultats possibles ; ce n'est pas, je t'assure, de ses dons le plus précieux.

. . . .

Saint-Laurent-hors-des-murs, une des sept basiliques, réunit l'intérêt d'antiquité chrétienne à celui des ruines du paganisme. Des colonnes ioniques de granit oriental supportent les trois nefs. J'y remarquai deux élégans sarcophages en marbre; l'un, qui sert de tombeau au cardinal *Fieschi*, représente un mariage ; sur l'autre c'est Bacchus et ses attributs. Des fêtes, des jeux, des combats, la mort quelquefois, mais la mort riante, voilà la sculpture des anciens; c'est l'activité de la vie divinisée, comme dit Mme de Staël; c'est l'expression de la société païenne. Dans nos temples, et surtout dans nos cathédrales gothiques, la vue ne se repose que sur des statues, images graves et sévères; là, tout parle de douleur et d'espérance, de mort et de résurrection ; c'est la pensée chrétienne; c'est l'expression d'une société appelée à des destinées qui ne sont pas de ce monde. Ainsi ce qu'un homme de génie a dit de la littérature, il faut le dire aussi de l'art statuaire.

Saint-Laurent conserve la tradition précieuse

des rites de ces premiers siècles, si célèbres dans l'histoire ecclésiastique. Tout y est antique ; la disposition du chœur, les ambons et le siége papal. La tribune est ornée de douze magnifiques colonnes de marbre violet. Cette église fut fondée et dotée en 330, par Constantin. Un prince de la maison de Courtenay, couronné en 1216, empereur de Constantinople par Honorius III, mourut avant d'arriver dans sa capitale.

Nous sommes retournés encore aux catacombes. Cette fois j'ai pénétré bien avant dans ces sombres demeures. On éprouve ici des sensations tout autres que dans les carrières qu'on décore à Paris du nom de *catacombes*. A Paris, la vue de ce grand domaine de la mort n'excite qu'une aride tristesse. Toutes ces générations déjà englouties dans l'abîme de l'éternité, vers lequel tant d'autres courent se précipiter, doit inspirer de sérieuses réflexions ; mais la monotone uniformité d'os et de crânes rangés symétriquement est d'une insultante philosophie ; nulle distinction entre le guerrier, le savant, le génie sublime, l'homme vertueux, et le scélérat le plus infâme, l'homme le plus stupide ! A quoi donc aboutissent l'espérance et la gloire? Pas une épitaphe, pas un nom; le cœur humain n'est pas destiné à ce vide de souvenirs, d'intérêt et d'opinions : il faut qu'il admire ou méprise, qu'il soit touché ou indigné. Je me souviendrai toujours qu'après avoir cheminé long-temps sans émotion réelle dans ce funèbre et muet désert, je me trouvai tout à coup attendrie et comme soulagée en lisant une simple date : 2 *septembre* 1792......

Aux catacombes de Rome, rien n'afflige les regards et n'offense la pensée; tous les débris que ces retraites ont recélés sont des restes sacrés. Grégoire III faisait allusion à ces sanctuaires souterrains, à cette terre des martyrs, lorsqu'il écrivait à l'empereur Léon l'isaurien : « Nous ne craignons pas vos menaces; à une » lieue de Rome, vers la Campanie, nous » sommes à l'abri de vos coups. » De patientes investigations ont démontré que ces lieux furent uniquement consacrés à la sépulture des premiers chrétiens; des inscriptions païennes ne prouvent rien contre cette assertion, dit le savant Mabillon; car les fidèles employaient les pierres des tombes païennes à la sépulture de leurs morts. Le même auteur a observé, dans les catacombes de Saint-Calixte, nombre de croix, de monogrammes de J.-C., des palmes, des colombes, des agneaux, et autres indices de tombes chrétiennes ; on y a trouvé aussi des instrumens de martyre et des vases pleins de sang. L'érudit *Antoine Bosio* énonce le même sentiment sur la destination exclusive de ce vaste cimetière, où il se livra, durant trente ans, à des recherches opiniâtres ; il y portait des vivres, et y passait souvent plusieurs jours.

Si, depuis long-temps, je n'avais pris mon parti sur le chapitre des transitions, je ne sais comment je passerais des catacombes au palais Borghèse. Ce bel édifice, décoré d'un portique de granit égyptien à deux étages, possède une rare collection de tableaux des grands peintres, qui ne laisse pas de lacune pour l'amateur [1]. Les ouvrages des Guide, des Guerchin, des Carrache, des Romanelli, des Bronzino, des Caravage, des Garofallo et de tant d'autres sont

---

[1] On y voit des Carlo Dolce et des Andrea del Sarto, moins beaux que ceux de Florence, mais toujours d'une extrême suavité ; des Titien qui me plairaient davantage si les sujets n'étaient pas empruntés à la fable. L'urne de porphyre qui contient les cendres de l'empereur Adrien, est une des plus belles antiquités de ce palais, où l'on conserve douze bustes des Césars, également en porphyre.

éclipsés par les Raphaël et les Dominiquin ; c'est ici qu'est la célèbre *chasse* de ce dernier, et sa *sibylle cuméenne* dont le regard exalté révèle le génie. Comment trouves-tu l'idée de Melle de Vidale, jeune personne pleine d'originalité et qui annonce beaucoup de talent ? Elle voulait me peindre en sibylle ; ce qui n'était pas plus raisonnable que de me représenter sous les traits de sainte Thérèse, comme la baronne de B... en avait l'idée. La *déposition de croix* est une des grandes compositions de Raphaël ; rien de pathétique comme la douleur de la sainte Vierge et des saintes femmes ; le visage du Sauveur est empreint d'une beauté que la mort même n'a pu ternir ; toutes les attitudes sont d'une grande noblesse.

J'ai voulu monter à la coupole de Saint-Pierre ; c'était un projet bien hardi pour ma faiblesse ; mais que ne peut la curiosité d'une femme ? L'escalier, jusqu'à la première corniche intérieure, est extrêmement facile ; il y a trois galeries circulaires ; c'est de là surtout que l'immensité de cette basilique est plus manifeste ; les objets s'aperçoivent comme au fond d'un abime. Tu t'imagines bien que j'ai dû faire une station tous les vingt-cinq degrés ; car il y en a plus de cinq cents. Lorsqu'on atteint la galerie extérieure sur ces toits presque plats, les nombreuses coupoles, les cours, les bâtimens, les fontaines, les colosses de statues semblent former une petite ville où les églises se multiplient.

Quand du haut de ce monument, l'œil embrasse la plaine où, durant une série de siècles, les désastres et la gloire, les épopées antiques et les drames du moyen âge, les proscriptions et les réactions, enfin les invasions de barbares, les guerres plus modernes et non moins sanglantes, se succèdent, faisant toujours jaillir le sang par torrens, on se demande quelle époque peut exciter un regret?

Une échelle perpendiculaire conduit à la boule où l'on serait bientôt asphyxié, si l'on ne se hâtait d'en descendre. La bonne princesse Gagarin, me trouvant au lit, au retour de cette téméraire ascension, me gronda beaucoup de mon audace. Je pouvais lui répondre aussi : *ce que je fais me fatigue ; ce que je ne fais pas m'inquiète.*

LETTRE TRENTIEME.

ROME, 2 mai 1824.

Le sort en est jeté, mon bon père; nous partons dans quatre jours. Mes amis, mes connaissances, mon médecin me sollicitent en vain de prolonger mon séjour à Rome jusqu'au printemps prochain pour fortifier ma poitrine et achever ma guérison. D'une autre part, on m'accuse là-bas d'être venue en Italie; on m'accuse d'y être demeurée jusqu'à ce jour. Etrange position! Quel parti prendre? Laisser dire, comme le meunier de la fable et suivre de son mieux les vues de la providence. Quoi qu'il en soit, il a fallu le doux espoir de vous embrasser et toute mon énergie pour lutter avec succès contre des instances si séduisantes; on est bien fort quand l'inclination et le devoir sont d'accord. Mon cœur est façonné de manière à souffrir toujours par quelque endroit. J'entrevois de courts instans de bonheur ; quelques semaines passées auprès de vous...

Je suis loin de m'effrayer de ce genre de vie monotone qui remplacera une existence si pleine, si active. Je reprendrai facilement mes habitudes ; c'est un avantage de mon caractère ; assez d'autres me sont refusés. La campagne, avec mes livres, mon écritoire et même mon aiguille, n'en déplaise à la calomnie, m'a toujours paru bien douce à habiter ; et puis les bénédictions du pauvre à qui l'on fait quelque bien ; voilà la vendange, les beaux fruits d'automne. A la campagne d'ailleurs la vie s'enrichit de tous les bienfaits du Créateur ; elle s'épanouit au soleil ; elle se ranime au chant des oiseaux ; ce sont des jouissances qui fleurissent chaque jour comme les plantes et qui renaissent comme elles ; et comptez-vous pour rien le bonheur de se soustraire aux ennuis de la toilette, aux visites stériles et oiseuses ?

L'autre jour nous étions retournés à notre promenade favorite, les thermes de Caracalla ;

ses immenses et pittoresques débris, couronnés de scolopendres, de lentisques, de girofliers, de clématites, ne nous avaient jamais paru si dignes d'admiration. Des ouvriers nous firent voir, à dix pieds de profondeur, une riche mosaïque parfaitement intacte [1]. Les soldats romains, revêtus de leurs armures, sont de grandeur naturelle.

Une maison, léguée par Pierre de Cortone, située *al campo vaccino*, au pied du Capitole, est destinée aux séances de l'académie de Saint-Luc. Dix professeurs y enseignent la peinture, la sculpture, l'architecture, etc. Les artistes de tout genre que leurs talens font admettre doivent y déposer un de leurs ouvrages, qui devient la propriété de la compagnie. J'y remarquai une multitude de jolis tableaux de chevalet et de beaux portraits, de plans et de bas-reliefs.

[1] Les mosaïques consistent en une multitude d'émaux ou matières vitrifiées ; il y en a des milliers de teintes différentes. La quantité de nuances qu'on emploie, la manière dont tout cela est casé, la patience et le travail de ce genre d'ouvrage, dont les ouvriers copient les plus beaux tableaux, sans être ni peintres, ni dessinateurs, tout cela est plein d'intérêt. On prépare une table rayée en tous sens pour retenir la couche épaisse de mastic dont on l'enduit ; les mosaïques sont coupées en chenilles carrées, longues de deux pouces, et larges de quatre lignes sur chaque face, que l'on enfonce dans le mastic ; on les adoucit avec des meules de grès et on remplit les joints avec de la poussière d'émaux.

Saint Luc peignant la sainte Vierge, est un ouvrage de Raphaël ; le crâne de ce grand peintre y est conservé sous une vitrine. A propos de cette académie, je veux réparer une omission ; j'aurais dû parler du grand nombre d'établissemens scientifiques et littéraires qui existent à Rome, bien digne d'être appelée la maîtresse des nations : la *Sapienza*, université si célèbre, le collége romain, les colléges anglais, irlandais, écossais, l'institut de *Ripa grande*, ou l'on instruit huit à neuf cents enfans dans tous les arts et métiers. Je ne nomme ni les sociétés savantes, ni les bibliothèques publiques.

L'église de Sainte-Martine et de Saint-Luc a été donnée à l'académie par Sixte IV ; elle est bâtie au Forum, sur les ruines du temple de Mars, ou, selon d'autres, sur l'emplacement des archives du sénat. La chapelle souterraine par Pierre de Cortone, l'autel de bronze, le tabernacle en albâtre, décoré de pierres précieuses, tout est beau, magnifique, éblouissant.

Notre colonie va se disperser ; les comtes d'A., de la T. du P., MM. de G. et de L. nous accompagnent jusqu'à Florence ; les deux premiers prendront là une autre direction.

Avant notre départ, nous avons revu Tivoli, la villa Adriana, Albano et Frascati. Je dois vous dire comment j'ai fait cette dernière excursion. Le duc de Laval, après m'avoir proposé maintes fois de me mener à Frascati, réunit enfin trente-sept Français, y compris les artistes célèbres Guérin, Schnetz et Granet. Nous partîmes en plusieurs voitures; j'étais dans celle du duc avec Melle de V. et M. A....; les autres secrétaires d'ambassade nous suivaient. La princesse Liniouski, dont la beauté fut si remarquable et qui charme encore par sa taille élégante et noble, était la seule étrangère. Le temps fut à souhait; nous descendîmes dans une maison qui avait appartenu au feu cardinal Gonsalvi. Le duc fit aux dames la galanterie de leur envoyer chercher dix-huit ânes qui nous transportèrent à Grotta Ferrata, au vieux monastère des moines grecs de Saint-Basile [1].

Nous traversâmes un bois odoriférant, dans toute la fraîcheur de sa première végétation. Les arbres inclinés formaient des berceaux sur

---

[1] Ces moines sont venus probablement à l'époque où Constantin Copronyme, s'efforçant d'abolir les ordres monastiques dans son empire, leur défendit de recevoir des novices. Alors grand nombre de ces pauvres religieux se réfugièrent à Rome, où le pape Paul III leur donna sa maison paternelle.

nos têtes ; j'écoutais en silence le chant des oiseaux, le murmure du feuillage doucement agité ; c'était sur la terre et dans l'air un bruissement confus et mystérieux, auquel toute la nature semblait prendre part ; harmonie ineffable, voix unanime de la création animée et vivante, perpétuelle action de grâces adressée à l'auteur des mondes, cantique de gloire auquel l'homme vient associer sa parole intelligente, ses accords reconnaissans ! Un cri de mes compagnons, qui venaient d'apercevoir un serpent de l'espèce la plus dangereuse, m'arracha de ma rêverie ; il en fut bientôt fait justice ; *c'est le serpent que je veux dire*, et non ma rêverie. Nous rentrâmes vers une heure ; un déjeûner exquis et somptueux avait été servi ; j'étais placée à côté de l'ambassadeur et du duc de Rohan, qui parla beaucoup de l'événement du jour. Le jeune comte de Châteaubriand avait déposé ce jour-là même l'habit militaire pour revêtir l'humble robe du jésuite. Ainsi, la religion qui déjà a inscrit le beau nom de Châteaubriand sur le tableau de ses défenseurs les plus glorieux, va aussi en enrichir cette milice dévouée, ces Vendéens de l'Eglise, que l'injustice des hommes ne peut décourager.

A trois heures, on s'achemine vers les ruines de la *villa Cicerone*; on gravit une éminence d'où la campagne de Rome se déroule toute entière. Ces lignes d'aqueducs, ces terrasses, ces somptueuses villa, opposées à quelques hameaux groupés sur la cime des rocs, dominent les vastes plaines parsemées de monumens mutilés. A côté de ces débris impérissables qui ont, comme ruines, quinze ou dix-huit siècles d'existence, l'œil tombe sur d'autres ruines où le temps n'a point encore imprimé le caractère vénérable de la vétusté; ce sont des caducités précoces, des morts d'hier. Ces restes modernes ont aussi des droits à notre respect, comme tout ce qui parle du passé en donnant une leçon à l'avenir; ils ont leurs titres de noblesse ou plutôt d'anoblissement; mais il y a quelque chose de plus dans les ruines du moyen-âge ou de l'antiquité; sur celles-là se lisent des titres mystérieux et sans date; ce sont les lettres de noblesse de nos premiers barons qui ne sont plus écrites que sur les champs de bataille.

A notre retour à Frascati, une musique délicieuse s'exécutait sous nos fenêtres. Il était presque nuit quand nous remontâmes en voiture; des douleurs aiguës de poitrine et la tristesse de mes pensées me rendirent incapable de prendre part à la conversation. La journée avait été charmante, il est vrai ; mais le grand monde ne me va pas ; et pourtant il faut bien de temps à autre lui faire une concession. Je suis allée naguère au bal chez la duchesse de Bracciano ; son riche palais est orné de belles statues antiques et modernes. Il faut vous dire une bizarrerie qu'on prête au banquier *Torlonia*, créé duc de *Bracciano* par Pie VII, vers 1814, en récompense des sommes considérables qu'il lui avait prêtées à l'époque de ses malheurs. Ce duc n'ose résider dans son magnifique palais, convaincu qu'il y mourra aussitôt qu'il en aura fait sa demeure. Au lieu de l'habiter, il y donne des fêtes.

Vous voyez bien, mon bon père, que les dissipations ne me conviennent guère. Souvenez-vous que vous m'avez initiée vous-même à tous les besoins des ames délicates et élevées : vous m'avez inspiré de l'éloignement pour un monde étroit et égoïste : s'assujettir à son joug, s'asservir à ses prétendus délassemens, c'est s'enfermer dans une obscure prison.

LETTRE TRENTE-UNIÈME.

ROME, 4 mai 1824.

Le moment de notre départ est arrêté, cher Amédée. Comme les jours ont fui! comme les heures s'envolent. Le temps passe; c'est l'exclamation de tout le monde; qu'est-ce que le temps? Le temps est-il une réalité? n'est-ce pas nous qui l'avons imaginé pour soulager notre courte vue et nos débiles pensées? Parce que nous sommes passagers, nous essayons de détacher une portion de l'éternité pour la rendre passagère comme nous. Non, le temps ne passe pas; mais il nous regarde passer; il est là sur notre route, comme les arbres de la rive. Insensés! nous fuyons sur la barque légère; nous ne sentons pas qu'elle nous emporte; et nous croyons voir fuir tous ces arbres immobiles. Ah! du moins, dans cette nacelle fugitive, conservons, gardons soigneusement les précieux trésors de nos affections et de nos souvenirs; et s'il se peut, emportons-les sur le fortuné rivage où nous devons aborder un jour.

J'ai revu hier la galerie du Vatican; rien de magnifique comme cette accumulation de richesses! La *Fortune*, du Guide, ouvrage si vanté probablement à cause de la finesse du pinceau, de la fraîcheur, de la transparence, de la légèreté des tons, est une danseuse aérienne, froide et maniérée, qui n'a point de mérite à mes yeux. Le *Martyre de saint Processe et saint Martinien*, par Valentin, exprime trop le matériel qui fait horreur, et ne rend pas cet idéal de résignation, d'espérance céleste qui détournerait l'ame de cette rebutante anatomie. Valentin, français de naissance, joint un coloris sombre à un dessin correct, à une touche ferme et finie. Il paraît affectionner le genre trivial, à l'imitation du Caravage [1], son

---

[1] Cet artiste, fuyant Rome ravagée par l'armée de Charles-Quint, fut accueilli à Naples par Andrea del Salerne, et fonda bientôt une école plus parfaite et vraiment nationale. Le Scipion, le Pompeo, le Matteo dont la touche est si mâle, font partie de cette école.

maître, qui se raillait de l'idéal. Je ne sais pourquoi il se trouve là plutôt un tableau de Valentin que de Subleyras, ce peintre auquel l'école française est si redevable, qui réforma le style *spiritoso* des Parocel, des Natoire, des Troy, et qui eut la gloire d'être proclamé le premier artiste de Rome, lorsqu'il eut terminé son admirable *saint Basile*, pour les chartreux.

C'est un ravissant paysage que *saint Romuald et ses religieux*, sous l'ombre du poétique palmier ; ces têtes pures, graves, si bien en harmonie avec ce vêtement blanc, semblent respirer la paix du désert.

Nous sommes allés, cher Amédée, à un grand bal chez le marquis Fuscaldo, ambassadeur de Naples, qui a la tournure du Prince de Massérano, mais nullement ses goûts ; celui-ci était un fidèle habitué de l'opéra ; l'autre est, si j'ose le dire, un habitué fidèle des *quarante heures* ; on n'y va jamais sans l'y rencontrer. Il vient de donner un bal très-brillant. De tous les personnages qui y figuraient, c'est assurément lui qu'on remarquait le moins. Tout simple et tout modeste, le bon ambassadeur était presqu'étranger dans son palais magnifique. Ce n'est pas ainsi qu'en usait le marquis de Lavardin, quand il vint prendre possession de ce même palais, où il entra arrogamment comme dans une forteresse prise d'assaut. Lavardin lui-même, il doit t'en souvenir, savait parfois être moins hautain ; il venait au-devant de Mme de Sévigné, *avec cinq ou six flambeaux de poing devant lui, accompagné de plusieur nobles ;* il donnait du *monseigneur* à MM. de la Feuillade et de Duras ; l'orgueilleux plénipotentiaire avait pour ses chefs une douceur et une déférence admirables.

Une de nos dernières excursions nous ramena au *temple des muses.* Le temple de la vertu et de l'honneur était là aussi, placé avec justice sous l'ombrage du bois sacré des *camènes.* Les muses prêtent secours à la vertu : on a peine à concevoir un beau talent sans un beau caractère ; sagesse et savoir, bien dire et bien faire, tout cela s'accorde, se tient, s'enchaîne. Gloire à l'homme de lettres, quand il est en même temps homme d'honneur.

Tout près de là, une source fait entendre ses doux murmures ; c'est la fontaine d'Egérie ;

nous nous reposions sur la pelouse voisine. Tout à coup, un serpent se glisse sous l'herbe; je me lève précipitamment; MM. de R..... le poursuivent; mais il fuit et disparaît bientôt dans le sein des broussailles. La rencontre de milliers de lézards de grande taille est, je l'avoue, une des choses déplaisantes de ce beau pays; je hais les bêtes rampantes, quelles qu'elles soient; les esprits qui rampent sont bien plus haïssables encore.

J'ai revu les ruines de la *villa Adriana* que désenchante le souvenir de son fondateur. Prince orgueilleux et cruel, Adrien se vengeait d'une raillerie par des supplices. Apollodore avait dit en parlant des statues d'un édifice construit par Adrien : *si les déesses assises dans ce temple se levaient, elles se casseraient la tête contre la voûte.* Apollodore paya de sa tête ce bon mot.

Au milieu de sites pittoresques et près des belles cascades de Tivoli, la mort nous apparut; elle se glisse partout. A l'entrée d'une petite église, nous aperçumes le cadavre d'une jeune femme et celui de l'enfant, cause de sa fin prématurée, qui reposait sur son sein. C'était la Sophronie d'Hervey; elle devait avoir ses vertus, ses grâces. Pauvre mère! elle avait dit peut-être comme Rachel : *donnez-moi des enfans, ou faites que je meure;* elle mourut en offrant un ange au ciel. L'enfant qui vit sa mère s'en aller, voulut la suivre et il fit bien : comment, sans la main d'une mère, faire les premiers pas dans la vie!

Notre course à Albano nous a offert tout l'agrément possible. On voit à gauche, sur la voie appienne, un chemin pavé de larges quartiers de roche qui semble être fait *pour résister au passage du genre humain.* De l'autre côté, sur la route qui conduit à Naples, est placé le tombeau des Horaces, attribué aussi à Pompée; sur une base circulaire s'élevaient cinq tourelles dont trois sont totalement détruites. Des lauriers et des lierres fleurissent sur ce trophée de la mort, comme sur le terrain le plus fertile. Ces monumens eurent pour nous moins d'attrait que les alentours pittoresques du lac qui réfléchit, dans le mobile cristal de ses ondes, les pentes boisées de la montagne. Un chemin tracé en ceinture, côtoie ses bords, garantis de temps à autre par des bosquets de myrtes et de lauriers, par de magnifiques châtaigniers.

Sur le mont Albano, était jadis le fameux temple que Tarquin le Superbe érigea à Jupiter latial et vers lequel se tournaient tous les peuples du Latium. Les généraux y déposaient leurs offrandes au retour de la guerre ; et les consuls y recevaient l'investiture de leurs dignités. De cette montagne, la vue embrasse tout le pays et domine le lac d'Albano et celui de Nemi. Nous allâmes ensuite, par une admirable allée de platanes, à Castel-Gondolfo, château appartenant au pape. Je me plus à contempler les campagnes sur lesquelles se dessinent les replis du Tibre, et que terminent d'un côté la mer d'où surgissent l'île d'Ischia et le cap Circello, et de l'autre les cimes brillantes des montagnes.

A la villa Barbarini, nous pénétrâmes sous la longue voûte bien conservée, et les grands murs de l'ancienne maison de Domitien, cruel frère du bon Titus.

Ta description du château de F.. m'a ravie. J'aime ces vieilles chroniques, ces vieilles mœurs, tout ce qui me parle du moyen âge, de son ignorance et de ses naïfs sentimens. Le charme de la nouveauté tient sûrement à une image de jeunesse ; mais à moi, l'antiquité me plait partout où je la rencontre; tout ce qui ressemble à la vieillesse a pour moi un attrait grave et mystérieux.

J'ai voulu revoir encore une fois et repasser pour ainsi dire une ville, une région que probablement je ne reverrai plus. Plusieurs matinées, plusieurs soirées furent consacrées à ces mélancoliques adieux. Le printemps qui était dans toute sa beauté semblait répandre sur ces lieux un charme nouveau, comme pour augmenter mes regrets. Délicieuses villa, beaux jardins, campagnes désertes, ruines éparses, adieu ! Adieu, temples écroulés, palais antiques, demeure des Césars, restes vénérés, débris glorieux ! Je m'éloigne de vous comme on se sépare de ses amis, avec un vif sentiment de tristesse. Adieu surtout, monumens sacrés de ma religion, églises où j'ai prié et pleuré, séjour des saints, théâtre des martyrs ! Adieu enfin, céleste dôme de Saint-Pierre, toi qui couronnes et domines la première église de Rome, comme la ville éternelle couronne elle-même et protége le monde chrétien; adieu....!

LETTRE TRENTE-DEUXIÈME.

PÉROUSE, 10 mai 1824.

Que j'ai eu le cœur serré en quittant Rome, ma bonne mère! S'éloigner de ces augustes pompes de la religion, s'arracher à ces sublimes et touchans souvenirs des premiers chrétiens, à ces ruines qui sympathisent merveilleusement avec le cœur humain, si fragile lui-même et si ruineux, est chose bien amère et bien douloureuse. A Rome, le passé redit éloquemment l'inanité des grandeurs humaines; l'avenir apparaît sans cesse revêtu d'immortelles espérances. L'homme placé entre ces deux points extrêmes, apprend à sacrifier ce que le monde appelle le bonheur.

L'agitation toujours renaissante de Paris fatigue; ces réputations éphémères, ces rêves de fortune, d'ambition, l'égoïsme de ses habitans produisent trop souvent de cruelles déceptions. En province, un présent étroit, peu de passé, peu d'avenir; tandis que Rome grave, dans la pensée, la succession de tous les siècles et nous rappelle constamment notre destinée. Ses souvenirs touchent ou indignent, sans réveiller de dangereuses passions; enfin je ne sais quoi de fixe, d'immuable, repose nos facultés en les vivifiant; on y est toujours intéressé, toujours ému; et cet intérêt, ces émotions varient à l'infini. Le charme de la solitude, l'attrait du paysage, modifié sans cesse par les accidens de la lumière, la magie des arts, le merveilleux de l'histoire, l'inépuisable rêverie qui naît des ruines, vous attachent à ce séjour avec une intensité extraordinaire. Votre tendresse, chère et bonne mère, pourrait se blesser de mes regrets, j'ai voulu les justifier.

Nous sommes partis le 7 à onze heures; le duc de Laval voulut nous réunir la veille à dîner; et le matin il vint me mettre en voiture. Ces témoignages de sensibilité ne valaient rien à mon cœur déjà trop ébranlé. Chaque tour de

roue m'emporte loin de cette ville célèbre; ces habitudes si douces, les voilà donc rompues, ces rapports de sentimens et d'opinions; les voilà donc évanouis ! . . . .
Notre façon de voyager est aussi commode qu'agréable : un courrier nous précède et nous épargne les prévoyances et les ennuis de la route; ainsi, rien ne refroidit notre admiration. Autrefois une aimable association m'eût enchantée; et j'éprouve seulement une tendre gratitude envers Dieu qui m'a ménagé ce soulagement à mon chagrin. Arrivée à *Civita-Castellana*, triste ville, qu'environnent des vallons pittoresques sur lesquels est jeté un pont très-hardi à deux rangs d'arches, j'allai à l'église où je ne pus retenir mes larmes.

Le lendemain à Terni, il fallait voir la cascade si renommée du Vellino. Cette cascade n'a pas toujours existé; les lettres de Cicéron à Atticus nous apprennent que les habitans de Retti intentèrent un procès à ceux de Terni, au sujet d'une coupure faite dans la montagne par un certain Curius, afin de détourner le cours du Vellino qui inondait les campagnes et infestait l'air [1]. Le chant des oiseaux, les lierres, les

---

[1] C'est encore à Pie VI que l'on doit l'embellissement de la cascade de Terni.

aubépines, ces beaux aspects, formaient un contraste déchirant avec ma situation, une insultante ironie à mes regrets. Néanmoins il faut vous dire quelque chose de la *cascata dei marmori*.

Un chemin, ouvrage de Benoît XIV, parcourt d'abord une vallée fertile, rafraîchie par des eaux vives et embellie de vignes et d'arbres fruitiers; puis il monte, en manière de corniche, au bord d'un précipice et d'une montagne plantée d'oliviers. Lorsque nous atteignîmes le point le plus élevé, notre guide nous dirigea, à travers des bois touffus, vers une fente très-étroite de rochers, où de longues branches de chênes forment des arceaux de verdure. Le mugissement continu du fleuve annonce l'imposante cataracte, bien supérieure à celles de la Suisse par son élévation et le volume de ses eaux, et non moins remarquable par les accidens hardis et bizarres des montagnes. De ces hauteurs, le Vellino coule avec fureur, malgré les obstacles, et se précipite tout à coup d'un escarpement presque perpendiculaire. Il y a là une image de puissance, une leçon de persévérance à suivre sa marche à travers les difficultés. Ce feuillage à teinte rembrunie, qui s'incline sur les rives du fleuve, tranche admirablement sur la virginale blancheur de ces flocons étincelans. La rapidité, le bruit assourdissant, les échos des montagnes répétés sans interruption, le fracas de la cascade et l'éclat du soleil qui semble se plaire à la diaprer de mille couleurs, tout cela est incomparable.

Notre guide nous fit frémir au récit de la mort récente d'une infortunée que son mari lança au fond de ce gouffre, afin d'épouser l'objet de sa passion; un tel crime fut puni par un simple exil !. . . . .

On pénètre ensuite dans un chemin sauvage abrité de montagnes, revêtu d'un taillis très-épais, d'où s'exhalaient les émanations les plus suaves; puis enfin l'on aborde une petite maisonnette placée vis-à-vis de la cascade. De là surtout se déploie l'ensemble, le majestueux et le pittoresque encadrement de cette chûte d'eau; le soleil apparaissant tout à coup y forma un magnifique arc-en-ciel; et bientôt ce nuage d'eau fut un nuage de feu. Un sentier ramène sur la route; il suit la rampe de la montagne opposée à la cascade, et l'on franchit un verger couvert d'arbres de la plus riche végétation.

FLORENCE, 14 mai.

Notre voyage jusqu'ici est une promenade dans un véritable jardin anglais. La Toscane est ravissante, dans ce beau mois de mai où toute la vie du printemps verse à flots les trésors d'une nature magnifique. En parcourant les courbes de cette belle route, j'admirai les fraîches collines, chargées de toute espèce de culture; aucune récolte ne doit manquer à ce pays; il faut non-seulement admirer la beauté du sol, mais le travail ingénieux et actif des villageois. Les canaux sont divisés à l'infini; des terrasses soutiennent les terres contre les pluies d'orage et permettent ainsi la culture de l'olivier, de la vigne, du figuier et du châtaignier. L'habitant même de la Toscane paraît d'une race plus belle et plus civilisée.

Nous arrivâmes à Arezzo à six heures du soir, et nous revîmes par un beau clair de lune les pures arcades des loges de Vasari et la statue du grand duc. L'ombre immense que projetait cette belle statue semblait elle-même un second monument autour duquel venaient se jouer des rayons de pâle lumière échappés des arcades, où ils se poursuivaient comme de légers lutins. Arezzo fut une des plus importantes villes de la république florentine ; aussi la consternation fut grande, lorsque Enguerrand de Couci s'en empara.

Les femmes de Florence, assez généralement belles, portent de petits chapeaux de feutre, ronds et ornés de plumes noires. Les chapeaux de paille ne seraient-ils pas plus gracieux? On voit dans cette ville des équipages fort élégans attelés de quatre chevaux. Nous étions à peu de distance du monastère de *Vallombrosa* [1] et de ses bois enchantés; mais il fallut renoncer à cette course. Devrais-je me plaindre si un surcroît de jouissances m'a été refusé? Hélas ! l'homme toujours insatiable s'afflige plus de

[1] L'origine du monastère de Vallombreuse, au onzième siècle, est bien touchante. Un acte héroïque de charité purifia l'ame de Jean Gualbert, en éclairant son intelligence sur la vanité des plaisirs; le jeune mondain prend l'habit monastique et bientôt va fonder l'institut de Vallombreuse. L'assassin de son frère, dont il poursuivait la vengeance, s'étant jeté à ses pieds dans un chemin étroit et solitaire, lui cria merci au nom de Jésus pardonnant à ses bourreaux sur la croix; c'était le vendredi saint; Gualbert le relève, l'embrasse et lui pardonne.

perdre un moment de bonheur, qu'il n'apprécie les instans de félicité que Dieu lui accorde dans son amour.

Point de lettre de vous encore ; et cependant une ligne, un souvenir de ma mère, peuvent seuls me dédommager de ce regard, de ce sourire, de ces tendres caresses qui étaient ma vie, ma joie.

LETTRE TRENTE-TROISIÈME.

FLORENCE, 15 mai 1824.

J'en conviens, mon Alfred; il est pénible d'être privé de sa liberté, d'être livré sans cesse à des études un peu arides; mais souviens-toi que tu fais l'apprentissage de la vie. A cette servitude bien supportable, songe qu'il en succédera d'autres moins douces peut-être. Quelle que soit la condition où l'on est placé, il faut dépendre et servir. Servir ! que ce mot, mon enfant, n'effarouche point ta délicatesse. Dans la noble profession des armes, ce terme a pris un sens tellement honorable que, malgré les caprices de notre langue si variable, il conserve encore sa belle et digne signification. Partout d'ailleurs n'est-on pas soumis, asservi aux circonstances et surtout à la loi du devoir? Que la chaîne soit composée d'un métal brillant ou terne, pesant ou léger, ce n'est pas moins une chaîne; l'essentiel c'est de ne porter que celle qui est imposée par le devoir et l'honneur.

J'ai quitté Rome, mon Alfred, avec une profonde tristesse; un tel séjour offre des compensations bonnes et vraies à ceux pour qui la destinée est incomplète ou rigoureuse. L'intelligence y trouve un aliment inépuisable, et la sensibilité des secours efficaces.

J'ai à te conter une aventure tragi-comique que je me suis bien gardée de mander à ma mère. Un postillon ayant injurié le jeune Aimar de la T. du P.., le comte Charles d'A... se précipita sur lui; je crus voir le *povero* réduit en poudre; bientôt tous le poursuivent jusqu'au fond d'une écurie, où ils le lancèrent violemment contre les murailles; ils voulaient en outre dresser une plainte; mais les camarades du postillon refusèrent de nommer le coupable. Le second jour, un cheval vicieux fut attelé à notre calèche : nous longions alors un abîme; le comte Aimar s'élance de sa voiture, et coupe les traits de la nôtre; le postillon outré continue sa route, en redoublant le galop; plus loin, il nargue le courrier qui, monté sur une bête rétive, faillit périr. M. d'A..... indigné arrache la selle de ce pauvre courrier; alors le conducteur porte l'insolence jusqu'à lever la main sur notre jeune compagnon. Son ami, transporté de fureur, le saisit au collet et le menace de l'écraser, s'il profère un seul mot: un de ses camarades se rapproche; et tous répliquent si audacieusement que l'exaspération du comte Charles me fait frémir. La pensée de la mort d'un homme me glace d'effroi; je me cramponne à son bras, me jette entre lui, les postillons et les chevaux, ne songeant qu'à prévenir les suites de son emportement; je le conjure en vain de se modérer; je m'efforce d'apaiser le méchant rustre à la merci duquel nous étions; mes lèvres tremblantes, ma pâleur et le sang que je crachais à flots alarmèrent MM. de G... et de L....; je résistai à leurs instances, car la présence d'une femme commande toujours un peu de retenue. Il s'agissait pourtant de continuer notre route qui cotoyait un précipice, où peu de jours auparavant des voyageurs avaient été renversés, après une rixe du même genre; tous redoutaient le péril auquel pouvait m'exposer le vindicatif postillon, mais ils n'ébranlèrent pas ma résolution et je remontai dans la même voiture. Nos deux jeunes gens, le pistolet en main, s'avancent sur lui et le menacent de le tuer s'il ne me mène en sûreté. Alors mon compagnon plus calme se reproche amèrement sa colère et le mal qu'il m'a fait. Au premier relai, le maître de poste nous apostrophe ; à l'entendre, tous les torts sont de notre côté ; les habitans commencent à s'ameuter ; l'idée me vient alors de prendre aussi la parole et de dire : *Songez que vous avez affaire au fils de l'ambassadeur de France.* En bonne foi, je ne puis dire que cet avertissement fut aussi efficace que l'énergique geste avec lequel *François*, pour répondre à une fanfaronnade du maître de poste, lui mit brusquement le poing sous le menton : *avete ragione, avete ragione, signori*, s'écria tout effaré celui-ci ; nous éclatâmes de rire en entendant ces paroles couardes et stupides ; au moment où nous allions partir, le postillon, d'un air goguenard, nous demanda si nous étions contens de lui.

J'avais vu Florence et ses alentours, aux approches de l'hiver ; aujourd'hui les campagnes en pleine végétation lui donnent un air de fête ;

c'est une beauté dans toute sa fraîcheur et l'élégance de sa parure. Nous avons parcouru en tout sens les vastes jardins de Baboli, pensée première de ceux de Versailles, avec les différences que comportent un terrain inégal, et cette riche variété d'arbres du midi, citronniers, lauriers, ifs, cèdres, pins maritimes. A la vue de cette multitude d'arbres verts, je rêvai à certaines destinées toujours uniformes où l'été ne diffère point de l'hiver, la vieillesse est semblable à la jeunesse. Ici l'art semble vouloir opprimer la nature par une profusion de charmilles, de berceaux, de labyrinthes, de grottes et de fontaines, d'obélisques, de bassins, de statues ; ces statues furent placées par Laurent de Médicis pour servir de modèle d'étude.

Les jardins de Ruccellai n'étaient pas moins dignes d'intérêt. Ruccellai, gonfalonier célèbre, écrivain distingué, avait un palais somptueux et des jardins où l'on faisait des conférences philosophiques ; mais Savonarola y enflammait le peuple par sa fanatique éloquence ; les Albizi, les Caponi et les Strozzi y discutaient les moyens de soutenir l'indépendance de leur patrie. Là fut égarée et retrouvée la liste de conspirateurs qui fit monter à l'échafaud Pietro Bosconi et Caponi. A ces funestes événemens succédèrent de ridicules coteries ; les mêmes jardins servirent de théâtre à la première tragédie qui parut en Italie, et dont l'héroïne Rosemonde fut bien indigne de ce nom.

En visitant derechef la célèbre galerie, je m'attachai davantage à bien discerner toutes ces écoles si diverses; ici le grandiose, le sublime des diverses expressions assorties au ciel pur de l'Italie; ailleurs la finesse des détails prosaïques de l'école hollandaise enveloppée de son atmosphère brumeuse ; ailleurs c'est le luxe des formes, le velouté, l'incarnat des fruits de l'école flamande ; mais toujours constante dans mon admiration pour les artistes italiens, je contemplai avec plus d'attention les œuvres si expressives d'Organia, d'Ange de Fiésole, du Perugin, de Mantegna, de Francia, de Masaccio, peintre harmonieux et tendre qui met tant d'ame dans ses figures. Ces artistes inférieurs pour le dessin à Raphaël semblent, comme l'adolescence, avoir de plus cette naïve candeur dépourvue de l'expérience des passions [1]. J'aime les têtes si fières de Cimabué, ce berger

---

[1] Cette idée a été exprimée en d'autres termes, t. 1.er p. 103.

qui dessinait sur le sable en regardant paître ses moutons, et qui plus tard vit les magistrats et le peuple de Florence lui décerner les honneurs du triomphe, par l'inauguration solennelle d'un de ses tableaux. Cimabué, né en 1240, peut être considéré comme le créateur de la peinture moderne. Il fut le précurseur de Michel-Ange, comme Giotto le fut de Raphaël.

Cosme de Médicis chargea Donatello de former la collection de marbres et de sculptures antiques que Laurent accrut prodigieusement. Entre les bustes les plus rares des empereurs, notre *cicerone* nous montra celui de Caracalla, nommé *le dernier soupir de l'art*, et celui de Constantin, qui décèle aussi la décadence de l'époque; nous remarquâmes parmi les camées une belle tête de Vespasien, appelée *le roi des camées;* le médailler est une véritable chronologie universelle; on y voit les villes libres, les colonies romaines, les anciens royaumes de Syrie et d'Egypte, les médailles consulaires, celles des empereurs, etc.

Sur la place du *palazzo vecchio*, le génie violent et oppresseur des républicains semble résider encore au milieu des admirables statues des Donatello, des Jean de Bologne, des Benvenuto Cellini. Le *Persée*, tenant la tête de Méduse, excite un intérêt plus vif pour quiconque a lu le récit dramatique que Cellini fait, dans ses Mémoires, de sa rage désespérée, de son abattement, de ses larmes, enfin de l'invocation qu'il fait à Dieu en voyant la foule, puis de son enthousiasme lorsqu'enfin il réussit. C'est bien l'artiste passionné du seizième siècle; lorsqu'on voit ensuite l'allégresse générale et les félicitations que les princes et les grands adressent à Benvenuto, on dit aussi : c'est bien là cette nation passionnée pour les arts.

A Florence, on peut faire mieux que partout ailleurs des cours pratiques de peinture et de sculpture, lire l'histoire la plus curieuse de l'art et ses transitions. Quels monumens pour une si petite république ! *Il Domo, Santa-Croce, Santa-Maria novella, la Torre San-Micheli!* Que de dignité, de grandeur et d'esprit patriotique dans ces magnifiques constructions ! Il était réservé à Michel-Ange de défendre Florence de son épée, comme il l'avait illustrée de son génie. Il fallait protéger et ses concitoyens et le peuple de statues qu'il avait léguées à sa ville natale. Les Espagnols, qui venaient de saccager Rome et qui déjà occupaient les hauteurs du val d'Arno, ne purent pénétrer dans Florence, où le grand sculpteur dirigeait les travaux de défense.

Dans ce moyen âge, qu'il est convenu de nommer barbare, partout en Italie, les arts et surtout la poésie recevaient de nobles encouragemens ; on proposait des sujets de prix ; on décernait des couronnes. Durant la tenue du concile œcuménique à Florence, sous Eugène IV, on demanda aux poëtes un ouvrage sur la *véritable amitié ;* les secrétaires apostoliques furent les juges de ce camp littéraire ; la cérémonie à laquelle assistaient les pères du concile, offrit un éclat inaccoutumé ; mais le prix n'ayant pu être décerné, l'assemblée en fit hommage à l'église de *Sainte-Marie del fior.*

L'église de *Santa-Croce* est le Panthéon de Florence, vaste mausolée des hommes illustres de cette république. Au milieu de ces tombes si chères à la patrie, il en est trois que toutes les nations devraient envier à Florence : Michel-Ange, Galilée et le Dante. Michel-Ange, aigle des arts, roi des artistes, paisible et glorieux dominateur de ces régions où la poésie s'écrit sur du marbre, sur des murs, sur la toile.... Galilée [1], scrutateur sublime des lois de la nature, de ces lois que Dieu tient cachées long-temps avant de nous les révéler une à une par la voix des hommes de génie ; le Dante, *Homère des temps modernes, poëte sacré de nos mystères religieux, héros de la pensée et dont l'ame fut profonde comme les abîmes qu'il a décrits* [2]. Autour du tombeau de Michel-Ange, trois statues se tiennent debout, statues pieusement tristes et rêveuses, ouvrage de trois élèves du grand homme ; ce sont la sculpture,

[1] Il est curieux de rappeler ici la manière victorieuse dont Mallet du Pan, savant protestant, a répondu aux diatribes des philosophes, au sujet de Galilée, qui fut traité à Rome avec beaucoup d'égards et d'estime. On exigea seulement de lui qu'il s'abstînt d'enseigner son système, sans lui imposer aucune rétractation; car cet astronome prétendait en faire un dogme tiré de la Genèse; mais ayant violé sa promesse et publié ses dialogues, il fut condamné à réciter les psaumes pénitentiaux une fois par semaine et à être emprisonné; mais quelle prison ?.... C'est Galilée qui parle : « Le pape me » croyait digne de son estime; je fus logé au délicieux palais » de la Trinité du Mont. Arrivé au Saint-Office, deux Jaco- » bins m'intimèrent très-honnêtement de faire mon apologie; » j'ai été obligé de rétracter mon opinion en bon catholique; » pour me punir, on m'a défendu les dialogues; et l'on m'a con- » gédié après cinq mois de séjour à Rome; aujourd'hui je » suis à ma campagne d'Arcetri, où je respire auprès de ma » chère patrie. » N'admirez-vous pas la sensibilité surabondante de certains écrivains? ils répandent leur compassion même sur les heureux.

[2] Mme de Staël.

l'architecture et la peinture. Là reposent aussi Machiavel, dont on a dit tant de bien et tant de mal, et Alfieri, poëte d'un stoïque et violent caractère. Quelques-unes des tragédies d'Alfieri ont je ne sais quoi de dur et de heurté; on n'y admire pas les nuances délicates qui charment dans nos classiques. On serait tenté de comparer ses ouvrages à certaines cathédrales d'Italie, bâties en marbre noir et blanc sans dégradation aucune. Alfieri est surtout un poëte politique; or la poésie ne puise pas ses inspirations au sein d'opinions arides; elle les puise à la source intarissable des affections. Toutefois, il serait injuste de ne pas reconnaître dans cet écrivain des beautés d'un ordre supérieur; son action est toujours d'une noble et antique simplicité; ses tableaux sont d'une grande énergie de pinceau; sa phrase est nerveuse et concise; c'est le Tacite du drame; sa parole frappe le despotisme au cœur. Disons encore que parmi les femmes qu'il a mises sur la scène, Antigone et Agéziade, Argie et Michol, sont des modèles de sensibilité, de douceur et d'héroïque dévouement. Le tombeau qu'on lui a élevé est d'un style noble et calme; c'est plutôt le caractère de Canova que le génie hautain et sévère d'Alfieri; tant il est vrai qu'un auteur, statuaire ou écrivain, se peint souvent à son insu dans ses ouvrages, au lieu de peindre ses héros [1]. Les œuvres de Giotto, restaurateur de la peinture, de Cigoli, de Philippo Lippi, de Cimabué et d'Allori, une très-belle coupole de Volterano, plusieurs statues de P. de Francavilla [2], sur lesquelles priment *l'Annonciation* et la *Trinité* de Donatello, décorent ce sanctuaire réservé aux grands hommes. Je ne sais pourquoi la statue d'un archevêque de Toulouse, frère de notre saint Louis, est placée au-dessus du portail. Cet immense vaisseau est surchargé de peinture, et plus encore de sculpture.

Ce fut le 20 octobre 1250 que l'état populaire se forma à Florence, sur la place *Santa-Croce;* il ne dura guère que dix ans. La place de *Santa-Croce* rappelle une des scènes les plus dramatiques de l'histoire de Florence. Vers 1342, le peuple, fatigué de démocratie, rassasié de liberté, voulut encore se donner un maître; la seigneurie fut déférée

---

[1] Le mausolée du Dante est lourd et gigantesque.
[2] L'artiste qu'en Italie on nomme *Francavilla* n'est autre que P. de Francqueville, statuaire, né à Cambrai, auteur d'un grand nombre d'œuvres estimées, que l'on conserve à Paris, à Florence et ailleurs. (*Note de l'Éditeur*).

au duc d'Athènes, Gauthier de Brienne; nouvel essai de despotisme plus funeste que les précédens. Le duc, entouré d'un cortége immense, est amené sur cette place, et porté en triomphe sur les bras du peuple; on traîne dans la boue le gonfanon de la république; on le livre aux flammes; on abat les armes de Florence. Bientôt le hideux tyran abuse cruellement du pouvoir que la multitude insensée lui avait décerné; il fait trancher la tête à Jean de Médicis; à d'autres il fait grâce de la vie au poids de l'or; enfin la longanimité du peuple est poussée à bout : des conjurations s'organisent par les soins des Pazzi et des Albizzi : Gauthier l'apprend; il veut faire massacrer ces chefs dans leur palais; la populace indignée se soulève; forme des barricades dans toutes les rues; les insurgés se postent sur les toits de chaque maison; tout ce qui veut défendre le despote est égorgé; le duc lui-même, assiégé dans son palais, ne doit son salut qu'à la médiation de l'archevêque. Que de fois la religion a couvert de son bouclier les victimes dévouées à la fureur des partis! On a vu plus tard à Naples des Minimes arracher le duc d'Arscot des mains d'un peuple irrité et l'emporter dans leur église. Là aussi un archevêque reconcilia, au péril de sa propre vie, ses ouailles avec le vice-roi.

LETTRE TRENTE-QUATRIÈME.

BOLOGNE, 16 mai

MM. d'Ar. et de la T. du P... m'ont engagée en vain à prolonger mon séjour à Florence ; il fallait tôt ou tard se séparer ; et quelques momens de plus n'eussent pas diminué nos regrets. Ces MM. vont chez le prince de Lucques, et de là directement à Turin où nous les retrouverons encore.

Je n'ai pas tout dit sur Florence ; une belle structure distingue l'église de *l'Annonciata*. Arrêtons-nous au péristyle ; *la naissance de la Vierge et l'Annonciation*, sont deux jolies fresques pleines de foi et d'une simplicité sublime. L'*Assomption*, de Franceschini, une tête de

Christ, et un beau groupe en marbre, représentant Notre-Seigneur dans les bras du Père éternel, de Bandinelli, honorent ces artistes. Le tombeau de ce dernier est placé au-dessous de son ouvrage; celui de Jean de Bologne décore une chapelle, dont il fit le plan, qu'il orna à ses frais, et embellit de bas-reliefs de sa main. La Flandre est héritière légitime de la gloire de ce célèbre statuaire; il naquit à Douai en 1524, et mourut à Florence en 1608. Non loin de ce mausolée, se voit celui de Benvenuto Cellini; je venais de lire ses curieux Mémoires, toute préoccupée encore de cette vie si étrange et si désordonnée; je me rappelle à ce sujet une anecdote, peinture véridique des mœurs du seizième siècle. Benvenuto, jaloux de Bandinelli, le rencontre dans une rue écartée; il s'élance pour l'assassiner; mais à l'aspect de son ennemi sans armes, il recule et remercie Dieu de l'avoir préservé de commettre un crime. Si les excès de cette époque contristent le lecteur, des actes de foi et de générosité le consolent. Les hommes souvent ne sont injustes que par défaut d'ensemble; ils divisent au lieu d'unir; ils envisagent un caractère, un talent, une nation, un siècle en partie, au lieu de les considérer en totalité;

ils dessinent un profil ; et ce profil ne rend pas la véritable expression du visage. Dieu au contraire est toute justice et toute indulgence, parce qu'il embrasse d'un seul coup-d'œil et nos misères et nos grandeurs.

Les heures s'écoulent vite au palais Pitti ; c'est dans la galerie de ce palais qu'il faut étudier Andrea del Sarto, tous les ouvrages de ce maître sont d'un pinceau moëlleux, d'un coloris chaud et d'une vérité qui enchante [1]. Dans la même galerie, on voit une *Madeleine* de Léonard de Vinci, ce génie universel auquel le ciel avait départi et les grâces extérieures et tous les dons de l'esprit ; imagination riche et puissante, jugement droit, aptitude à tous les arts, à la musique, à la poésie, comme à la statuaire et à la peinture ; il savait captiver

---

[1] Je citerai entre autres une sainte famille, plusieurs *Assomptions*. La dramatique conjuration de Catilina, de Salvator Rosa, le martyre de saint André ; une Vierge et l'enfant Jésus, par Carlo Dolce, sont de la plus grande suavité. Je distinguai aussi des portraits du Titien, de Paul Véronèse, et surtout celui du cardinal Bentivoglio, par Vandyck. C'est le grandiose idéal du portrait : *L'Ecce homo* de Cigoli, tableau divin, surpasse de beaucoup celui du Caravage. La tête du Sauveur est un type ineffable de souffrance et de résignation. Il y a au rez-de-chaussée un appartement admirable : les murs peints à fresque sont couverts d'allégories relatives à la vie de Laurent, dit le Magnifique ; on voit dans une de ses salles une grande baignoire d'un seul morceau de vert antique.

ses compatriotes, aussi bien que les étrangers. Raphaël a toujours la priorité : vous avez vu à Paris la *Vierge à la chaise;* je me tairai sur cette délectable composition. Il est une autre *sainte famille*, où se trouvent sainte Elisabeth, saint Jean et sainte Catherine; attitudes, expressions, tout y est de la plus naïve élégance. Dans *la vision d'Ezéchiel*, le prophète, absorbé à la vue des merveilles qui lui apparaissent, révèle d'une haute inspiration. Je ne pouvais m'arracher à la contemplation du tableau, désigné sous le nom de *la Vierge dell'impannata;* l'enfant Jésus, suspendu au cou de sa mère, lui sourit avec une tendresse divine. Noblesse, profondeur, magie du coloris, voilà ce qui caractérise les portraits de Jules II et de Léon X.

A la promenade des cassines, à droite, on a de charmans côteaux, et à gauche, les rives fleuries de l'Arno; cette promenade est un délicieux mélange de beautés agrestes et de beautés cultivées; là un bois sombre, et ici une prairie fraîche et riante; d'un côté une bruyère, de l'autre des jardins gracieux; c'est tout à la fois Ermenonville et le bois de Boulogne, Long-Champ et la Meilleraye.

Décidés à partir à minuit, nous consacrâmes cette dernière soirée à visiter *la Pétraya*, maison de plaisance du grand-duc. Un orage nous y surprit ; on alla à Florence me chercher une voiture couverte. A notre retour, il était dix heures ; j'avais le cœur bien triste ; je voyais notre société se disperser, et bientôt le temps en emporter les derniers débris.

— Nous atteignons l'Apennin : l'aurore commence à poindre à travers ces gorges obscures et tortueuses ; elle jette un rayon dans ce taillis, un autre dans cet abime ; elle colore d'un jour douteux le courant limpide ; elle éveille doucement toute cette nature agreste et sauvage : une gracieuse et molle lueur gagne de proche en proche ; enfin quand toutes les voies lui ont été préparées, le soleil, majestueux conquérant, verse tous ses feux sur ces montagnes sans fin ; il inonde l'Apennin des torrens de sa céleste lumière.

Du reste, la magnificence de ce spectacle ne put me soustraire à la fatigue d'une longue course ainsi entreprise au milieu de la nuit. Il était quatre heures du soir quand nous arrivâmes à Bologne. Forcée de prendre du repos, j'ai laissé toute liberté à mes compagnons. Ce matin, me voici éveillée assez tôt pour continuer ma lettre. J'ai peu de choses à ajouter aux détails que j'ai tracés l'année derrière sur cette ville. Laisse-moi donc t'écrire ce qui viendra sous ma plume.

Bologne, mon cher Alfred, m'offre encore, ne t'en déplaise, de quoi augmenter mon répertoire de femmes célèbres. Clotilde Tambroni, née dans cette ville, était une helléniste fort distinguée; D'Anse de Villoison disait qu'il n'y avait que trois hommes capables d'égaler le style de cette savante à qui le sénat de Bologne offrit une chaire de littérature grecque. De la gloire, de la science, c'est bien; mais des vertus, c'est mieux encore. Quand me parlera-t-on d'une bonne mère, d'une bonne épouse, qui vécut respectée, chérie, c'est-à-dire heureuse ? Quand verrai-je l'héroïsme puiser à la source des nobles inspirations du cœur ? Pourtant je n'ai pas à me plaindre ici ; la généreuse conduite de Clotilde, lors de la révolution française, me la rend bien intéressante : Clotilde aima mieux s'exiler en Espagne que de prêter serment de haine à la royauté. Convenons pourtant que si elle n'eût pas été professeur, on ne lui aurait pas demandé de serment.

A Bologne naquit aussi le pape Innocent III, grand prince et grand homme de lettres. Son équité et sa science attiraient à son tribunal les procès les plus difficiles du monde chrétien. Les jurisconsultes de toutes nations allaient à Rome écouter les décisions de cet illustre pontife, vrai modèle d'éloquence; il accorda à l'université de Bologne des priviléges et des honneurs.

Grégoire XIII, le réformateur du calendrier, honore aussi Bologne ; ce pontife plein de science et de vertu fonda vingt-trois colléges, éleva à Rome, et dans plusieurs villes d'Italie, de beaux édifices et prodigua ses trésors aux arts, aux lettres et aux indigens. S'il était vrai que ce pape eût ordonné des réjouissances à la nouvelle du massacre de la Saint-Barthélemi, il mériterait en effet tous les anathèmes dont il a été accablé par quelques écrivains ; mais il est démontré maintenant que ces manifestations furent le résultat d'une lettre de Charles IX, qui mandait à Grégoire XIII la non réussite d'une conspiration tramée contre ses jours. Le souverain pontife ignorait l'atroce perfidie qui fut employée à la déjouer. Le *martyrologe* des protestans porte le nombre des victimes de cet horrible complot, non à soixante mille, mais a deux mille huguenots, ce qui est déjà assez horrible à penser. Il faut lire M. de St.-Victor pour tous ces détails.

Le Dante a bien maltraité Bologne et ses habitans. « Cette région, dit-il dans son *Enfer*, » est si remplie de Bolonais, que la Savenna » et le Reno n'entendent pas, autant que lui, » l'accent de Bologne. »

Il serait à propos de parler ici des Bentivoglio, famille puissante qui gouverna la république de Bologne, pendant près d'un siècle. Plusieurs princes de cette maison furent victimes de leur tyrannie, entre autres Jean Bentivoglio qui, proclamé chef de la ville en 1441, fut attaqué quelques années après par les Visconti. Vaincu et livré aux Milanais, il fut mis à mort. Trêve enfin aux souvenirs historiques, et disons quelques mots du musée. Je ne reviendrai pas sur la belle et touchante *Pitié* du Guide; mais ce *martyre de saint Pierre de Vérone*, par le Dominiquin, est de l'effet le plus pittoresque. Le disciple de saint Dominique n'écoute point les avertissemens de ses amis; son zèle contre les nouveaux Manichéens l'entraine; les conjurés l'attendent dans une forêt entre Milan et Côme; le saint est frappé au crâne d'un coup de serpe, tandis que son compagnon, l'air hagard, n'a pas encore été atteint. — Une page, empruntée à l'histoire du moyen âge, a fourni à l'artiste une scène du plus haut intérêt [1]; la *communion de saint Jérôme*, d'Augustin Carrache, est d'une expression moins noble que celle du Dominiquin; et toutefois elle mérite d'être particulièrement étudiée, parce qu'elle fut le prélude du sublime chef-d'œuvre de ce dernier. Le *martyre de sainte Agnès* est un épisode bien pathétique; le visage de la sainte est céleste. Qu'elles sont expressives les têtes de ces femmes groupées! Quel charme est répandu sur la physionomie de cet enfant qui pleure! Le Dominiquin devait avoir une vive tendresse pour les enfans; car il s'est complu à leur donner toujours une beauté enchanteresse: témoins ceux qu'il a placés dans sa *Notre-Dame du Rosaire*, dans son *martyre de saint André*, et sur les pendentifs de Saint-André *della valle*.

---

[1] Saint Guillaume d'Aquitaine recevant l'habit des mains de saint Bernard, par Guerchin.

six heures du soir.

Je reviens de Notre-Dame de Saint-Luc, située hors de Bologne. On y arrive par un chemin couvert de sept cents arcades, qu'ont fait construire différentes familles bolonaises. Le ciel était pur; l'horizon resplendissait; toute cette heureuse contrée semblait un paradis terrestre; aisance et prospérité se lisaient sur tous les visages. La perspective se renouvelle à chaque instant sous ces galeries qui surmontent un terrain inégal et toujours fuyant; c'est un vrai kaléidoscope. A une certaine distance, la route que suivent les voitures est interrompue par une montagne qui n'a pu être nivelée. Je fus donc obligée de mettre pied à terre; je m'arrêtai souvent et m'assis à une chapelle dite du *Jardin des Olives*..... On arrive au sommet de la montagne, et l'on a devant soi une église, d'une apparence majestueuse, qui est construite en croix grecque. *Notre-Dame de Saint-Luc* domine tout le pays, sur lequel elle exerce une protection d'amour. Du haut de cette montagne, au pied de ce temple aérien, on jouit du spectacle le plus magnifique. En aucun lieu peut-être, une église dédiée à Marie, cette porte du ciel, ne pouvait être mieux placée. Avec quelle ferveur j'ai demandé paix, bonheur pour vous tous à la mère des grâces divines qui semble encore habiter parmi les hommes, tant ses faveurs y sont visibles! Oh! mon enfant, aimons Marie; son culte est tout refuge, toute confiance. Un poëte célèbre invoquait ainsi dans ses misères cette grande et bénigne consolatrice :

« O Vierge, remplissez mon triste cœur de
» larmes saintes et pieuses, et qu'au moins mes
» derniers sanglots vous soient consacrés sans
» aucun mélange terrestre [1]. » Nous sommes allés encore à Saint-Dominique, belle église, enrichie de bons tableaux et de bas-reliefs de l'Algarde et de Lombard ; une des chapelles est dédiée à l'illustre patron, dont le corps est renfermé dans une urne de marbre blanc. Le Guide est inhumé à Saint-Dominique, ainsi que

---

[1] « Vergine, tu di sante
» Lagrime e pie adempi 'l mio cor lasso;
» Ch' almen l'ultimo pianto sia divoto,
» Senza terrestro limo. »

Petrarca. Lodi e preghiere a Maria.

l'aimable Elisabeth Syranie, sa digne et malheureuse élève.

Les habitans de Bologne, où saint Dominique [1] mourut, lui ont voué un culte spécial. Cet illustre apôtre du moyen âge aima de prédilection les Bolonais ; il employa les prières, les larmes, les exhortations à faire cesser les divisions qui n'éclataient jamais sans une grande effusion de sang. Le peuple se partageait entre les familles ; de là les querelles et les inimitiés ; le grand nombre d'étrangers et d'étudians qu'attirait l'université, les rendaient plus dangereuses que partout ailleurs. Saint Dominique et ses disciples changèrent en peu de temps la face de Bologne.

Saint Benoît, qui vivait à une époque où la société matérielle était à refaire, aussi bien que la société intellectuelle, réhabilita le travail que l'orgueil romain avait laissé aux esclaves ; il sauva d'un grand naufrage les arts et la littérature ; c'est du sein de la solitude qu'il opéra ces prodiges sur le corps et l'ame de la société. Dominique, que le Dante nomme

---

[1] Il fut, bien qu'espagnol, nommé citoyen de Bologne.

un saint athlète, *un amant passionné de la foi chrétienne*, vint à une époque où l'état social avait d'autres besoins; il ne resta pas au désert; il alla partout, prêchant tout à la fois paix et justice, vérité et réconciliation.

Au *palazzo publico* se rattache le souvenir de l'infortuné Enzius, fils naturel de Frédéric II, qui devint un moment roi de Sardaigne, du chef de sa femme, la veuve d'Ubaldi, fut fait prisonnier à la bataille de Fosalto en 1247, et passa vingt-deux ans enfermé dans une tour. Lorsque les Bolonais le ramenèrent en triomphe, sa beauté mâle, sa jeunesse, sa taille qui dépassait celle de ses compagnons d'infortune, émurent de pitié tous les spectateurs. Aussi chaque jour les nobles Bolonais venaient prendre part à ses jeux dans le palais du Podesta où il était détenu. La triste destinée de ce prince vérifia les paroles de l'Apocalypse : *celui qui aura réduit les autres en captivité, ira en captivité lui-même*. Enzius, à la tête des galères de Pise, avait remporté une victoire sur la flotte des Génois; il s'était emparé des prélats français et de deux cardinaux, et les fit enfermer dans la cathédrale de Pise, où ils furent chargés de chaines. . . . . . .

LETTRE TRENTE-CINQUIÈME.

DECENZANO, 23 mai.

Oui, mon Amédée, ta confiance m'est devenue nécessaire; mille inquiétudes naissent et croissent sans cesse dans mon cœur maternel; tu m'exprimes si tendrement le besoin que tu as de ma constante sollicitude; pourrait-il en être autrement? Qui a mieux connu et compris ton caractère? Qui voudrait plus que moi t'épargner ces écarts qui affaiblissent et détruisent peu à peu dans le cœur l'amour du beau et du bon? Ah! toutefois, si par malheur tu venais à faillir, garde-toi des retours amers et du découragement; tourne vers Dieu cette volonté qui l'a trahi un instant, et qui sera bientôt régénérée à la source de sa miséricorde; il est écrit : *si le juste tombe, il ne se brisera point; le Seigneur le relèvera.*

Je me console de m'être arrêtée ici ; j'emploierai ma soirée à la continuation de mon journal. Le joli lac de la Guardia baigne les murs de notre auberge. D'ici l'on peut apercevoir l'île de Sirmione, où Catulle avait une *villa* ; le ciel est si chargé, la pluie si forte que les harmonies de ce beau point de vue en sont détruites.

Nous venons d'essuyer un de ces orages d'Italie, véritables trombes qui jettent la consternation dans une contrée. Tandis qu'une nuée éclatait sur nos têtes, des grelons énormes couvraient la terre et frappaient avec tant de force l'impériale de notre calèche qu'ils semblaient devoir l'enfoncer ; l'eau coulait, pénétrait, s'infiltrait partout. L'obscurité était profonde ; force nous fut de rester dans nos voitures jusqu'à la fin de ce déluge ; car les postillons n'imaginèrent rien de mieux que de dételer les chevaux épouvantés, et de nous laisser sur la route. En quelques minutes le pays fut dévasté, les champs ensevelis sous les eaux et la route même transformée en un torrent.

Malgré le manteau dont on me recouvrit, j'étais percée; nous venions de cotoyer le lac si pittoresque *de la Guardia* [1], qui répétait encore dans le miroir de ses eaux les cimes éclatantes des Alpes. De jolis villages sont éparpillés de distance en distance; de petites habitations de pêcheurs, d'un aspect charmant, sur la base des collines, viennent finir insensiblement sur les rives; la blancheur des maisons de campagne, que dominent des clochers élancés entre des touffes de bosquets, éclaire les hauteurs.

Aux approches de Ferrare, le pays est plat, sans collines; c'est la monotonie du nord de la France. Ferrare, assise au milieu de campagnes marécageuses, est une des belles et tristes villes d'Italie; les édifices sont d'une

---

[1] C'est dans la tour d'un des châteaux situés sur les bords du lac Guardia que fut retenue captive la belle et vertueuse Adélaïde, veuve du roi Lothaire; Bérenger II, roi d'Italie et la cruelle Wille sa femme, irrités de ce qu'Adélaïde refusait d'épouser leur fils, la firent dépouiller, meurtrir, trainer par les cheveux et plonger dans ce cachot. Au bout de trois mois, elle en fut tirée par l'ingénieuse charité d'un prêtre qui avait pratiqué un conduit souterrain sous les rives du lac, et qui nourrit des produits de sa pêche cette princesse auguste, jusqu'à ce que l'évêque de Raggio pût la mettre en sûreté, et la préparer aux nouvelles et brillantes destinées qui l'attendaient. On sait qu'elle épousa l'empereur Othon I.er, et tout l'utile ascendant qu'elle exerça tant sur lui que sur son fils Othon II.

sage architecture; la plupart des rues bien percées, bien alignées et très-larges; mais l'herbe y croit et le silence y règne. Au souvenir de ces carrousels, de ces tournois, de ces fêtes splendides de la cour d'Alphonse II, l'ame fait un retour mélancolique sur la fragilité des choses humaines. Des écrivains célèbres puisèrent leurs premières inspirations dans cette cour où les femmes brillaient non moins par les dons de l'esprit et par un savoir aimable que par les charmes extérieurs; c'est là que le Tasse vint préluder à ses compositions immortelles; c'est là aussi qu'il rencontra le fatal objet qui devait contribuer à ses malheurs. Pénétrée de ces pensées, je voulus voir l'autre asile ménagé dans Ferrare à ce fou sublime. S'il est vrai que le cachot de Sainte-Anne ait renfermé le Tasse; si tant de génie a été enclos dans ces quatre murs, pourquoi les nations chrétiennes ne se sont-elles pas liguées pour transformer ce réduit en un mausolée européen?

« Et toi, Ferrare, lorsqu'un jour tes ducs
» ne seront plus, et que tu tomberas en ruines
» autour de tes palais dévastés, le laurier d'un
» poëte sera ton unique couronne, et sa prison
» ta plus grande gloire, alors que les étrangers

» verront avec surprise la solitude de tes
» remparts ¹. »

Le Tasse a chanté dans ses stances impérissables la brillante maison d'Este ; il a gravé sur l'airain les noms de ces princes de Ferrare ; il les a associés à la gloire de ses héros et à la sienne ; eh bien, voyez la reconnaissance des grands ! Ce fut Alphonse d'Este qui plongea le Tasse dans un cachot, qui l'y retint long-temps, malgré les instances des personnages les plus éminens.

Un mot sur l'état actuel de Ferrare. Les murs sont flanqués de bastions ; l'ancien château des ducs, aujourd'hui résidence du légat, est fortifié à chaque angle de quatre grosses tours qui protègent quatre vastes corps de logis environnés de fossés traversés par des ponts-levis. Là vécut trente-trois ans, Renée, fille de Louis XII et femme d'Hercule d'Este ², protectrice de savans illustres, au nombre desquels on compte Calvin

---

¹ Byron, *Lamentations du Tasse*

² Ferrare est la première ville d'Italie qui ait été soumise à un seigneur ; ce seigneur fut Asson d'Este. Vers la fin de 1597, sous le pontificat de Clément VIII, Alphonse II, dernier prince légitime de cette maison, étant mort sans enfans mâles, le duché de Ferrare retourna au saint siége.

et autres sectateurs de cette réforme qui amena tant de guerres sanglantes, et enfanta tant de dissensions intestines. Ferrare possède plusieurs vieux monumens, une bibliothèque composée de quatre-vingt mille volumes, collection formée par dix-huit cardinaux ferrarais. Ce n'est pas seulement pour les érudits que cette bibliothèque doit avoir du charme; on y trouve des monumens littéraires d'un intérêt universel; on y conserve divers meubles qui ont appartenu à l'Arioste; les manuscrits du *Pastor fido*, *des lettres de l'Arioste, la Jérusalem, des sonnets du Tasse*, et enfin les lettres autographes qu'il a écrites durant sa captivité. L'Arioste, *ingénieux bouffon, ami du merveilleux jusqu'à l'extravagance*, est toujours le poëte favori des Italiens [1]; en France, nous préférons mille fois et avec raison, ce me semble, les nobles et chrétiennes inspirations du chantre des croisés. Sa grande épopée est la vivante expression de la société chrétienne et chevaleresque [2]. C'est à

---

[1] L'académie de *la Crusca*, excitée par Alphonse II et la cour de Ferrare, déclara que le Tasse ne pouvait être mis en comparaison avec l'Arioste; qu'il était même inférieur à Boyardo et Pulci, deux auteurs aujourd'hui bien ignorés. Pauvre esprit humain !

[2] M. de Bonald a développé cette idée avec l'éloquence et la force de logique qui lui sont familières dans ses *Mélanges*, t. 1.ᵉʳ p. 399.

bon droit que Torquato a fait de la Jérusalem un poëme dont les principaux héros sont français ; la France se mit toujours à la tête de ces glorieuses expéditions. Un pape français, Silvestre II, avait déjà sollicité les princes chrétiens en faveur des fidèles de la terre-sainte, quand un autre pape, Urbain II, convoqua en France la première croisade. Ce furent des Français, Pierre l'hermite, saint Bernard, Foulque de Neuilly, qui prêchèrent ces guerres célèbres.

LETTRE TRENTE-SIXIÈME.

MILAN, 25 mai.

Merci, mon bon père; vous accueillez les communications de mon ame avec ce vif intérêt et cette indulgence qui me raniment et m'encouragent. Il n'est pas de maxime qui se présente plus souvent à mon esprit que ces paroles du livre des Proverbes : « Que les com- » mandemens de ton père t'accompagnent » lorsque tu marches; qu'ils veillent sur toi » quand tu reposes; qu'ils soient ton entretien » à ton réveil. » Ce sont vos tendres inquiétudes, vos touchantes recommandations qui me donnent le courage de surmonter ma curiosité.

Mais j'oublie que j'ai à vous parler de Padoue.

C'est une ville déserte. Les rues, étroites et tortueuses, y sont la plupart bordées d'arcades basses et sombres, où les écoliers de l'université se tenaient en embuscade pour surprendre et assassiner leurs ennemis, leurs camarades de la ville.

On ne voit plus à Padoue la fameuse tour d'Ezzelino, le Phalaris des temps modernes. Les infortunés à qui ce monstre avait fait arracher les yeux et mutiler les membres, se traînaient le long des rues, implorant la pitié publique, et criant : *c'est le tyran qui nous a mis dans cet état*. Alexandre IV ordonna une croisade contre Ezzelino; l'armée se mit en marche chantant le *Vexilla Regis ;* le tyran, fait prisonnier et couvert de blessures, se laissa mourir sans vouloir aucun secours.

Le *prato della valle*, place immense et circulaire, est orné de statues érigées aux hommes illustres qui enseignèrent ou étudièrent à Padoue. Autour du *prato*, coule un beau canal que l'on traverse sur quatre ponts décorés des statues colossales de papes, de doges, etc. Parmi ces grandes figures du midi, près de Galilée, et non loin de Pétrarque, s'élève la statue d'un héros du nord, de Gustave Adolphe, à qui la Suède a voulu rendre cet hommage. Ce lieu, consacré d'abord par le martyre d'une multitude de fidèles, le fut depuis encore par une sorte de prodige de l'éloquence chrétienne. Les peuples du nord de l'Italie étaient en proie aux plus funestes divisions : Guelfes et Gibelins se déchiraient. Un religieux, Jean de Vicence, les convoque à Padoue, sur le *prato della valle;* là, sa voix leur parle de paix, d'amour et de concorde. A ces accens qui paraissent descendre du ciel, qui retentissent comme la parole de Dieu sur cette tumultueuse assemblée, les étendards des nations ennemies s'agitent et s'inclinent en signe d'adhésion; l'assistance fait éclater ses joyeux transports; et le magistrat de Padoue, à l'exemple de celui de Bologne et d'autres villes, vient déposer les statuts municipaux aux pieds du moine pacificateur, pour qu'il en fasse disparaître tous les germes de divisions et de guerres. Jean de Vicence allait ainsi de ville en ville, réconciliant les familles et les factions, prêchant dans les plaines, quand les places publiques ne pouvaient contenir son auditoire. Souvent on le retenait de force dans les cités, comme un gage de paix et de bonheur, au point qu'il fallut une bulle comminatoire du pape Grégoire IX pour obliger le magistrat de Bologne à le laisser poursuivre le cours de son angélique mission.

La cathédrale est gothique et d'une lourde architecture ; une vierge de Giotto, léguée par le chanoine Pétrarque, est malheureusement presque effacée. L'église de Saint-Antoine, le thaumaturge de l'Italie, attire une immensité de pélerins. C'est un luxe de décoration qui surpasse toute idée ; marbres, bronzes, bas-reliefs, cénotaphes, on ne sait de quel côté tourner la vue. Nous y remarquâmes le tombeau d'Alexandre Contarini, amiral de Venise, et celui du cardinal Bembo [1] qui, d'abord secrétaire de Léon X, reçut le chapeau des mains de Paul III, et montra dès-lors une piété et une régularité de mœurs dignes de l'état qu'il venait d'embrasser. Ce savant et aimable prélat, littérateur célèbre, contribua à régénérer le bon goût en Italie. Ces tombeaux et ceux de plusieurs autres généraux vénitiens, et d'illustres professeurs rendent cette église tout à la fois chère à la piété, à la valeur et aux sciences. La chapelle où repose le corps de saint

---

[1] Bembo avait obtenu de son père la permission d'aller étudier à Messine, près du fameux Lascaris.

Antoine [1] est éblouissante d'arabesques, de statues et bas-reliefs. Une belle fresque de Giotto s'y fait admirer ; une lampe d'or et plusieurs d'argent brûlent sans cesse devant l'autel.

Sur la place de cette église, on voit la statue équestre du vertueux condottiére, le général Gattamelata, natif de Narni, qui servit également en qualité de soldat et de capitaine-général la république de Venise.

On trouve en Italie peu d'églises aussi magnifiques que Sainte-Justine de Padoue ; le génie de Palladio s'y est déployé dans tout son éclat et dans toute sa noble simplicité. Depuis le sol jusqu'au comble règne un seul ordre d'architecture ; l'édifice est partout revêtu de marbre ; le pavé forme un vaste compartiment de marbre blanc et rouge ; la nef et les arcades, qui présentent le plus heureux développement, sont comme inondées de lumière par les huit coupoles. Les vingt-quatre chapelles seront elles-mêmes bientôt toutes décorées des marbres les plus beaux. Il y a dans ce temple admirable

---

[1] Lorsque les Français entrèrent à Padoue, ils menacèrent de piller le *Santo*, si on ne le rachetait par une somme de six mille ducats ; elle fut trouvée en trois heures.

unité de matière, comme unité de pensée; on croirait qu'il a été fait d'un seul jet, avec un seul bloc de marbre. De tous les arts, l'architecture est assurément celui qui donne la plus haute idée de la puissance de l'homme. Voyez ces masses gigantesques qui semblent fatiguer la terre de leur poids, ces monumens indestructibles qui étonnent l'imagination et effraient la pensée. Par qui croyez-vous qu'ils ont été élevés? Savez-vous quel est le dieu qui a fait ces prodiges? Hélas! ce n'est point un dieu; c'est cet homme que vous apercevez là-bas se trainant au pied de ces mêmes monumens dont il est le créateur; c'est un être faible, exigu, infirme, passager, mais sur qui l'auteur des mondes a laissé tomber une étincelle céleste, en le créant à son image. — Cette église, enrichie de belles statues, ne possède qu'un seul mais admirable tableau; c'est une *sainte Justine*, de Paul Véronèse qui a exprimé avec un intérêt si dramatique cette extase céleste, triomphant des douleurs de la nature.

M'éloignerai-je de cette ville sans faire mémoire des Carrare, famille puissante qui la gouverna durant plus d'un siècle? En 1318, Padoue se donna à Jacques Carrare, l'un des seigneurs les plus considérables : en 1337, Marcillo

Carrare fut aussi proclamé seigneur de Padoue. Le dernier prince de cette race, dépouillé de sa seigneurie, par Galeas Visconti et déguisé en pélerin, erra long-temps sur les côtes de la Ligurie, exposé à toute heure à retomber dans les mains de ses ennemis; Thadée d'Este, sa femme, le suivit partout dans ses courses périlleuses ; cette épouse intrépide était grosse de six mois. Ainsi, à une époque plus reculée, fuyait dans des circonstances toutes semblables la célèbre Livia, femme de Tiberius-Nero, poursuivie par les troupes de cet Octave qu'elle devait épouser un jour. Thadée d'Este n'eut plus tard ni les hautes destinées, ni les vices de cette impératrice fameuse; ses efforts héroïques et le courage indomptable de son époux ne purent conjurer les malheurs qui l'attendaient ; Carrare, indignement trompé, fut étranglé, ainsi que ses deux fils, après s'être rendu aux Vénitiens.

Padoue eut ses femmes savantes : on montre à Saint-Antoine le tombeau de la jeune Cornaro, qui fut géomètre, astronome, musicienne, hébraïsante, et poëte sans doute aussi. Pieuse et aimable personne, elle mourut à la fleur de l'âge, comme pour expier cette gloire qui, après tout, est elle-même le renoncement au bonheur. Gaspara Stampa était de Padoue ; elle mourut à trente ans ; dans ses dernières poésies, elle prévoit sa fin prochaine ; elle invoque Dieu et le prie d'étendre sa main pour la retirer de l'abîme d'où elle chercherait en vain à s'arracher elle-même ; puis elle ajoute avec une simplicité touchante : « Seigneur, toi » qui voulus mourir pour nous tous, et qui » rachetas ainsi le genre humain, Dieu de » bonté, ne me laisse donc pas périr. » — Il était aussi de Padoue, le sage et savant Sperone qui préféra le repos et la retraite à la vie agitée des cours, et qui reçut les témoignages de la bienveillante protection du grand saint Charles. Son éloquence excitait une sorte de transport. Tite-Live, comme tout le monde sait, est une des plus anciennes illustrations de Padoue.

Il me tarde bien de vous revoir, ô mon père ; la correspondance la plus suivie laisse toujours quelques lacunes, quelques inconséquences apparentes ; de près l'on explique ce qui de loin semblait inexplicable ; un mot, un regard complètent tant de choses ! Le vôtre, mon bien-aimé père, relève ma vie, comme un rayon de soleil relève une plante que le vent aride et froid faisait languir.

LETTRE TRENTE-SEPTIÈME.

MILAN, 26 mai.

Je viens enfin, cher Alfred, te parler de Venise. Il règne dans cette grande et singulière cité un morne silence; nul fracas de voitures, nul bruit de chevaux; on n'entend de loin à loin que le cri aigu du gondolier, ou le battement uniforme des rameurs. Tandis que la mer gronde autour de cet archipel adriatique, tout est paisible et reposé sur la terre. « Ces îles,
» selon la remarque de M. de Châteaubriand,
» au lieu d'être couvertes de forts et de bas-
» tions, sont occupées par des églises et des
» monastères; les cloches des hospices et des
» lazarets se faisaient entendre et ne rappe-
» laient que des idées de calme et de secours,

» au milieu de l'empire des tempêtes et des
» dangers. »

Quelle ville dans le monde peut comparer sa destinée à celle de Venise. Au cinquième siècle, il n'y avait plus de Romains pour défendre l'Italie ; Attila était venu avec ses Huns formidables, établir ses tentes sur les bords de l'Adige et de la Brenta ; les Vénètes, paisibles habitans de ces rives, avaient fui comme un faible troupeau devant le fléau de Dieu. Ils fuyaient ; mais la terre n'avait plus d'abri à leur offrir ; la hache des barbares les atteignait partout. Que faire ? Non loin de cette plage désolée, au milieu des flots de l'Adriatique, s'élevait une multitude d'ilots inhabités. C'est là qu'ils vinrent se réfugier ; c'est là qu'une poignée d'hommes courageux dans le malheur jeta les fondemens de la plus puissante des républiques modernes. Cette origine ne fut souillée ni par la servitude de l'invasion, ni par les crimes de la conquête à main armée ; et le sang vénitien, dès lors préservé de tout mélange, conserva, durant quatorze siècles, sa pureté primitive : Venise, jusqu'à l'époque récente de sa déplorable chute, ne vit jamais l'étranger dans son enceinte : jamais elle n'avait été ni prise, ni même attaquée.

En face de tant de gloire et de grandeur déchues; à la vue de ces palais somptueux, occupés naguère par la noblesse la plus opulente et la plus magnifique de l'Europe [1], j'éprouvai la douce, la généreuse compassion que provoquent les nobles infortunes.

« Sur la place où s'élèvent ces palais, ces
» galeries qu'embellissent aujourd'hui les co-
» lonnes de marbre et de glorieuses statues
» on ne voyait jadis que de rares et pauvres
» cabanes; ces rivages étaient déserts, ces îles
» incultes et sauvages. »

« Mais des hommes vaillans et sans tache
» franchirent la mer sur des nacelles fragiles;
» ils n'allaient point conquérir des provinces,
» mais ils fuyaient l'esclavage [2]........ »

[1] La plupart des seigneurs Vénitiens quittent Venise et se retirent à Padoue; leurs palais à Venise restent déserts; le gouvernement leur défend de les vendre, parce que les juifs les achéteraient pour les démolir, et retirer les pilotis qui sont d'un bois précieux.

[2] Questi palagi e queste logge, or colte
D'ostri e di marmi e di figure elette,
Fur poche e basse case insieme accolte,
Deserti lidi e povere isolette.

Ma genti ardite, d'ogni vizio sciolte,
Premeano il mar con picciole barchette,
Che qui non per domar provincie molte,
Ma fuggir servitù, s'eran ristrette.

Lorsqu'après avoir sillonné, depuis Mestres, les lagunes dont les rives sont garnies de beaux villages et de jolies habitations, vous apercevez ces palais, ces clochers, ces coupoles, s'élevant du sein des ondes, vous voyez qu'il y eut là autant de gloire que d'opulence, autant de dignité que de splendeur. De noires gondoles glissent silencieusement entre ces longues lignes de sombres édifices, où se retrouve l'architecture de toutes les époques et de tous les pays, où vous rencontrez tantôt un balcon oriental, tantôt un fronton grec, plus loin une ogive gothique.

A peine débarqués, notre première pensée fut pour la place et la basilique Saint-Marc. Ce vaste édifice offre un assemblage hétérogène de style arabe, moresque et chrétien. A l'intérieur ce sont les formes du vieux rite grec dans toute leur primitive beauté; séparation des hommes d'avec les femmes, diverses places pour les divers ordres du clergé, ambon, jubé, chapelles pour les néophytes et pour les catéchumènes. Cinq grandes coupoles composent une espèce de croix. Les voûtes, les murs incrustés d'or, chargés de mosaïques, sont tout empreints de la naïveté et de la raideur du treizième siècle; les peintures, les marbres, les colonnes, les pierres précieuses y semblent jetés en profusion ; le pavé est à menus compartimens, partie en mosaïque, partie en pierres sépulcrales ; il est affaissé en divers endroits ; ce qui indique assez que le temple est bâti sur pilotis. Une balustrade de seize petites colonnettes règne devant le sanctuaire ; le baldaquin du maître-autel, apporté de Sainte-Sophie, vers le onzième siècle, est admirable avec les bas-reliefs des quatre colonnes qui le supportent. Si les richesses de l'orient, entassées dans ce temple d'une manière confuse, ne satisfont pas le goût éclairé, elles imposent du moins une sorte de respect ; car elles redisent la splendeur de son histoire et les merveilles de cette reine de la Méditerrannée.

Dans le vestibule, on voit les tombeaux de trois doges ; celui de *Dominique Morosini* qu'illustra la conquête de Corfou en 1149 ; celui de *Barthélemi Gradenigo*, sous le règne duquel arriva, en 1364, à Candie, la fameuse révolte des Grecs ; enfin celui de *Vital Falieri*, fondateur de l'église, qui légua pour l'érection de ce monument une somme considérable, afin d'y placer le corps de saint Marc, qu'un stratagème de marchands vénitiens avait dérobé à la ville d'Alexandrie [1]. Lorsque cette relique fut apportée à Venise, ce ne fut, dit un chroniqueur, que chants et fêtes ; *saint Marc* devint alors le cri de guerre, le cri patriotique dans les dangers comme dans la victoire.

Le doge Pierre Orseolo qui, à la fin du dixième siècle, réédifia l'église de Saint-Marc, et qui régna avec gloire, après avoir eu le malheur de contribuer à la mort de son prédécesseur, fut tout à coup si touché de repentir, qu'il s'enfuit du palais ducal, et prit l'habit monastique au couvent de Saint-Michel de Cuxa en Roussillon.

Le portique de Saint-Marc est formé de cinq grandes arcades qui soutiennent une galerie à deux rangs de colonnes serrées. Sur la façade se voient ces quatre chevaux célèbres qui, de capitale en capitale semblent avoir servi partout de trophée au vainqueur. Attribués à Lysippe, sculpteur grec, ils appartinrent d'abord au char

[1] Témoins de la douleur des desservans qui voyaient enlever les marbres précieux de leur église, les marchands obtinrent de ces pauvres prêtres le corps de saint Marc, en leur promettant la reconnaissance des Vénitiens. L'horreur que le porc excite chez les Musulmans fit imaginer à ces pieux ravisseurs de répéter le cri de *Khauzer*, chaque fois que les barbares tentaient de s'approcher du navire pour y faire des recherches.

du soleil, ornement de l'arc de Néron. Constantin en décora l'hippodrome de Byzance ; plus tard Venise s'adjugea cette dépouille, à la prise de Constantinople ; en 1806, Napoléon la fit placer à l'arc du carrousel ; *la justice et la paix s'étant embrassées*, les chevaux de Lysippe furent restitués à Venise.

Sous ces arcades embellies de cafés et de jolies boutiques, circulent une foule de marchands grecs, turcs, persans, dont les costumes bariolés donnent à ce lieu un aspect vraiment asiatique. La place est un immense carré long, bordé de trois côtés par des édifices réguliers ; la partie nommée le *Broglio* était exclusivement réservée à la noblesse vénitienne. Du côté du nord sont les vieilles *procuraties*, bâtiment gothique d'un goût simple et beau ; et vers le midi les *procuraties* neuves, d'une architecture admirable de Sansovino et de Scamozzi. La première construction s'étant écroulée, Sansovino fut mis en prison ; la générosité du Titien et de l'Arétin l'en fit sortir. Qui pourrait dire tous les faits glorieux et dramatiques dont cette place de Saint-Marc a été le théâtre ? Il fut un temps où Venise se montra l'héroïque alliée des princes chrétiens. Quand l'Europe prit les armes pour aller ressaisir le berceau sacré de toutes ses croyances, on vit cette puissante cité ouvrir son port à la milice sainte, et lui prêter la plus noble assistance. Ce fut un beau moment que celui où le maréchal de Champagne vint supplier la république de lui octroyer des vaisseaux pour mettre à bord les vingt-cinq mille hommes qu'il commandait. Le pieux guerrier se présente à Saint-Marc, où s'étaient réunis le doge, les patriciens et le peuple; il parle; ses accens chevaleresques retentissent dans tous les cœurs; et, au moment où les barons français mettent le genou en terre, dix mille auditeurs font entendre leurs acclamations dans l'enceinte immense; puis, du sein de cette foule attendrie, se lève un vieillard octogénaire, aveugle; c'était le doge Dandolo [1], à qui le perfide empereur de Byzance avait fait crever les yeux. Il tend les mains vers le peuple et lui demande la permission de se croiser lui-même; le peuple pleurant se précipite vers son vénérable chef, le porte en triomphe au pied de l'autel; et la croix est attachée au bonnet ducal.

[1] « Je l'ai connu, disait Pétrarque, ce doge rempli de zèle
» et d'amour pour son pays, le plus savant homme de son
» temps, d'une rare éloquence, sage, humain, etc. »

C'est bien alors qu'on pouvait dire de Venise ce qu'Isaïe disait de Tyr et de Sidon : « Ses » marchands étaient des princes, et ses vais- » seaux portaient les grands de la terre. » Hélas ! d'autres paroles du même prophète lui sont aujourd'hui applicables : « la ville où arrivaient » en foule ces vaisseaux est détruite..... Où » sont-ils ces marchands qui remplissaient vos » ports ? Est-ce donc là votre ville, cette ville » qui se glorifiait de son antiquité ? Ses enfans » cherchent un asile dans les terres étran- » gères. »

A quoi tiennent les destinées d'une nation ? En 1225, on délibéra dans le conseil de Venise sur la question de savoir s'il ne convenait pas de transférer à Constantinople le gouvernement et la population entière. Le doge Ziani se prononça avec énergie pour ce projet que combattit le procurateur Angelo Faliero. Ce fut peut-être une seule voix qui décida que la translation n'aurait pas lieu.

LETTRE TRENTE-HUITIÈME.

TURIN, 28 mai.

Ma dernière lettre, qu'Alfred t'aura sans doute communiquée, était consacrée presqu'entièrement aux souvenirs historiques de Venise. Je voudrais bien aujourd'hui, mon Ernest, te parler un peu d'arts et d'artistes; mais cela ne me sied guère vis-à-vis de toi; aussi je te soumets plutôt mes impressions que mes jugemens. Venise a aussi, tu le sais, donné son nom à une école de peinture; école remarquable par la vigueur du coloris et la facilité prodigieuse du travail, école brillante et pompeuse, vivant d'apothéoses, de victoires navales, de triomphes solennels, plus inspirée par le sentiment patriotique que par le sentiment religieux. Bellino,

Palma, Paul Veronèse, le Titien, Tintoretto, voilà les maîtres de l'école vénitienne. Les palais et les temples sont remplis d'ouvrages de ces artistes; le palais Barberigo a été nommé *l'école du Titien*, à cause du grand nombre de tableaux de ce peintre qu'il contient. Il y a là *une Madeleine* fort célèbre et qui pourtant ne m'a guère charmée : à mon gré, il lui manque la noblesse du repentir. — On déplore le peu d'intelligence et de goût qui préside à la conservation de ces productions si dignes de soins. L'air humide et salin de l'Adriatique contribue sûrement à cette funeste détérioration.

Les noms de Sansovino, émule de Michel-Ange, de Scamozzi et du Palladio, artistes du plus profond génie, résonnent sans cesse à l'oreille; c'est bien ici que l'architecture étale toute sa supériorité sur la peinture et la sculpture. Le Palladio est toujours debout à Venise; ses œuvres bravent l'action des flots et celle du temps; elles bravent aussi toutes les rivalités. On a peine à croire que cette merveilleuse église du *Rédempteur* a été construite au moment où la peste venait d'épuiser les ressources du pays. Que de simplicité et d'élégance ! Quelle pureté de lignes; quelle heureuse proportion entre toutes les parties! L'édifice est si beau par lui-même qu'on ne songe pas à admirer les tableaux dont Bellino, Palma et Tintoret se sont plus à le décorer. *Saint-Georges-Majeur* est un autre ouvrage du même maître; il faudrait pour en donner une idée reproduire les mêmes formules d'éloges, sauf à y ajouter encore. Ce temple de Saint-Georges renferme le tombeau de Dominique Micheli, ardent propagateur des croisades. Alexandre III y tint cette assemblée célèbre où Fréderic II encourut les censures de l'Eglise [1]. Plus tard, ce fut sous le portique de Saint-Marc que l'empereur, enfin persuadé, se prosterna aux pieds du vicaire de Jésus-Christ. Le pape attendri appela sur le monarque les bénédictions du ciel, tandis que les Allemands, pleins d'enthousiasme, faisaient retentir l'air de ce chant magnifique de saint Ambroise, justement nommé le *dithyrambe divin*. C'est ainsi que cette célèbre entrevue est racontée par un historien peu favorable d'ailleurs au saint-siége. Que penser, après un tel récit, de cette fable du pied posé par le pape sur la gorge de Fréderic? La tendresse du saint pon-

---

[1] Fréderic, qui connaissait le zèle des Vénitiens pour la ligue lombarde et leur attachement au saint Père, leur donna un grand témoignage d'estime, en choisissant lui même Venise pour être le siége de ce congrès célèbre.

tife à l'égard de l'antipape Calixte III qu'il admit à sa table, n'est-elle pas incompatible avec une si basse vengeance?

De nos jours, Venise fut un instant le refuge de l'Eglise catholique. Rome était envahie; le saint vieillard qui siégeait au Vatican avait été trainé captif de ville en ville; et il était venu à Valence s'endormir dans le Seigneur. Le pasteur avait été frappé; et les brebis dispersées ne retrouvaient plus le bercail. Comme il semblait que l'Eglise n'allait plus trouver d'asile sur terre, ce fut sur les eaux que Dieu la convoqua : la barque de saint Pierre luttait contre la tempête; les disciples s'étaient écriés : *sauvez-nous, Seigneur, nous périssons;* tout à coup la barque s'était trouvée miraculeusement abritée sous le lion de Saint-Marc. Le conclave alors put dire aussi :

« Rome n'est plus dans Rome; elle est toute où je suis. »

C'était un grand et beau spectacle que ce conclave fugitif, où étaient accourus tous les prélats qui n'étaient point dans les fers. Le sacré collége délibère gravement et lentement, comme dans les temps les plus paisibles; le peuple, attentif à la grande élection, s'étonne d'être témoin d'un fait si solennel ; écoutez le cri de joie qui retentit sur les lagunes, les salves d'artillerie qui font tressaillir l'Adriatique ; voyez cette affluence de gondoles qui dérobe en quelque sorte la vue de la mer ! L'Eglise n'est plus veuve ; il est trouvé celui que Dieu a armé de toute sa puissance ; voilà le serviteur que l'Eternel a fortifié de son huile sainte. Pie VII est proclamé ; pontife consacré durant l'orage, missionnaire de paix et d'amour, lui qui, pour accomplir ce doux ministère, aura bien des orages à essuyer ; le voilà qui étend sur le peuple à genoux ses bras vénérables et qui de ces plages maritimes bénit l'univers ébranlé.

J'ai emporté de Venise un surcroît de mélancolie. Ces palais sont imposans, mais noirs ; ces églises sont belles, mais désertes, on voit partout une tendance à l'oubli, à la destruction.

Le voyageur demande vainement où est le Bucentaure. Ce merveilleux navire, somptueux attribut de la gloire vénitienne, a disparu lui-même dans le grand naufrage de la patrie. Oh ! avec quel plaisir j'aurais retardé mon départ, pour passer à Venise la fête de l'Ascension, si, comme par le passé, on avait célébré ce jour-là l'étrange et auguste solennité des épousailles de la mer ! Le Bucentaure avait cent pieds de long sur trente de large ; il était doré de toutes parts, et sous ce luxe de dorures on voyait ressortir et briller des sculptures admirables ; toujours conservé dans une loge de l'arsenal, le bâtiment n'en sortait que la veille de l'Ascension, pour y être renfermé le lendemain. Lorsqu'il paraissait dans le port, le doge s'y montrait sur un trône magnifique placé à la poupe ; à ses côtés étaient le nonce du pape et le patriarche de Venise en camail et en rochet ; le demi-cercle à droite et à gauche était occupé par les ambassadeurs, les conseillers de la seigneurie et les procurateurs de Saint-Marc ; les sénateurs étaient assis sur les quatre rangs de siéges qui régnaient le long du navire. Le gouvernail était tenu par l'amiral en robe rouge, en simarre violette et toque de velours rouge. Le bâtiment était recouvert d'un immense tapis de velours cramoisi, avec de larges galons et des glands d'or. Au-devant flottaient les sept étendards de la seigneurie.

Il y avait bien de la dignité et de la splendeur dans ces mystiques épousailles de la mer. Quand le Bucentaure, portant le majestueux cortége, se trouvait en face de la petite île Sainte-Hélène, le patriarche, après avoir pris chez les moines une frugale collation de châtaignes et d'eau fraiche, montait une grande péotte dorée pour joindre le navire triomphal qui s'avançait ensuite dans la pleine mer; alors le prélat bénissait l'eau qu'on lui présentait dans un vase d'or et la versait dans la mer qui se trouvait ainsi préparée à l'auguste cérémonie ; immédiatement après cette immersion, le sérénissime doge jetait gravement dans les flots son anneau nuptial et disait à haute voix en latin : *O mer, nous t'épousons en signe de notre vraie et perpétuelle souveraineté* [1]. Une fois l'alliance ainsi conclue, le Bucentaure rentrait dans le port pour aborder à l'abbaye de *San-Nicolo del Lido*, où le doge et la seigneurie assistaient à une grand'messe très-pompeuse.

Durant tout le temps des épousailles, la ville, les lagunes, le port, l'Adriatique elle-même étaient comme ébranlés par le son de toutes les cloches de la république, par les décharges continuelles d'artillerie, le bruit des instrumens, les cris de joie du peuple et les chants des gondoliers.

[1] *Desponsamus te, mare, in signum veri et perpetui dominii.*

Venise était la ville des fêtes. Malgré toutes les déclamations sur la tyrannie du gouvernement, nul peuple ne se livrait à la joie avec plus d'abandon et de sécurité; nul aussi ne se croyait plus heureux; peut-être entrait-il dans les vues des patriciens de laisser ainsi les plaisirs se multiplier, pour substituer une sorte de liberté matérielle à la liberté politique qui n'existait pas; les chaînes disparaissaient sous les fleurs. Quoiqu'il en soit, on sait combien le carnaval de Venise était célèbre, et quel enthousiasme excitaient ces joutes fameuses connues sous le nom de *regates*, et ces visites solennelles, nommées *andates*, que faisaient le doge aux diverses églises dans tout l'appareil de la magnificence vénitienne. Hélas! toutes ces pompes, toutes ces splendeurs ne vivent plus que dans la mémoire; il n'y a plus ni doge, ni sénat; les lagunes ne retentissent plus du chant mélodieusement alterné des gondoliers joyeux; les strophes du cygne de Torrente sont oubliées; et l'Adriatique, quand le printemps ramène l'époque de son hymen annuel, se prépare vainement à recevoir la visite de son puissant époux; veuve éplorée, elle attend comme Pénélope; et d'importuns étrangers la fatiguent de leurs hommages intéressés.

Venise qui dépérit est l'image du triste état de la société qui s'en va, laissant tomber ses institutions et ses mœurs. Oh! mon ami, pour nous consoler, s'il se peut, des grands désastres qui affligent ou qui menacent l'ordre social, cherchons un refuge dans des relations vertueuses et dans les affections de famille. A nous autres femmes, il appartient de conserver religieusement le dépôt sacré des vertus privées, d'où renaîtront tôt ou tard les vertus publiques, gardiennes perpétuelles des sociétés.

LETTRE TRENTE-NEUVIÈME.

TURIN, 3o mai.

Arrivée ici, cher Alfred, j'ai essuyé un nouvel assaut de l'inquiète amitié. Mes vives douleurs et mes crachemens de sang avaient encore une fois donné l'alarme. A Terni, déjà l'on me pressait de rétrograder vers Rome. Une autorité grave était venue se joindre aux sollicitations de mes amis ; on voulait me faire rester durant tout l'été à Turin pour être plus près de Rome, où je serais allée passer l'hiver ; je fus aussi inflexible que je l'avais été au moment de mon départ. Ces débats avaient lieu sur la route de Turin, durant la plus belle soirée. Notre marche était éclairée par les lucioles sans nombre qui remplissaient et enflammaient fossés et buissons.

Pour ne pas interrompre l'ordre de mon journal, je reprends mes courses dans Venise. A San-Salvador, le tombeau du doge Venieri, qui se distingua à la bataille de Lépante, est l'ouvrage de Sansovino, alors octogénaire. La même église renferme aussi un mausolée dénué d'ornement; c'est ainsi qu'il convenait d'honorer la mémoire d'une reine déchue. Catherine Cornaro, victime des vues ambitieuses de la république, monta un instant sur le trône de Chypre, et se consola ensuite de la perte d'une couronne en cultivant et protégeant les lettres dans sa retraite d'Assalo, près de Trévise. Venise, au surplus, montra souvent une ambition plus noble et des idées plus généreuses; elle fut long-temps la protectrice des petits souverains d'Italie. On recourait à elle comme dans la vie privée on recourt à un homme puissant et généreux. Gonzague, marquis de Mantoue, lui conféra en mourant la tutelle de son fils âgé de douze ans; le fameux Scanderberg invoqua la même tutelle pour son enfant. Un autre prince italien fit demander un praticien de Venise pour l'assister dans le gouvernement de ses états; Côme de Médicis, exilé de Florence, trouva auprès du doge et du sénat une noble hospitalité.

Le pont de Rialto [1], bâti de quartiers de marbre ou de pierres d'Itrie, unit les deux parties de la ville; il est d'une seule arche dans sa longueur immense. Plusieurs rangs de boutiques le divisent en trois rues et en gâtent l'ensemble. La place de Rialto et les établissemens de celle de Saint-Marc furent commencés sous le règne de Jacques Tiepolo en 1246; grand nombre de petits ponts à cintres, construits sur quatre cents canaux, servent de communication. A Venise, les eaux viennent battre perpétuellement la base des édifices; c'est là sans doute la principale cause de cette incessante dégradation qui afflige les regards.

Ne sois pas surpris, mon cher Alfred, si je ne te parle pas des glaces si renommées à Venise; les glaces fabriquées en France, tu le sais, ne le cèdent en rien pour la fabrication à ces fragiles trésors, si chers à la coquetterie. A ce propos, te citerai-je une insolente boutade de l'empereur Fréderic III? Lors de son passage à Venise, on lui fit hommage d'un buffet de cristal provenant

---

[1] Il exista successivement trois ponts de bois au lieu où il est maintenant; le dernier se rompit en 1444, lorsque la belle épouse du marquis de Ferrare étant à Venise, le peuple se précipita sur ce pont pour la voir passer. Deux cents personnes furent blessées.

de la célèbre manufacture de Murano : Fréderic fit un signe à son fou ; celui-ci renversa le buffet et le brisa. « S'il eût été d'or, dit l'empereur, » il ne se serait pas cassé. »

La somptueuse église des jésuites offre un choquant bariolage de marbre blanc et de vert antique ; une *assomption*, l'un des meilleurs ouvrages de Tintoretto, *le martyre de saint Laurent*, du Titien, admirable surtout par ses effets de lumière, et plusieurs tableaux de Palma enrichissent cet édifice. Parmi les différentes sculptures, je signalerai le mausolée de Pascal Cigognia, qui le premier reconnut Henri IV. Ce doge descendait d'un apothicaire ennobli en récompense de son dévouement pendant la guerre de Chioza. Voilà une noblesse glorieusement acquise ; ce n'était plus ainsi qu'elle se conférait dans les derniers temps de la république, où les titres vendus à vil prix annonçaient une décadence mortelle. *Si la noblesse est vertu*, dit la Bruyère, *elle se perd par tout ce qui n'est pas vertu : si elle n'est pas vertu, c'est peu de chose*. Un nom est tout à la fois un fardeau et un levier ; c'est un héritage dont il faut rendre compte aux hommes et à Dieu ; aux hommes, par l'urbanité du caractère, la délicatesse des procédés, la loyauté du cœur ; par un patriotisme plus désintéressé, un dévouement plus généreux aux intérêts de la société ; à Dieu, par l'accomplissement des devoirs qu'impose chacun de ses dons [1]. N'est-il pas écrit que celui qui est le plus grand doit être le serviteur de tous ? Il y a plus ; dans le siècle où nous vivons, toute supériorité sociale qui est fondée sur l'opinion, doit veiller sans cesse pour ne pas déchoir devant cette reine du monde. Celui qui appelle les regards appelle la sévérité ; nos qualités, quelles qu'elles soient, finissent par provoquer l'envie et la malveillance, si la bonté du cœur et une modestie simple et naturelle ne viennent pas en tempérer l'éclat importun ; d'ailleurs, auprès d'un avantage se montre presque toujours un défaut ou un ridicule. Il faut savoir se faire pardonner et ses vertus et ses défauts.

J'arrive à Saint-Jean-et-Saint-Paul ; la sombre obscurité de cette basilique convient admirablement à la multitude de tombes qu'elle protége ; cette longue série de sépultures semble en vérité le livre des fastes de la république.

---

[1] C'est la lyre d'or dont il ne faut pas tirer des sons discordans.
Saint Grégoire de Nazianze.

Dix-huit doges et plusieurs généraux célèbres y sont inhumés ; François Morosini, quatre fois généralissime de la république, et qui se vengea de ses persécuteurs, en subjuguant le Peloponèse pour sa patrie ingrate ; c'est Pierre et Jean Mocenigo, grands citoyens, guerriers illustres ; l'héroïque Bagradino, écorché vif dans cette même ville de Famagouste qu'il avait défendue si glorieusement ; Malipiero qui refusa deux fois la redoutable dignité de doge et finit par se réfugier dans un cloître ; c'est Pierre Loredano qui, pour enlever tout prétexte à cette funeste ligue de Cambrai, coalition machiavélique des souverains de l'Europe, a le courage de sacrifier les belles conquêtes de Venise en Grèce, en Lombardie et dans le royaume de Naples ; c'est enfin le sage et tempéré Nicolas Orsini, nouveau Fabius associé au bouillant Alviano, dans cette guerre que signala le grand combat d'Agnadel.

J'ai ici du loisir, mon cher Alfred ; je connais parfaitement Turin ; j'ai retrouvé nos bons compagnons de voyage ; nous nous réunissons souvent chez l'aimable et excellent ambassadeur ; en voyant Mme de la Tour du Pin, toujours si belle et si gracieuse, on se demande si c'est

bien là cette femme admirable qui a lutté avec tant de courage contre tous les genres d'adversités ; mais il faut dire aussi que les charmes d'une union heureusement assortie aident bien à faire supporter les situations les plus douloureuses ; c'est à leur occasion que je voudrais répéter, à la colline de Turin, les adieux du comte Xavier de Maistre : « Je te salue,
» colline charmante ! Tu es peinte dans mon
» cœur ! Puisse la rosée céleste rendre, s'il
» est possible, tes champs plus fertiles et tes
» bocages plus touffus ! Puisse ton heureuse
» terre être toujours le doux asile de la vraie
» philosophie, de la science modeste, de l'amitié
» sincère et hospitalière que j'y ai trouvée ! »

LETTRE QUARANTIÈME.

TURIN, 1.er Juin.

Je vais prendre l'offensive, chère amie, en général habile qui, voulant prévenir l'attaque de l'ennemi, a soin de commencer les hostilités ; j'espérais toujours une lettre de toi. Où te prendre à présent ? Je ne sais où je t'ai laissée ; maudite soit notre paresse réciproque ! Souvenons-nous que *le chemin de l'amitié se couvre de ronces, quand on n'y marche pas ;* pour moi, ce que je puis faire maintenant, c'est de t'offrir une part des souvenirs que j'ai recueillis à Venise.

Les restes du Titien à Notre-Dame *dei Frari* [1],

[1] Les tombeaux d'un doge, du nom de Dandolo, en 1328, et de l'infortuné Foscari, se trouvent dans cette église.

comme ceux du Tasse à Saint-Onuphre, sont déposés sous une simple pierre; ces deux hommes de génie semblent avoir voulu se réfugier avec toute leur gloire dans l'asile d'une tombe modeste; et, toutefois, que leurs destinées ont été diverses! Le Titien est du petit nombre de ceux qui n'ont pas expié par l'infortune le génie que le ciel leur avait départi; sa longue carrière fut constamment heureuse, paisible et honorée; Henri III, passant à Venise, voulut le visiter; Charles-Quint l'avait depuis long-temps créé comte palatin et le plaçait toujours à sa droite, au grand déplaisir des courtisans. A quatre-vingt-dix-neuf ans, le Titien maniait encore le pinceau avec fermeté; la mort semblait respecter ce beau talent du plus grand coloriste de l'Italie; il fallut que la peste s'en mêlât.

Saint-Jacques, la plus ancienne église de Venise, fut commencée vers 420, en exécution d'un vœu formé par les habitans. Le voyageur ami des arts doit applaudir à la piété votive du peuple vénitien; j'ai parlé dans une autre lettre de l'église du Rédempteur, élevée à l'occasion d'une peste qui sévissait en 1567. La *Saluta* est un autre monument construit vers 1630, par ordre du sénat, dans une circonstance analogue. Ce dernier temple, agréablement situé sur le *canal grande*, présente, parmi bon nombre de tableaux, trois ouvrages admirables de Giordone, l'un des artistes les plus poétiques qu'ait produits l'Italie. Ce qui charme dans ses figures, ce sont ces grandes et belles têtes d'un coloris si vrai, d'un dessin si pur, et ombragées de riches chevelures ondulant en larges boucles. Giordone mourut à trente-quatre ans; Raphaël était mort à trente-deux; le Parmesan à trente-sept, le Corrége à quarante; d'autres peintres qui offraient les plus belles espérances, tels que Pombio, Muzio, Rossi, périrent à la fleur de leur âge.

La sépulture de la famille Contarini [1], qui donna, comme les Morosini, sept doges à Venise, tous grands hommes, est à Sainte-Marie *del Orto*; Tintoret voulut y être enterré à côté de sa fille, cette célèbre Marietta, prodige de grâces et de talens; aussi l'artiste a-t-il chargé les murs des produits de son brillant pinceau.

---

[1] Un seul Contarini, le doge André qui partagea avec Pisani et Zeno la gloire et les dangers de la guerre de Chioza, est inhumé à Saint-Etienne, non loin de Novellus, dernier petit roi de Padoue. Au sujet de cette guerre de Chioza, un historien a dit : « il y a des victoires qui épuisent une nation; » ainsi Gênes ne se releva plus après la prise de Chioza; tandis » que Venise reprit bientôt sa prééminence. »

Marietta n'est point la seule vénitienne digne d'être signalée pour les brillantes qualités de l'esprit ; il faut nommer encore Cassandra Fedele qui mérita d'être célébrée par Ange Politien, l'un des savans les plus illustres du quinzième siècle, Veronica Gambara, dont on a fait un suffisant éloge, en disant qu'elle fut l'amie de Vittoria Colonne, et qu'elle reçut la visite de Charles-Quint, comme de nos jours Mme de Staël reçut celle d'Alexandre.

Le seul cheval qui ait *droit de bourgeoisie* [1] à Venise, se voit sur la place de Saint-Jean-et-Saint-Paul ; c'est la statue équestre de Barthélemi Colleone, habile et aventureux condottière, qui commanda les troupes de la république, et légua lui-même la somme nécessaire à l'érection de ce monument ; soin orgueilleux qui refroidit l'admiration ; la statue est du florentin Venochio, architecte et peintre, sculpteur et guerrier ; Venochio eut la gloire d'être le maître de Léonard de Vinci et du Perugin.

Sur la petite place Saint-Marc, et vis-à-vis du

---

[1] L'auteur ne prend pas garde que tout à l'heure elle parlera de quatre autres chevaux qui, bien que planant dans les airs, n'en ont pas moins aussi *droit de bourgeoisie* à Venise.
(*Note de l'Éditeur*).

palais ducal, se trouvent deux colonnes de granit apportées de la Grèce en 1174. Au bout de cinquante ans, un architecte ayant enfin imaginé le moyen de les élever, et libre de déterminer le prix de ce service, demanda seulement que les jeux défendus à Venise fussent permis entre ces deux colonnes; ce même lieu fut aussi réservé aux exécutions, comme pour attester les suites de l'imprudente permission qui causa sans doute plus d'un crime. Les chapiteaux de ces colonnes sont gothiques; l'une porte la statue de saint Théodore, ancien patron de Venise, armée et montée sur un crocodile; et l'autre le lion ailé de saint Marc. C'est sur cette place que le fameux général Carmagnole eut la tête tranchée. Fils d'un pâtre, comme Sixte-Quint, il devint commandant des troupes du duc de Milan; bientôt la jalousie du duc le force à s'expatrier; passé au service des Vénitiens, ses glorieuses victoires ne peuvent le soustraire aux soupçons et à l'injustice. Sa perte est jurée; trois cents sénateurs gardent pendant dix-huit mois cet horrible secret. Carmagnole appelé à Venise, reçu avec de grands honneurs, conduit au palais ducal, est mis à la torture devant le conseil des Dix; objet du respect et de la reconnaissance de ses collègues, il n'en est pas moins condamné.

Ces antiques palais des nobles Vénitiens sont veufs de leurs illustres maîtres, qui d'abord avilis aux pieds de Bonaparte, se sont faits depuis les humbles sujets de l'Autriche; ils ont oublié que leurs aïeux léguèrent à Venise dans la personne des doges une succession de vieillards conservant, jusqu'au bord de la tombe, leur énergique patriotisme [1]. Un Dandolo, descendant de celui qui en 1202 refusa le trône de Constantinople, est aujourd'hui amiral autrichien; un Pesaro a trahi sa patrie au traité de Campo Formio [2].

A la galerie du palais *Manfredi*, on voit, avec un plaisir mêlé de respect, des Cimabué, des Mantegna, des Giotto. Le *Christ à Emmaüs*, de Jean Bellini, rappelle merveilleusement l'instant solennel où les disciples, déjà embrasés par les paroles de leur divin Maître, le reconnaissent enfin. Le palais *Grimani*, chef-d'œuvre de San Micheli, dont la façade et le vestibule sont d'un goût si pur, est un des riches et spacieux monumens de cette ville. Au palais Pisani, je

---

[1] Un procurateur, Foscari, âgé de 50 ans, était traité de jeune procurateur par le doge Mocenigo qui en avait 80.

[2] On assure que le dernier des Foscari remplit actuellement le rôle d'Arlequin dans une troupe de bateleurs ambulans.

retrouve avec bonheur le souvenir d'un des hommes les plus héroïques de la république; Victor Pisani, long-temps victorieux, fut trahi par la fortune à Pola; ses anciens triomphes ne le sauvèrent pas de l'ingratitude du peuple et du gouvernement. Le sauveur de la patrie fut chargé de fers, et enseveli trois mois au fond d'un cachot... La prise de Chioza fit bientôt craindre l'entrée de la flotte génoise dans les lagunes; toutes les espérances se tournent alors vers le héros méconnu; la ville retentit de gémissemens; mille voix redemandent Pisani à la tête des troupes; le rivage frémit des acclamations du peuple et des cris de *vive Pisani;* le prisonnier, traînant ses chaînes, s'avance vers une des grilles : *Vénitiens, vous ne devez crier que Vive saint Marc;* cette parole accroît l'enthousiasme; le sénat, contraint de rendre la liberté à l'amiral, le nomme commandant de la flotte; mais Pisani veut passer la nuit aux pieds de l'autel et purifier son ame aux sources célestes; il se confesse et communie. Religion sainte, voilà bien tes héros! Pisani parvint à bloquer la flotte génoise jusqu'à l'arrivée des vaisseaux commandés par l'amiral Zéno; et leurs efforts réunis déterminèrent les Génois à se rendre prisonniers.

On voit au palais Pisani un tableau de Paul Véronèse ; *la famille de Darius aux pieds d'Alexandre*, ouvrage magnifique, malgré l'anachronisme des costumes, tous vénitiens. Cet hommage de l'aimable artiste fut composé et exécuté avec une étonnante célérité ; il voulut le laisser à ses hôtes, en reconnaissance de leur bienveillant accueil.

Ne tarde donc plus à m'écrire, chère amie ; j'ai acheté le bonheur de te lire, quelques lignes même me consoleront ; au désert, le moindre feuillage plait au voyageur attristé. Tu aurais beau dire avec un vieil auteur que *se taire n'est pas oublier ; et qu'on savait aimer avant que l'écriture fût en usage* ; je te répondrai toujours avec le sage : *les soins d'un ami adoucissent l'ame, et l'espoir différé rend le cœur malade*.

LETTRE QUARANTE-UNIÈME

TURIN, 3 juin.

Pour vous faire apprécier, ma bonne mère, toute la joie que j'éprouve à me rapprocher de vous, je devrais vous dire ce que j'ai ressenti d'angoisse au jour de notre séparation. Forcée de m'éloigner sans même vous exprimer ma tendresse et mes regrets, il a fallu détourner brusquement mes regards de cette main si chère que j'aurais voulu presser ardemment contre mes lèvres et baigner de mes larmes : il a fallu feindre l'insouciance pour dérober à votre sensibilité la tristesse des adieux ! Ah ! ma mère, concevez-vous combien a dû être pénible cette répression des élans de mon cœur ? Mais puis-je croire que bientôt je vous reverrai dans votre douce et paisible demeure, lorsque mon imagination est encore envahie par le souvenir de cette Venise si étrange?

Il est à Venise deux édifices dans lesquels la puissance de cette république paraît s'être matérialisée : le palais ducal et l'arsenal. Le premier est un vaste monument d'architecture sarrasine, construction vraiment merveilleuse, crénelée de toutes parts, image fidèle de cette nation aventureuse; style sublime où la légèreté et la grâce se marient à la hardiesse et à la sévérité. Dans une cour immense sont rassemblées plusieurs statues de marbre blanc, entre autres celles de Cicéron et de Marc-Aurèle.

Sous les toits qui sont en plomb, se trouvent les prisons d'état nommées *i piombi*. Dans la partie la plus basse du palais étaient celles qu'on appelle *pozzi*, puits pratiqués dans l'épaisseur des murs. La porte inférieure par laquelle le criminel entrait dans son obscure cellule est murée aujourd'hui; le passage qui y menait est connu sous le nom douloureusement expressif de *pont des soupirs*.

C'est sur *l'escalier des géans*, orné d'arabesques, que le doge recevait les insignes de sa dignité : c'est là aussi que plus d'une fois la hache du bourreau fit tomber des têtes illustres. — Architecture et souvenirs, tout est grave et triste dans ce monument. Les deux doges qui l'ont fait construire ont eu l'un et l'autre les destinées les plus déplorables ; Foscari, dont le règne fut plein de gloire et de prospérité, vit périr sur l'échafaud ses deux fils innocens [1], et fut lui-même à quatre-vingt-quatre ans, déposé sous le vain prétexte d'incapacité [2]. Plus tard, Faliero, vieillard passionné et vindicatif, conçut le détestable projet d'asservir sa patrie et de massacrer les membres du conseil. — Bizarre conspiration ! terrible et solennel châtiment. — La tête de Faliero, tranchée dans le sein du palais ducal, vint rouler devant la multitude, sous les degrés du grand escalier. Ici du moins il y avait justice, et justice rendue à la face du ciel; mais que dire de ces assassinats juridiques, de cette violation des traités, de ce pouvoir sombre, inquiet,

---

[1] Suivant l'*Art de vérifier les dates*, Jacques Foscari, fils du doge, fut condamné, non à mort, mais au bannissement perpétuel.
(*Note de l'Éditeur*).

[2] L'histoire rapporte ces paroles si fières qu'il prononça en quittant le palais ducal : « Mes services m'y ont appelé ; » la malice de mes ennemis m'en fait sortir. »

menaçant, qui pesait jadis sur les serviteurs les plus dévoués, sur les généraux les plus illustres? Une inquisition ténébreuse poursuivait les citoyens jusques dans les actes ordinaires de la vie privée ; les moindres relations étaient épiées, interprétées et punies. Une promenade, une rencontre fortuite donnait lieu aux soupçons, aux délations et quelquefois à une longue captivité, à l'exil, ou même à une exécution secrète. Comme à Athènes, une haute vertu et la faveur populaire étaient souvent un titre de proscription [1].

---

[1] Un homme distingué, à qui l'auteur avait communiqué plusieurs parties de son manuscrit, et qui a bien voulu lui faire des remarques judicieuses ; s'exprime ainsi sur l'administration vénitienne, tant maltraitée par les écrivains de ce siècle :

« Les inquisiteurs et le conseil des Dix ont pu, pendant longues années, exercer des rigueurs qui allaient jusqu'à la barbarie. Il y a un fondement à ce qui a fourni le sujet de *Blanche et Moncassin*; mais j'atteste que, pendant les vingt ou trente ans qui ont précédé le renversement du lion et de l'autorité de *Saint-Marc*, les nobles seuls avaient à se plaindre de certaines exigences, de certaines privations. Celui qui sortait des états vénitiens sans permission était mis aux arrêts aussitôt après son retour. Hormis dans quelques fêtes et cérémonies publiques qui ne revenaient que tous les trois, quatre ou cinq ans, un noble ne pouvait parler ni à un ambassadeur, ni à quelqu'un logé chez lui. En cas de simple rencontre dans une maison, il fallait aller se confesser au tribunal suprême ; il y avait des obligations et des gênes de costumes dans les rues, à toute heure et au théâtre; on s'était relâché, pour les femmes, de la loi de ne paraître dans les salles de spectacle que masquées ; passé cela, le gouvernement de Venise était ce que j'ai connu de plus paternel. En respectant

Le sénateur Foscarini, doué de toutes les qualités qui pouvaient le rendre cher au peuple, excita la jalouse inquiétude du gouvernement; on l'arrêta et il disparut pour toujours.

l'ordre établi et ne bavardant pas sur le gouvernement, on était heureux, protégé, et même amusé sans cesse. Voilà la vérité pour les nationaux et aussi pour les étrangers. »

« Les bouches de marbre établies pour recevoir des dénonciations restaient vides, ou bien on n'y portait que des pauvretés. Quand on a ouvert révolutionnairement les prisons, il n'y avait pas plus de monde qu'à la Bastille forcée ici en 1789; et un complot épouvantable n'avait été puni, en la personne d'un prisonnier dalmate, que par une longue détention : je le vis avec le très-petit nombre de ses camarades délivrés. »

« Le pont des soupirs existait physiquement et matériellement, mais sa terreur n'appartenait qu'à l'histoire déjà ancienne. »

« *I piombi* n'avaient que l'inconvénient de la chaleur du toit qui recouvrait d'énormes salles, en belle vue et bon air du reste. Quant aux *pozzi*, ils étaient tellement malsains que depuis fort long-temps on avait renoncé à y renfermer qui que ce fût. »

« Je répéterai toujours que le gouvernement de Venise qui, avec quelques modifications, avait conservé ses formes, ses institutions pendant quatorze siècles, et qui n'avait dégénéré que progressivement, et par trop de faiblesse dans les hommes, était, pour la ville capitale, admirable en tout et pour tout; s'il y avait quelques abus marquans, des *prepotenze*, enfin des abus tenant à l'insolence ou à la petitesse d'esprit de certains nobles qui dédaignaient ceux de terre ferme, rien de semblable ne se voyait à Venise même. C'étaient les provinces seules qui souffraient d'une mauvaise administration. »

« M. Daru, quelque bons documens qu'il ait eus, comme serviteur en chef de Bonaparte, a dit, lui aussi, des choses fausses, sur l'ancien gouvernement et sur certaines circonstances des révolutions de 1796, 1797 et des années suivantes; Lacretelle a été encore plus mal informé.

Quels hommes que les Pisani, les Morosini, les Zéno ! Eh bien ! tous ont été plus ou moins victimes de l'odieuse ingratitude de ces oligarques. J'ai parlé déjà de Pisani. François Morosini fut l'un des héros de ce siége de Candie, le plus meurtrier dont l'histoire fasse mention. Accusé d'avoir traité avec le visir, il fut dénoncé au grand-conseil; et le peuple demanda sa tête; il l'aurait obtenue sans l'éloquence du procurateur Sagredo. Morosini conquit le Péloponèse et fut élu doge en 1688. Il est juste pourtant de dire que ses concitoyens désabusés lui érigèrent une statue avant même qu'il fût doge [1]. La vie de Zéno surtout est une suite non interrompue d'exploits et de glorieuses infortunes : héroïque lorsqu'il sauve sa patrie par ses victoires, il l'est encore lorsqu'il fait rentrer dans le devoir ses troupes révoltées; mais combien n'est-il pas plus magnanime quand, au retour de la fatale entreprise de Zara, menacé d'être jeté en prison, Zéno se tourne vers le peuple assemblé en disant : « S'il y a quelqu'un parmi vous qui soit cou-
» vert de plus de cicatrices que moi, qu'il se
» lève et se dise meilleur citoyen. » Il traverse

---

[1] « *Francisco Mauroceno Peloponesiaco adhuc viventi* : à François
» Morosini, péloponésiaque, de son vivant. »

alors les flots du peuple au milieu des acclamations, et va faire sa prière à Saint-Marc. Scipion accusé, monte au Capitole pour rendre grâces aux dieux de ses victoires ; Zéno vient à Saint-Marc implorer la protection céleste. Voilà bien, d'une part, le héros païen dont la vertu est toujours un peu entachée d'orgueil ; de l'autre, le chrétien, toujours humble même au sein de la gloire, et confessant que tout secours lui vient de Dieu.

Bientôt Zéno, à qui Venise devait son salut et sa splendeur, fut condamné à deux ans de prison. Devenu octogénaire, le noble vieillard, dépouillé des honneurs, et non de l'honneur, voulut faire un pélerinage à la terre sainte ; et, sur sa route encore, il obtint de nouveaux triomphes ; il aida Lusignan, roi de Chypre, à défendre sa capitale contre les Génois, les força à se rembarquer et à signer un traité. Les marins accompagnés du doge, du sénat, et de tous les habitans de Venise, portèrent le corps de Zéno couvert de quarante blessures à sa dernière demeure.

Dans la salle du grand-conseil, sur la frise supérieure des panneaux, on voit les portraits de soixante-quatorze doges, à dater de l'an 804. Un cadre vide remplace celui de Marino Faliero, avec l'inscription si connue : *Hic est locus Marini Falethro, decapitati pro criminibus.* « Ici est la place de Marino Faliero, décapité à » cause de ses crimes. » Viennent ensuite des salles où Titien, Tintoret, et Paul Véronèse ont déposé plusieurs de leurs chefs-d'œuvre. Là sont retracés beaucoup de faits et d'actions d'éclat qui honorent la république vénitienne ; c'est comme une tradition vivante de la gloire effacée de cette nation jadis fameuse, à laquelle l'Europe doit sans doute de n'être pas tombée sous le joug musulman. Sans la vigilance armée de cette puissante république, sans les pieuses libéralités, sans les hautes et puissantes exhortations des souverains pontifes, en un mot sans la *folie* des croisades, les sectateurs de Mahomet auraient fini par envahir l'Europe du moyen âge ; ils auraient imposé leur despotisme absurde, leurs croyances brutales, leur ignorance et leurs mœurs effrénées à nos contrées où le christianisme a répandu toutes les douceurs de la civilisation. Hélas ! Pourquoi les princes européens, dans leur étroite politique, sont-ils plus tard demeurés sourds à la voix des papes qui voulaient secourir les Grecs de Constantinople, avec le même zèle et la même charité qu'ils avaient déployés en faveur des Latins de Jérusalem ? Calixte, Pie, Nicolas, vos efforts pour sauver Byzance ont été alors infructueux : mais l'équitable histoire les a recueillis; un jour sans doute ils porteront leurs fruits.

Il n'est pas possible de sortir du palais sans citer un tableau du Titien et une fresque de Paul Véronèse ; le premier est une *assomption;* ici ce n'est plus dans les détails et dans l'harmonie de l'ensemble qu'il faut chercher la pensée de l'artiste. L'assomption tout entière est dans la figure céleste de la Vierge. A travers ce visage radieux et pur, on aperçoit une ame qui aspire au ciel, qui s'envole vers sa demeure. Le firmament n'ajoutera rien à l'éclat de cette beauté divine ; on est tenté de croire qu'il en recevra une splendeur nouvelle [1].

La bibliothèque de Venise doit son origine

[1] La fresque de Véronèse, placée dans la salle du Conseil des Dix, est une apothéose de Venise. Cette ville, sous la figure d'une femme portée sur les nues, couronnée par la Gloire, est précédée de la Renommée, environnée de la Paix et de l'Abondance. Des cardinaux, des évêques, des guerriers, de nobles Vénitiens, de grandes dames la contemplent. On y voit aussi des trophées d'armes et des prisonniers enchaînés.

à Pétrarque qui lui légua tous ses livres, ces chers livres qui l'accompagnaient partout et dont il ne voulut se séparer qu'à sa mort. Dans la première salle, s'élève un monument à la mémoire d'un autre bienfaiteur de cet établissement précieux, du cardinal Bessarion [1] qui offrit ses manuscrits au sénat de Venise, en reconnaissance de l'accueil que cette république lui avait fait, après la chute déplorable de Constantinople.

L'arsenal, situé derrière le quai des Esclavons, n'est point tout-à-fait vide et délaissé comme le palais du doge. Le gouvernement autrichien, dans son intérêt, a soin d'y entretenir un grand dépôt d'armes et de munitions de guerre ; mais ce n'est plus le temps où des flottes s'y construisaient, où les vaisseux de première grandeur y abordaient, où enfin ces édifices qui ont une lieue de tour recélaient des armes pour quatre-vingt-cinq mille hommes. Les lions du mont Hymette veillent toujours à l'entrée de cette vaste forteresse, comme s'il y avait encore une patrie à défendre.

[1] La lettre que Bessarion adressa au sénat de Venise en lui léguant sa bibliothèque, est assurément le plus bel éloge de la littérature et des livres qui ait été écrit depuis le discours de Cicéron pour Archias. (*Note de l'Éditeur*).

Les salles d'armes ont été dépouillées de leurs principaux ornemens; parmi ceux qui restent, il m'est doux de pouvoir nommer le drapeau amiral pris à la bataille de Lépante, et l'armure de notre Henri IV, donnée par le grand roi à la république qui avait inscrit son nom sur le livre d'or des patriciens. Il ne fallait rien moins que la vue de cette héroïque armure pour amortir un peu l'impression pénible que me causèrent les instrumens de torture étalés dans cette même salle.

Lorsqu'Henri III, se dérobant à l'amour de la Pologne, pour recueillir le mépris de la France, passa à Venise, toutes les pièces d'une galère furent assemblées en deux heures, et le vaisseau fut lancé à la mer en présence du monarque. Il est une famille vénitienne, dont le nom se rattache toujours à l'histoire de ce grand établissement : les Alberghetti ont dirigé constamment les fonderies ; on leur doit les onze salles d'armes et des ateliers de toute espèce.

Philippe de Comines, ambassadeur de Charles VIII à Venise, parle aussi de cet arsenal avec admiration. Je te renvoie à ses Mémoires où tu trouveras, je pense, de piquans détails sur la belle réception qui lui fut faite dans cette circonstance [1].

[1] Audit lieu de la Chafousine vindrent au devant de moy, vingt-cinq gentils-hommes bien et richement habillez, et de beaux draps de soye et escarlatte ; et là me dirent que ie fusse le bien venu ; et me conduisirent iusques prés la ville en une Eglise de Sainct-André, où derechef trouvai autant d'autres gentils-hommes, et avec eux les ambassadeurs du Duc de Milan et de Ferrare, et là aussi me firent une autre harangue ; et puis me mirent en d'autres batteaux qu'ils appellent plats : et sont beaucoup plus grands que les autres : et y en avoit deux couverts de satin cramoisy, et le bas tapissé, et lieu pour seoir quarante personnes : et chacun me fit seoir au milieu de ces deux Ambassadeurs (qui est l'honneur d'Italie, que d'estre au milieu) et me menerent au long de la grande ruë, qu'ils appellent *le grand Canal* : et bien large, les galées y passent à travers, et y ai veu navire de quatre cens tonneaux ou plus, prés des maisons : et est la plus belle ruë que ie croi qui soit en tout le monde : et la mieux maisonnée, et va le long de ladite ville : Les maisons sont fort grandes et hautes, et de bonne pierre : et les anciennes toutes peintes, les autres faites depuis cent ans ; tous ont le devant de marbre blanc, qui leur vient d'Istrie, à cent milles de là : et encores ont mainte grande piece de porphire et de sarpentine sur le devant. C'est la plus triomphante cité que i'aye iamais veuë ; et qui plus fait d'honneur à ambassadeurs et estrangers, et qui plus sagement se gouverne, et où le service de Dieu est le plus solemnellement faict : et encores qu'il y peut bien avoir d'autres fautes, si croy-ie que Dieu les a en aide, pour la reverence qu'ils portent au service de l'Eglise : En cette compagnie de cinquante gentils-hommes, me conduisirent jusques à Sainct-Georges : qui est une abbaye de moines noirs reformez, où ie fus logé : Le lendemain me vindrent querir, et mener à la Seigneurie : où présentay mes lettres au Duc, qui préside en tous leurs conseils ; honoré comme un Roy : et s'adressoient à lui toutes lettres : mais il ne peut gueres de lui seul : toutesfois cestui-cy a de l'authorité beaucoup, et plus que n'eust iamais prince qu'ils eussent ; aussi il y a desia douze ans qu'il est Duc ; et l'ay trouvé homme de bien, sage, et bien experimenté aux choses d'Italie, et douce et amiable

Venise peut considérer Canova comme le dernier de ses grands hommes ; elle conserve avec un pieux respect divers ouvrages de cet illustre artiste. L'an dernier, j'ai essayé de caractériser un talent si admiré et si digne de l'être. I' me reste à ajouter un mot pour faire connaître la manière dont ce prodigieux talent est apprécié en Italie, où le sentiment des arts est tout à la fois si répandu et si judicieux. Canova ne peut ni ne doit être mis en parallèle avec Michel-Ange ; il n'a ni la hardiesse ni la profondeur de ce sublime géant des arts ; Canova avait plutôt le génie du beau que le génie du grand ; il est plutôt le Virgile que l'Homère de la sculpture ; il n'y a point, dans ses œuvres, de ces écarts qui subjuguent l'admiration et choquent le goût. C'est un Grec, mais un Grec d'Athènes ; quand il s'élance, c'est pour atteindre les limites du beau idéal ; le réel et le positif en ce genre ne lui suffisent pas ; les modèles humains sont pour lui trop vulgaires ; il semble qu'il ait cherché les siens dans le ciel ou dans une nature supérieure que lui seul connaissait. Il a une telle aversion pour tout ce qui s'éloigne

---

personne. Aprés me firent monstrer leur autre tresor : qui est un Arcenal, où ils esquipent leurs galées, et font toutes choses qui sont necessaires pour l'armée de mer : qui est la plus belle chose qui soit en tout le demeurant du monde aujourd'huy, et la mieux ordonnée pour ce cas.

des règles de la beauté qu'il s'est fait une loi de rendre gracieux des objets mêmes et des situations qu'avant lui on avait toujours exprimés sous des formes plus ou moins choquantes. Sa *Madeleine*, que d'autres ont dépeinte amaigrie, exténuée, décharnée par les austérités de la pénitence, est encore belle de cette beauté triste et touchante qui s'allie si bien avec le repentir. Dans un de ses groupes, la figure de *Méduse*, au lieu d'être contractée hideusement, conserve une sorte de régularité de traits, un reste de douce harmonie. On peut porter le même jugement d'*Hercule jetant Lycas à la mer;* malgré sa fureur frénétique, Hercule conserve dans ses traits et dans son attitude une sorte de dignité pure et vraie qui effraie sans repousser. Tous les mouvemens du jeune homme qui se débat sous la main du demidieu sont, s'il est permis de le dire, corrects et harmonieux. Oui sans doute il faut regretter que Canova se soit fait un système de nudité qui afflige parfois la pudeur; mais il faut le féliciter d'avoir agrandi son art; il a protesté d'avance contre la tendance actuelle des esprits, à peindre l'horrible et à franchir toutes les bornes de la laideur physique et morale. C'est dans son ame que le statuaire vénitien a puisé cet amour de la pureté idéale dont ses œuvres retracent l'admirable expression. Son génie semblait être le fils de son caractère. Douce aménité, penchant à la tendresse, franchise sage et tempérée, vive bienfaisance, piété éclairée et solide, telles étaient les principales qualités morales de ce sage et noble génie. Sincère ami de sa patrie, il la vit avec une douleur inconsolable passer sous la domination française, puis sous le joug autrichien. J'ai bien regretté de n'avoir pu aller à Passagno, où il naquit en 1757, et où plus tard ses concitoyens, ayant à leur tête la belle et sage Betta-Biasi qu'il avait aimée, lui firent une réception si glorieuse et si touchante; j'aurais vu s'élever l'église qu'il a voulu réédifier à l'aide des bons habitans! Oh! que j'aurais aimé à contempler toutes ces femmes et ces jeunes filles concourant joyeusement à la reconstruction de l'édifice; et, le front couronné de fleurs, trainer en chantant, les brouettes chargées de pierres! Il y aurait là un joli sujet de tableau. La fin de Canova fut digne de toute sa vie.

Tout le monde veut partir; on ne me laisse pas le temps d'étudier cette Venise que j'ai dévorée avec une avidité superficielle, et qui pourtant est peut-être la ville la plus singulière de l'univers.

LETTRE QUARANTE-DEUXIÈME.

TURIN, 5 juin.

En échange du plaisir que me procurent tes lettres, mon Amédée, je veux t'adresser quelques-unes de ces réflexions que ton bon naturel et ta sage docilité accueillent toujours si bien. « Des sentimens élevés, a-t-on dit, des affec» tions vives, des goûts simples font un » homme [1]. » Il me semble que tu es en bonne voie pour remplir cette triple condition. N'accorder son estime qu'aux hommes de bien et de mérite, son respect qu'à la vertu et au malheur, son admiration qu'à l'héroïsme et au génie, voilà, je crois, ce qui constitue l'éléva-

[1] M. de Bonald. Pensées.

tion de l'ame ; or, quand les sentimens sont élevés, il est permis aux affections d'être vives ; une noble délicatesse est la meilleure sauvegarde du cœur ; elle le préserve des entrainemens de la sensibilité ; elle le défend contre ces sympathies apparentes auxquelles, dans la jeunesse, on se livre quelquefois si imprudemment ; elle nous dit comme saint Paul : « Ne vous atta-
» chez pas à un même joug avec les infidèles :
» quelle union peut-il exister entre la justice
» et l'iniquité, quel commerce entre la lumière
» et les ténèbres ? » Celui dont l'esprit est resté vulgaire et dont le cœur n'a su aimer ni avec noblesse, ni avec activité, celui-là est forcé de chercher dans le faste et le bruit un dédommagement à son aridité intérieure ; à défaut de chaleur il lui faut de la flamme, à défaut de sentimens il veut des sensations. Au contraire, l'homme qu'ont envahi de grandes et pures impressions, n'a que faire d'un éclat extérieur et de jouissances factices : il se complait dans la simplicité de la vie intime, dans les douceurs que lui offre une nature toujours assez riche pour ses désirs, toujours assez prévenante pour ses besoins.

J'ai revu avec une triste joie l'aimable comtesse de Cessole : tu te souviens qu'elle me soigna à Nice comme son enfant ; et, malgré la cruelle douleur que vient de lui causer la mort de sa fille, elle a trouvé encore un sourire à m'accorder.

Je dérobe quelques instans à notre dernière veillée pour te conter mon voyage de Venise à Turin.

De Padoue à Vicence, la route traverse un pays varié, coupé de canaux et de jolies plantations de mûriers ; les montagnes du Frioul bornent l'horizon. Palladio, né en cette ville de Vicence, a voulu léguer à sa patrie des édifices dignes d'elle et de lui ; ces monumens ont d'autant plus d'éclat que la plupart se trouvent dans des rues étroites et mal percées. Palladio, surnommé le Raphaël de l'architecture, posa les bornes d'un art parcouru avec tant de gloire par les Bramante, les Michel-Ange et les Vignole. Son célèbre théâtre olympique donne une assez juste idée du goût des anciens ; les gradins sont disposés en demi-ellipse ; des maisons, des temples et des forêts servent de décorations ; grand nombre de statues en stuc ornent la façade et toute la colonnade de l'édifice.

Vicence a un très-beau pont, autre ouvrage de Palladio, garni d'une balustrade en marbre. Les troupes du prince d'Anhalt, général de l'empereur Maximilien, traitèrent cette ville, en 1516, avec une grande barbarie ; plus de mille personnes, retirées au fond d'une grotte voisine de Vicence, y périrent par le feu que de féroces soldats, aventuriers français, allumèrent à l'entrée de la caverne. Malgré ce fait atroce, plusieurs historiens italiens, entre autres Sismondi, remarquent que les Français, après la première ivresse de la victoire, étaient bien moins cruels, moins cupides surtout que les Allemands, les Suisses et les Espagnols. Notre nation à toutes les époques fut regardée comme humaine, loyale et généreuse.

Les Vicentins, pénétrés de gratitude pour Barthélemi de Bragance, leur évêque, qui était parvenu à les réconcilier avec les Padouans, voulurent le proclamer leur seigneur. Au milieu de ces tristes et interminables dissensions qui déchiraient le sein de l'Italie, on vit le corps épiscopal exerçant toujours un ministère de pardon et de concorde. Bosquet à Modène, Gaule de Bergame à Brescia et tant d'autres, pleins d'ardeur et de patriotisme, lorsqu'il fallait exciter le peuple à défendre ses foyers, devenaient des missionnaires de paix, quand il s'agissait de désarmer les partis et de rétablir l'union entre les peuples.

Jusqu'à Vérone, le pays, très-riche, est soigné comme un jardin; au lointain on aperçoit les *sept collines*. Là, dans les flancs de ces rocs, sur le sommet et au pied de ces collines, vit et se perpétue une race d'hommes qui semblent étonnés eux-mêmes de s'y trouver : leur taille athlétique, leurs cheveux crépus, l'étrangeté de leur figure, tout en eux paraît confirmer la tradition qui les fait considérer comme des Cimbres qu'une épée victorieuse a poursuivis jusque-là. On dirait à les voir qu'ils se souviennent toujours des mers du Bosphore et qu'ils frissonnent au nom de Marius [1].

Sous l'empire romain, Vérone était une des villes les plus remarquables de l'Italie. Est-il plus magnifiques vestiges de sa splendeur antique que cet amphithéâtre encore debout? Mais voici

---

[1] Leur langage conserve des traces de cet ancien saxon dont les débris ont enrichi la plupart des idiomes de l'Europe septentrionale. (*Note de l'Éditeur*).

des traits de sa puissance guerrière au moyen âge : de vieilles portes et des restes de murs hérissés de tourelles, flanqués de tours, des ponts à parapets crénelés et des églises qui ressemblent à des forteresses. Vérone est située dans une plaine partagée par l'Adige qui s'y promène majestueusement, comme pour se reposer de sa descente précipitée des montagnes du Tyrol. Le fleuve est traversé par quatre ponts dont l'un ne sert qu'une fois l'année, tant on respecte sa vieillesse chancelante. Cette ville renferme d'ailleurs plusieurs palais d'une architecture très-estimée : la porte de *Stupa* ou *del pallio*, par *San-Micheli*, est d'un très-bel effet. Vérone, qui a fourni à l'ancienne Rome plusieurs personnages illustres, se glorifie dans les temps modernes de ces savans et vaniteux Scaliger [1] qui prétendaient descendre des La Scala, seigneurs de Vérone, personnages bien plus historiques ; la cour brillante de Cane I.er, généreux ami des sciences et des arts, fut l'asile des princes détrônés. C'était alors le souverain le plus riche de la chré-

---

[1] Jules-César Scaliger, disait dans son naïf orgueil : « Qu'on » mette ensemble Xénophon et Masinissa, et que des deux on » n'en fasse qu'un ; ce qui se formera d'un composé si excel- » lent n'approchera point encore de moi. » *Entretiens de Balzac.*

tienté, après le roi de France ; il eut à la fois, à sa cour, vingt-trois princes dépossédés ; guerrier, artiste et littérateur, toutes les victimes des révolutions et de la fortune, avaient à sa cour un logement où plutôt un temple à part, orné de devises et de symboles. Cane II fut un tyran. Les historiens rapportent de Benoît Scala des prouesses dignes des héros d'Homère. Le monument de ees princes, qui occupe un carrefour, est un morceau d'architecture gothique d'un travail plein de délicatesse et de singularité ; un sarcophage, des pyramides, des colonnes, des piliers, une espèce de clocher, des statues, tout cela se trouve là je ne sais comment. Au-dessus de la porte du théâtre, figure le buste de Maffei, gentilhomme aussi distingué par ses talens comme écrivain, que par son mérite militaire. Son intrépidité à la bataille de Donawert donne un grand poids aux principes qu'il développe dans son ouvrage sur le duel. Cet écrit, d'une force de logique et d'une vérité de sentiment entraînantes, combat avec succès *le préjugé féroce qui met toutes les vertus à la pointe d'une épée.* On sait que Maffei est le premier poëte moderne qui ait traité le beau sujet de Mérope. La *Mérope* de Voltaire et celle d'Alfieri n'ont pas fait oublier l'ouvrage de Maffei qui eut soixante éditions. Les Véronais se glorifient d'un poëte contemporain, le marquis Giovanni Pendenonte, qui a publié en 1804 des tragédies, sous le titre modeste de *Composizioni teatrali*. Sa pièce de *Genièvre d'Ecosse*, est écrite avec un charme entrainant ; les temps de la chevalerie, qui sont pour notre histoire ce que furent pour les Grecs les siècles héroïques, y sont peints avec les couleurs les plus fraîches et les plus heureuses. Le personnage de Genièvre excite au plus haut degré l'intérêt et l'attendrissement.

Castello-Vecchio, château élevé par les Visconti, est presque détruit, ainsi que le fort de Saint-Pierre, où Bérenger surprit l'empereur Louis et lui fit crever les yeux.

Parlons enfin de l'amphithéâtre, le grand monument de Vérone ; il pouvait contenir vingt-quatre mille personnes assises sur quarante-cinq rangs de gradins, construits en beaux blocs de marbre. On y retrouve les vomitoires, les escaliers et les corridors ; cette arène est attribuée au temps de Domitien ou de Trajan ; la grandeur et la beauté des proportions le placent parmi les plus magnifiques restes de l'antiquité. Au passage de Pie VI et de Joseph II, vingt mille personnes y furent rassemblées.

Pourquoi les ruines excitent-elles plus d'intérêt qu'un monument intact, quelque beau qu'il puisse être ? Immuable sans être éternel, fini sans être parfait, ce monument fatigue à la longue l'enthousiasme le plus opiniâtre. On le revoit aujourd'hui tel qu'il était hier ; il sera demain aussi beau, aussi régulier qu'il est à l'heure présente ; il ne faut pas se hâter pour en jouir. Une ruine au contraire que chaque jour semble modifier, s'altère et se décompose avec une célérité effrayante ; cette ruine, dis-je, nous attire par sa caducité même qui nous laisse entrevoir une mort, une destruction plus ou moins prochaine. Les débris ont quelque chose d'animé, de vivant, d'humain enfin qui manque aux édifices jeunes et entiers.

Avant Néron, le peuple n'assistait que debout aux jeux du cirque, de peur qu'une situation commode ne l'y retînt des jours entiers.

Près de Vérone, Stilicon [1] remporta une vic-

[1] Ce grand homme, proclamé deux fois le libérateur de l'Italie, fut indignement massacré par les ordres du faible Honorius, dont il avait soutenu le trône chancelant avec tant de génie.

toire signalée sur Alaric. C'était donc des généraux barbares qui soutenaient l'empire romain ; Stilicon le Vandale, le Franc Arbogaste, Aétius. Charlemagne assiégea huit mois Vérone où s'était renfermé le jeune Adalgise, fils de Didier, dernier roi des Lombards. Notre *cicerone* n'a pas jugé à propos de nous conduire à Saint-Zenon et Saint-Procule qui renferme le tombeau de Pepin et celui du pape Luce III. Les statues de Roland, d'Olivier, et celles de la mère, de la femme et de la fille de Charlemagne méritaient bien une visite. Nous sommes allés voir la salle très-vulgaire du congrès de 1822, où furent traités les grands intérêts de la Grèce et de l'Espagne.

Louis XVIII passa quelque temps à Vérone, entouré de quelques amis et serviteurs fidèles; il habitait le *casino Gazzola*, plus heureux sans doute qu'il n'est maintenant dans ce palais où le passé est si douloureux. Après y avoir vécu en philosophe, il sut parler et agir en roi, lorsque le gouvernement vénitien, sur une invitation du directoire, eut l'indigne faiblesse de signifier à ce prince l'ordre de quitter le territoire de la république. Louis XVIII déclara qu'il allait se retirer ; mais, en même temps, il chargea l'ambassadeur de Russie d'effacer du livre d'or le nom des Bourbons et de reprendre l'armure de Henri IV, que Venise n'était plus digne de posséder.

Un jardin recèle à Vérone la tombe commune de Roméo et de Juliette; quel hommage rendrai-je à ce couple infortuné? je relirai le beau drame de Shakespeare, immortelle élégie consacrée à leur mémoire. Les Véronais ont conservé le souvenir d'une femme que l'étude préserva des malheurs attachés à ces funestes passions; c'est Isotte Nogarola qui brilla par ses talens oratoires et poétiques. Elle assistait aux conférences qui se tenaient chez le podestat Foscarini; et un jour, comme on agitait la question de savoir si la faute de nos premiers pères ne doit pas être plutôt attribuée à Adam qu'à sa compagne, Isotte plaida la cause d'Eve avec tant de succès que son discours fut imprimé cent ans plus tard. On ne sait, dit M. Ginguené, si ce furent ses préventions contre Adam qui l'engagèrent à garder le célibat.

Je cède enfin, mon enfant, aux murmures de nos compagnons; ils m'accusent de leur ravir notre dernière soirée; mon cœur accueille une plainte si bienveillante. Adieu.

LETTRE QUARANTE-TROISIÈME.

LYON, 7 juin.

ME voici heureusement arrivée à Lyon, chère et bonne mère, où j'ai retrouvé mon amie, la comtesse de R...., consolation qui m'était bien nécessaire ; car notre départ de Turin fut pénible. Habituée depuis plusieurs mois à des soins tendres et journaliers, je me laissais doucement bercer au charme de ces relations aimables, et j'allais oublier les obligations que la providence m'a imposées. Le grand danger pour certains caractères naît au sein des douceurs de l'amitié ; si l'on est trop comprise, le courage s'affaiblit ; mieux vaudrait, je pense, un isolement absolu.

A l'approche de Brescia, les collines varient d'aspect à chaque instant ; les unes sont chargées de vignes ou de plants d'oliviers ; les autres supportent de jolies *villa* ou de grands jardins. Brescia est dominée par une hauteur sur laquelle est assis un vieux château ; les campagnes qui l'environnent sont fertiles et arrosées par plusieurs rivières. C'est une des plus fortes et des plus belles villes de l'Italie. Ravagée par les Goths, les Huns, les Allemands, elle fit partie de la ligue qui s'était confédérée, à dessein de s'affranchir du joug de l'empereur Fréderic Barberousse, et elle arbora tour à tour l'étendard des Guelfes et des Gibelins. Brescia essuya un siége mémorable, lorsque le duc de Milan voulut la reprendre. Un tyran et un héros la saccagèrent : Ezzelin et Gaston de Foix. C'est dans cette ville qu'eut lieu la scène si naïvement sublime de l'histoire du plus courtois et du plus vaillant de nos chevaliers.

Ce serait présomption de nous vanter d'avoir bien vu le nord de l'Italie ; nous avons parcouru ces contrées comme un lecteur qui se borne à lire les titres des chapitres, à feuilleter quelques pages ; telle a été notre course à travers Padoue, Ferrare, Venise, Vicence, Vérone et

Brescia. J'aurais bien voulu visiter les bords du lac de Côme. Quant aux îles Borromées, elles me laissent peu de regrets ; il y a, dit-on, trop d'art dans ces jardins ; tous ces ornemens, toutes ces beautés d'apprêt sont bien peu de chose en face des magnifiques montagnes qui les environnent.

Vous dirai-je un fait d'une horrible singularité ? La comtesse de . . . . . ., ayant d'abord échoué dans une tentative d'assassinat contre son mari, lui fit tirer un coup de fusil à travers un buisson ; l'époux benin se contenta de lui dire : *mon amie, tu n'es pas méchante ; mais tu es bien mal conseillée*. On ne reconnaît plus là les vengeances italiennes.

En longeant jusqu'à Milan un canal, ouvrage de Vinci, nous admirions la riche culture de la Lombardie et l'aisance répandue parmi ses habitans. Comment donc expliquer, avec de tels élémens de prospérité, la décroissance qui s'est opérée dans la population de cette contrée, depuis le quatorzième siècle [1] ? Notre journée

---

[1] Milan, comme Venise, Florence et Bologne avait 200,000 habitans ; Sienne en avait 100,000 ; on avait vu à Florence trois fils de Pierre d'Albizi à la tête de vingt-cinq à trente de leurs

de Milan à Turin, au milieu de ces belles plaines, n'a offert de remarquable qu'une route si unie et si roulante que nous fîmes trente-neuf lieues en treize heures.

C'est à Verceil que furent vaincus les Cimbres dont la défaite, a dit un historien, fut le salut de l'Italie. Pour moi, je serais tentée de mettre en question si les ravages des barbares eussent été plus funestes à cette belle contrée que les factions de Marius et de Sylla. Les invasions des barbares aidèrent du moins à l'extinction totale de l'idolâtrie; d'une part, les vaincus ne trouvaient de refuges que dans la religion catholique, et de l'autre les vainqueurs admiraient l'héroïsme des ministres de cette religion divine. Les peuples, dit Salvien, aimaient mieux être libres chez les barbares, sous les apparences de la servitude, que d'être esclaves chez les Romains, avec des formes de liberté.

enfans; dont les Pitti, les Solerini, les Doria, les Spinola à Gênes, les la Torre à Milan, les Avogaderi, les Tezzoni à Verceil, les Solari d'Asti, les Rossi de Plaisance, les Oddi et les Baglioni de Perouse formaient de véritables tribus; mais les guerres de Charles-Quint et de François I.er firent périr 200,000 hommes; les calamités de tous genres, le luxe asiatique que les Riario, les Borgia, les La Rovere introduisirent en Italie, déterminèrent un grand nombre de citoyens à garder le célibat; on ne pouvait plus dire avec David : *Leurs enfans seront comme des flèches entre les mains d'un homme robuste.*

Me voici au pied des Alpes, imposante barrière qui va me séparer à toujours de cette belle Italie, de cette Rome où j'avais éprouvé des émotions si pures et si élevées. Les torrens roulaient leurs eaux avec un fracas monotone; le vent sifflait, rugissait dans les fentes des rochers, dans les cimes touffues des arbres; la pluie tombait à flots; l'air était chargé des plus épais nuages; on ne voyait dans ces vallons aucune créature humaine; ces solitudes étaient plus désertes que jamais; il me semblait en un mot que la nature en deuil daignait se rendre l'interprète de mes regrets et voulait pleurer avec moi : ma tristesse était grande, ce fut sous l'influence de ces amères pensées qu'en arrivant à Suze, je courus chercher un refuge au pied des autels; je priai avec ferveur; et le calme était rentré dans mon ame avant même qu'il fût rétabli dans la nature.

Suze est une petite ville située dans une gorge qui s'appelle le *pas de Suze*; il reste quelques débris de l'ancienne citadelle, et dans un jardin, l'arc dédié à Auguste. En traversant le mont Cenis, je regrettai le Simplon; toutefois les lacs, les cascades, les accidens ont bien leurs charmes; mais ces montagnes dépouillées de la parure d'une belle végétation, ces murs de neiges qui bordent la route, glaçaient mon imagination aussi bien que mon corps. Plus bas les ondes écumantes de l'Arcq coulent le long de ses rives désolées et ne réflechissent jamais l'azur du ciel.

Adieu, ma bonne mère; mandez-moi le moment où nous seront réunies. J'ai besoin de diriger mes espérances vers cette douce pensée.

Avec quelle joie aussi je retrouverai mon meilleur ami, le comte de St.-M....! N'en soyez point jalouse; n'est-ce pas mon père que j'aime en lui; n'est-ce pas sa noble et délicate sensibilité, cet art de deviner pour compatir, de comprendre pour éclairer, d'interpréter pour excuser? Ah! dites-lui que toutes les relations les plus délicieuses ne pourront jamais le déplacer dans mon cœur.

LETTRE QUARANTE-QUATRIÈME.

LYON, 8 juin 1824.

J'ai revu Milan, mon bon frère, et l'ai revu, si je puis le dire, avec d'autres yeux. Moins malade, moins abattue que lors de mon premier passage, j'ai à modifier quelques-uns de mes jugemens. La cathédrale, que j'avais jugée un peu superficiellement, me semble aujourd'hui offrir dans sa plénitude cette beauté morale et religieuse qui me charme. Après un séjour prolongé sur la terre des anciens, au milieu de ces gracieuses constructions où le style grec est demeuré en quelque sorte le maître, j'aime à revoir enfin un de ces temples où domine sans restriction la véritable architecture chrétienne; c'est surtout dans cette cathédrale dont les voûtes paraissent se confondre avec la voûte du ciel, que l'ogive déploie toutes ses mystérieuses beautés ; c'est là surtout que, symbole aérien du détachement des choses terrestres, elle s'élance rapide et légère pour fuir et pour se perdre dans les régions éthérées. Du reste, on voit bien qu'on a encore le pied en Italie ; ici même les formes grecques n'ont pas entièrement lâché prise ; on croit les reconnaître encore dans le dôme dont elles n'ont laissé que la moitié au style gothique. Ce dôme, surmonté d'une foule d'aiguilles pyramidales et de mille ornemens avec lesquels l'artiste paraît s'être joué, est une création vraiment fantastique.

Rien de plus éclatant que l'extérieur de cette immense cathédrale. Quatre mille statues de marbre blanc disséminées sur les murs, les portails, sur les plates-formes, les toits et les tours, sont là comme un peuple immobile veillant à la garde du temple. Partout ce n'est que bas-reliefs, bustes, cariatides, broderies en marbre. Ainsi au dehors, élégance, richesse, prodigalité d'ornemens, majestueux éclat qui attire, invite ; c'est le *compelle intrare* dans toute sa belle acception ; à l'intérieur, sainte obscurité, pompe auguste et sévère, des sépultures, des confessionnaux, tout ce qui parle enfin d'amour, de repentir et de miséricorde. Tel est le catholicisme; la pompe de ses cérémonies, l'éclat de ses monumens offrent un attrait auquel on ne résiste pas. Puis, quand il vous a reçu dans son sanctuaire, il vous façonne aux sacrifices, vous habitue à l'abnégation, vous fait goûter les douceurs secrètes du dévouement.

Oui, repentir, amour et miséricorde, voilà ce qui appelle le chrétien aux pieds des autels; il n'y vient que pour prier et pleurer; c'est un *miserere* universel chanté en tous lieux par les fils d'Adam, enfans d'exil et de douleur. Telles sont les églises gothiques. A Saint-Pierre de Rome, dans ce temple des temples, où l'on est plus près du ciel, c'est l'éternel *alleluia;* c'est le *te Deum* sans fin qui, entonné par les anges, retentit sous ce dôme et s'y répète en mélodieux et célestes accords.

J'ai visité encore la vieille basilique de Saint-Ambroise; massive architecture, cachet vénérable des premiers âges, vaste parvis, style de décadence, mais des souvenirs bien supérieurs au prestige des arts et de la gloire humaine.

Là, sous ce grand autel, reposent depuis plus de quinze siècles les cendres d'un homme que Milan vénère comme son plus bel ornement, que l'église a mis au rang de ses saints docteurs, que l'éloquence chrétienne honore comme l'un de ses plus glorieux soutiens. Ambroise à mes yeux brille d'un éclat particulier; je vois en lui un modèle touchant d'amour fraternel. De tous ses écrits, où il a répandu avec tant de profusion l'onction évangélique, celui que je préfère, c'est assurément cette belle oraison funèbre où il déplore la mort de Satyrus, son frère bien aimé [1]; il n'est pas possible de s'ex-

[1] Oh! que n'ai-je pu, au moment où la mort vous frappait, opposer à ses coups ma propre chair! Si j'avais vu des glaives dirigés contre vous, c'est moi que j'aurais voulu à votre place exposer à leurs pointes meurtrières; et, s'il m'eût été possible de rappeler votre ame fugitive, c'est la mienne que j'aurais offerte pour victime. Il ne m'a donc servi de rien d'avoir recueilli son haleine mourante; d'avoir collé ma bouche sur ses lèvres à demi éteintes. Vainement j'essayais ou de faire passer la mort dans mon sein, ou de lui communiquer ma vie! Gages pleins à la fois d'amertume et de douceur! Funestes embrassemens, durant lesquels je sentais son corps se raidir et se glacer, et son dernier souffle s'évanouir! Je le serrais dans mes bras entrelacés, et j'avais déjà perdu celui que je tenais encore! Ce souffle de mort, dont je me suis pénétré, est devenu pour moi un souffle de vie. Fasse du moins le Ciel qu'il purifie mon cœur, et qu'il mette dans mon ame l'innocence et la douceur de la sienne! Que vais-je donc devenir présentement, que j'ai perdu tous les charmes, toutes les consolations et tous les embellissemens de cette vie? C'était vous, et vous seul qui soulagiez mes ennuis domestiques, étiez au-dehors mon plus bel ornement; vous, l'arbitre de mes

primer avec une piété plus tendre, une mélancolie plus affectueuse; ainsi David dut pleurer Jonathas [1].

A Milan, nouveau motif de parler de femmes célèbres ; Battesta Sforce, dont la mère, l'aïeule et la bisaïeule s'étaient fait un nom glorieux dans la poésie et l'art oratoire, prononça à Milan, dès l'âge de quatorze ans, une harangue latine qui excita une admiration générale ; plus tard, elle continua de charmer par son éloquence les princes, les ambassadeurs qui l'entendirent. Le pape Pie II, brillant orateur lui-même, ayant été harangué par cette femme étonnante, déclara qu'il n'osait lui répondre, de peur de paraître trop au-dessous d'elle. Elle mourut âgée de vingt-sept ans, après avoir épousé le duc d'Urbin.

Il nous restait à choisir une course intéressante aux environs de Milan ; il fallut opter

conseils, le confident, le dépositaire de mes sollicitudes et de mes chagrins, qui les allégiez en les partageant; vous assuriez ma conduite, vous affermissiez mes pensées, vous, vous seul, sur qui je me reposais et des soins domestiques et des travaux de mon administration........

[1] Il montre aussi, dans son discours sur la mort de l'empereur Valentinien, tout ce que l'affection, la douleur et l'admiration peuvent inspirer de plus tendre.

entre la Chartreuse et Monza : cette dernière ville conserve la couronne de fer qu'on posait sur la tête des empereurs, comme rois de Lombardie. Un cercle de fer provenant d'un des clous qui servit à crucifier notre Seigneur lui valut ce nom. Ce fort et mystérieux diadème qui ceignit au huitième siècle le front de Charlemagne, n'a pas été, de nos jours, trouvé trop pesant pour celui de Napoléon. Les historiens, du reste, varient sur l'origine de cette couronne fameuse; il est une version qui me sourit et que je veux consigner ici. Ce fut, dit-on, la belle et vertueuse Théodelinde, veuve du premier roi Lombard, qui la fit façonner et la posa elle-même sur la tête d'Agiulfe. Nouvelle Clotilde, elle détermina son époux à embrasser la foi chrétienne; et, par son exemple, autant que par ses conseils, elle développa dans le cœur du prince toutes les vertus que l'histoire se plaît à reconnaître en lui. La haute piété d'Agiulfe n'affaiblit pas son noble caractère. Ce fut un héros chrétien que saint Grégoire honora de son amitié.

On m'avait tant parlé de la Chartreuse que le désir de la voir prévalut; elle fut fondée par Galeas Visconti, premier duc de Milan, vers la fin du quatorzième siècle, peut-être en expiation de la mort de son oncle Barnabo. Galeas eut pour fille l'infortunée Valentine, aïeule de Louis XII et de François Ier, dont on connaît la touchante devise : *plus ne m'est rien, rien ne m'est plus.*

On voit dans cette église des peintures qui rappellent l'époque où les arts arrivèrent à Milan, lorsque cette ville devint la capitale des Lombards.

Un portail chargé de statues et de bustes offre des détails charmans; on est ébloui à l'aspect de ces murs peints à fresque, de ces boiseries travaillées en mosaïque, des pierres précieuses de tous ces autels en marbre. La grille du chœur est magnifique ; je distinguai les bas-reliefs de deux devants d'autel, représentant saint Bruno et le *massacre des Innocens.* Mais cette église gothique n'a point de profondeur ni d'élévation ; joignez-y ce travail coquet des ornemens, et vous vous expliquerez pourquoi l'on n'y éprouve pas cette crainte mystérieuse et attrayante, si douce à ressentir dans un édifice religieux. Le joli plafond peint en azur et or, n'est guère assorti à la gravité du lieu saint. Toutefois, à l'aspect de ces constructions admirables, de ces décorations si riches, on se demande ce que seraient devenus les arts dans le moyen âge, si la piété de nos pères n'avait élevé tant d'églises, bâti tant de monastères. Les peintres et les sculpteurs n'ont jamais manqué, parce que toujours il a fallu pour nos temples des tableaux et des statues. Ce doux luxe des églises consolait le pauvre dans sa misère; c'est là qu'il venait charmer ses yeux et reposer son corps fatigué du poids du jour et de la chaleur. Dans cet asile commun, où il a sa part et sa place, il apprenait à ne point envier le luxe du riche; car d'ordinaire l'église était plus magnifique que le château.

Visconti l'assassin de son oncle, Sforce l'assassin de son neveu [1], se trouvent associés, et placés comme à l'écart dans une partie reculée de l'église; on croirait qu'ils ont voulu se rendre justice en s'isolant ainsi du reste des fidèles. Derrière le magnifique tombeau de Jean Galéas s'élèvent deux figures en relief; l'une est celle de Louis Sforce, surnommé *le Maure*, usurpa-

---

[1] Sforce, d'abord si puissant et si redouté en Italie, fut fait enfin prisonnier par Louis XII, et termina sa vie au château de Loches, après dix ans de captivité.

teur du trône de son neveu; l'autre est Béatrix d'Est, sa femme. Ces Visconti [1] furent valeureux et habiles politiques; les arts ne peuvent leur dénier un hommage; ils contribuèrent beaucoup à l'assainissement et à la fertilité du Milanais; mais que servent des services matériels, des qualités brillantes pour racheter tant de forfaits? Au milieu de ces princes [2], la plupart frappés d'une juste réprobation, apparait une femme, modèle de vertu, de résignation, de douceur : Béatrix, épouse de Philippe Visconti à qui elle avait apporté des biens immenses, était beaucoup plus âgée que son mari, dont elle supportait les désordres avec une patience angélique. Accusée par cet époux ingrat qui voulait s'en défaire à tout prix, elle manifesta

---

[1] Un chanoine de Désio, petite ville du Milanais, nommé archevêque de Milan par Urbain IV, en 1529, fonda la puissance des Visconti. Martin la Torre était alors seigneur de Milan; des troubles éclatent; la ville se divise entre les partisans de la Torre et ceux de l'archevêque; celui-ci avait été forcé de quitter la ville; il consent enfin à se mettre à la tête des nobles, à condition qu'ils abjureraient leurs projets de vengeance. Le généreux prélat rentre alors dans Milan entouré des vainqueurs et des vaincus qui bénissent sa clémence et le proclament seigneur de Milan.

Jean, quatrième fils de Matheo, et second archevêque de cette famille qui réunit le pouvoir spirituel et temporel, agrandit encore ses états déjà très-considérables.

[2] Faut-il nommer Galéas et Barnabo, frères exécrés, Jean-Marie, le Néron de l'Italie?

dans son infortune des sentimens admirables ; « le monde m'abandonne, disait-elle ; le seul » témoin de mon innocence dépose contre » moi : c'est donc à vous, ô mon Dieu, que » j'aurai désormais recours ; vous voyez que » je suis sans tache ; c'est à votre grâce que » je dois de l'avoir toujours été ; vous avez » préservé ma pensée, comme ma conduite, de » toute souillure ; je recommande à votre misé- » ricorde celui dont vous voulûtes que la » grandeur fût mon ouvrage. »

Tels étaient aussi les Gonzague. Si plusieurs princes de cette illustre maison ont encouru la haine publique, il est du moins consolant d'apprendre que d'autres se sont montrés, comme les d'Est et les Médicis, amis des arts et des lettres, protecteurs des savans ; qui suppose toujours des mœurs douces et un caractère généreux. Le Tasse eut pour amis deux Gonzague, Vincent et Scipion : tous deux lui témoignèrent un vif attachement. Scipion ne crut point s'abaisser en servant de secrétaire au grand homme ; il copia en entier *la Jérusalem*. Il était aussi l'ami de Guarini qui ne publia son *Pastor fido* qu'après le lui avoir soumis. Vespasien de Gonzague fit rebâtir la ville de Sabionetta et l'enrichit de beaux monumens. Les femmes n'ont pas peu contribué a la gloire littéraire de cette famille; Cécile, fille de la célèbre Paule Malatesta, fut digne de sa mère par ses vertus comme par sa beauté et son savoir; enfin, Lucrèce de Gonzague a laissé des lettres où respire la plus haute piété unie à l'esprit le plus cultivé.

Les vastes et beaux cloîtres en marbre blanc de la Chartreuse sont aujourd'hui vides et déserts. Combien d'infortunés y trouvèrent un refuge contre leurs oppresseurs! Combien d'ames trop sensibles eussent été la proie de passions ardentes, si cet asile ne les avait soustraites à leurs orages! Combien d'autres que la mobilité et l'insatiabilité de leurs cœurs eussent dévorés, y passèrent des jours calmes et sereins! Que de douces larmes coulèrent à l'abri de ces voûtes silencieuses!

Nous montâmes à la partie la plus élevée du bâtiment pour découvrir la plaine de Pavie, plaine mémorable dans l'histoire des infortunes royales. Nos regards planèrent alors sur une grande étendue de terrain composé de prairies et de rizières; il n'y avait là pour toute population qu'une jeune fille qui, armée de sa houlette et coiffée de son léger chapeau de paille, gardait cinq ou six moutons. Et c'est dans ces mêmes lieux si paisibles aujourd'hui que la valeur française reçut un terrible échec; c'est peut-être sur le tertre même où la jeune fille rêvait si doucement que le roi chevalier fut obligé de rendre sa glorieuse épée; mes larmes coulèrent à cette pensée. Notre guide nous montra la chambre où l'auguste prisonnier passa la nuit; je ne pouvais détacher mes regards de cette fenêtre gothique, où le puissant monarque s'était appuyé sans doute en méditant sur ses revers. Le lendemain, ce prince entrant à l'église, durant l'office des religieux, répéta le verset : « Vous faites bien, Seigneur, de m'humilier » afin que j'apprenne vos jugemens [1]. »

Je fus heureuse à Turin de lier connaissance avec les filles du célèbre comte de Maistre; elles me comblèrent d'amitié et m'invitèrent à dîner seule, me dirent-elles gracieusement, afin de jouir de vous tout à notre aise. L'esprit et l'instruction dont elles sont douées sont dignes de leur admirable père. Je ne me

---

[1] *Bonum quia humiliasti me, ut discam justificationes tuas.* Ps. 118, v. 17.

lassais pas de les interroger sur tout ce qui pouvait rappeler cet homme prodigieux. Elles me firent les plus vives instances pour me retenir jusqu'à l'arrivée de l'abbé de la Mennais et du curé de Genève, ecclésiastique distingué par son savoir et ses vertus ; mais je ne suis plus tout-à-fait cette jeune fille qu'un nom célèbre pénétrait du plus vif enthousiasme. Comment aurais-je accordé aux dons de l'esprit, ce que je venais de refuser au cœur ? *La maladie*, dit Salomon, *rend sobre en désirs;* bien sobre en vérité ; me serais-je crue capable de renoncer à entendre celui dont les énergiques et sublimes pensées épurent et agrandissent l'ame ? Non, l'enthousiasme qu'inspire ce génie qui remue avec tant de force toutes les intelligences, n'est point de l'exaltation ; détacher de soi, exciter et développer tous les sentimens généreux, tout ce qu'il y a de noble vie dans le cœur, tout ce qu'il y a de courage dans l'ame, est un résultat beau et grand [1].

---

[1] Pour réparer ce qu'il pourrait y avoir aujourd'hui d'incomplet ou d'inexact dans ce passage, nous croyons devoir citer ici ce que l'auteur des lettres écrivait sur le même sujet à une époque plus récente :

« L'homme est tellement avide d'espérance qu'un auteur est plus ou moins goûté, suivant qu'il manifeste et inspire plus ou moins ce sentiment consolateur. M. de la Mennais, en traçant, dans son dernier ouvrage, l'état déplorable de la

Point de lettre encore, mon ami ! N'aurais-tu rien à me dire ? Suivant Montaigne, l'amitié est *parlière;* la tienne serait-elle d'une autre nature ? Ou bien la langue que je parle est-elle devenue pour toi une langue morte et intraduisible ? Ou bien enfin voudrais-tu par là me punir de ma prolixité sans fin, et me rappeler indirectement la maxime de La Bruyère : « Un homme » d'esprit se retire d'une société avant de devenir » importun. » Quel que soit le motif de ton silence, j'irai bientôt t'en demander raison ; je te reporterai ce cœur que tu connais si bien, ce cœur qui t'est si tendrement dévoué; nous verrons alors si mes entretiens seront plus heureux que mes lettres.

société et les catastrophes dont elle est menacée, provoque la tristesse et le découragement. On lui sait peu de gré de cette éloquence qui désole, de ce don de la parole qui va flétrir au fond de l'ame la plus douce des facultés. . . . . . »

Et ailleurs. « Que vous dirai-je au sujet de l'abbé de la Mennais? Ses éloquens articles excitent mon admiration; mais toujours quelques passages me serrent le cœur; je recule épouvantée en présence d'une doctrine si nouvelle dans la bouche d'un catholique, d'un ministre de paix et de charité. Homme inexplicable! tantôt inondant l'esprit de céleste clarté, embrasant l'ame des sentimens les plus généreux, on croit le voir descendre du ciel plein de lumière et d'amour; et d'autres fois il parait ravager, détruire, briser sans pitié toutes les nobles et touchantes affections; il attaque, il insulte, il écrase ! »

LETTRE QUARANTE-CINQUIÈME.

PARIS, 13 juin 1824.

ME voici arrivée à Paris, mon bon père. Je n'étais plus habituée à tous les dissentimens dont on me rend ici témoin; la politique a fait de Paris un triste champ de bataille; bientôt il y aura guerre intestine dans le sein de chaque famille; déjà l'on voit les froissemens, le dégoût et l'amertume s'insinuer dans les relations jadis les plus douces. Où il y avait tout, on ne trouve plus rien; tout ce qui rapprochait est devenu sujet de division. Le cœur est triste de ce que l'on entend ici sur les hommes et sur les choses; on a peine à suivre la marche des opinions qui viennent et de celles qui s'en vont; rien ne dure; on me parlait hier de quelqu'un comme d'un personnage du plus haut mérite ; aujourd'hui il serait de mauvais goût d'en faire l'éloge. Se peut-il que les choses allassent de ce train à l'époque où Balzac disait : « le temps » est le larron de ses propres biens ; il oste » tout ce qu'il a donné ; il gaste les choses » après les avoir meuries. » On ne sait rien attendre, ni le suffrage de la postérité, ni une affection que jadis on eût achetée volontiers par des années de labeurs et de sacrifices. A entendre les hommes d'aujourd'hui, on dirait que demain ne viendra jamais. Cet état de la société n'est point rassurant ; et, quand la réflexion s'y arrête, il y aurait de quoi se décourager, si l'on ne se réfugiait dans le sein de la Religion qui seule ne trompe pas notre soif ardente de croire, d'espérer et d'aimer.

La distance qui nous sépare est bien faible ; et j'espère qu'elle ne tardera pas à être franchie. Entre Rome et vous, Paris, comme vous voyez, ne saurait être une barrière ; je ne veux aucune distraction à mes souvenirs et à mes regrets ; c'est dans le sein paternel que je dois les déposer tout frais et entiers. Mon cœur n'est pas assez étroit pour se borner au présent ; se souvenir c'est encore aimer ; c'est aimer dans le passé.

En Italie, les jouissances que procurent les merveilles des arts et celles de la nature, ce religieux bonheur qu'on trouve dans l'air, sur le sol, dans les monumens debout ou renversés, on ne les goûte que pour soi; on les savoure sans pouvoir les partager; on s'y livre avec un sentiment trop personnel; on finirait en un mot par s'y perdre dans un délicieux égoïsme. Ne dois-je pas me féliciter d'être revenue de ce pays aux enchantemens, d'être rentrée dans le cercle un peu austère de mes devoirs où je pourrai vivre encore pour les autres. Ma sensibilité dépensée, prodiguée dans tous ses élans d'admiration et d'enthousiasme, se tournera vers un but bien plus moral et plus généreux; elle sera consacrée à servir ceux que j'aime; elle se nourrira d'affections utiles, de dévouemens salutaires. Si ces courses imposées ont enfin rétabli un peu ma débile santé, ne dois-je pas à mon tour consacrer ce qui m'a été rendu de forces à soulager d'autres souffrances, à consoler d'autres infortunes?

Après les délices du merveilleux pays que je quitte, il n'est plus de délices pour moi, sinon dans la vie de famille, dans une retraite paisible et champêtre. Il n'y a que la campagne qui puisse consoler un peu de l'Italie; la nature n'a besoin que de sa beauté pour ravir; jamais le plaisir qu'elle donne ne s'épuise; les aspects varient toujours; le soir, le matin, le soleil, les ombres, tout accroît et modifie les attraits de sa physionomie. Les ruines ont un tout autre charme, un charme méditatif, rêveur, mélancolique; elles ont vu tant d'objets d'amour, de vénération, de haine et de mépris! Combien cette durée des ruines paraît longue, près de la brièveté de nos jours. Véritable lien entre le passé et l'avenir, elles nous racontent le génie, les passions et les misères de nos aïeux, comme elles transmettront à nos descendans notre gloire et nos malheurs; ainsi, à travers ce plaisir d'imagination se glisse une tristesse profonde, des pensées misanthropiques. La campagne, au contraire, inspire toujours une douce joie, une vive reconnaissance; c'est le trésor des bienfaits de Dieu. Du moins les froides convenances n'ont plus de droits à revendiquer; nul soin importun, nulle fâcheuse préoccupation ne viendront prendre la place de ces bons et instructifs souvenirs. Beau séjour des champs, je vous reverrai paré de tout l'éclat dont vous brilliez à l'époque de mon départ; vous m'offrirez les mêmes plaisirs, les mêmes consola-

tions. Les champs sont comme les livres ; amis sans caprices, sans inégalité d'humeur, sans exigence. Ainsi que l'hirondelle, je retrouverai l'abri que j'ai laissé ; mais plus constante et plus sage, je ne le quitterai plus sans doute. Un vieil écrivain a exprimé à ce sujet une belle et bonne pensée : « Allons habiter la cam-
» pagne, non-seulement pour l'establissement
» de nostre repos, mais aussi pour l'asseurance
» de nostre salut ; cherchons Jésus-Christ,
» selon l'adresse que luy mesme nous en a
» donnée. Il n'a pas dit qu'il estoit *l'or des*
» *palais et la pourpre de la cour ;* il a dit
» qu'il estoit *la fleur des champs et le lys des*
» *vallées.* »

14 juin.

Ainsi, ma bonne mère, ce n'est donc pas moi qui viendrai vous chercher, comme je l'avais résolu ; votre tendresse délicate a réglé les choses tout autrement. Pour épargner à votre fille de nouvelles fatigues, vous accourez à elle ; vous venez vivifier sa solitude ; vous ne vous contentez pas d'accueillir l'enfant prodigue; vous allez au-devant de lui. Voilà bien le cœur maternel! Cette lettre vous trouvera sans doute à D....; il est naturel que vous accordiez quelques jours à ma bonne sœur, qui le mérite à si juste titre.

Protégée, durant cette longue absence, par votre bénédiction du départ, j'arrive pleine d'amour et de confiance pour recevoir de votre main, de la main de mon bon père la bénédiction du retour. Le passé, l'avenir, aussi bien que le présent, je veux tout soumettre à votre approbation.

LETTRE QUARANTE-SIXIÈME.

B. . . . . ., 18 juin.

Je me retrouve ici, ma tendre mère, dans le calme et la solitude qui conviennent à mes dispositions intérieures, ainsi qu'à ma santé. Je revois cette jolie habitation avec intérêt et mélancolie.

Notre rentrée ici ressemblait à un joyeux avénement ; rien n'y a manqué : escorte d'une population tout entière, coups de fusil, guirlandes et bouquets, harangues, félicitations, vivat. Je m'efforçais de sourire quand mon cœur était suffoqué. Il fallait bien répondre à l'expression d'un attachement si candide et si pur. Nous avons été touchés de ces témoignages publics; car ils ont été tout-à-fait spontanés. Ces sortes de réceptions n'ont guère lieu que pour des mariages, ou lorsqu'on fait sa première entrée dans un domaine; encore, de nos jours, ces vieilles coutumes sont-elles déjà un peu tombées en désuétude. J'ai vu couler les larmes de ces braves gens qui, à leur tour, ont pu voir couler les miennes. Le vénérable curé lui-même sanglotait en prononçant sa harangue; les vieillards, les femmes, les enfans se pressaient autour de nous; ils semblaient ébahis de me revoir vivante et parlante; ils le disaient même assez hautement dans leur patois naïf. Ah! dès ce moment, j'ai contracté envers eux de nouvelles obligations. Dieu me fera, j'espère, la grâce de travailler un peu à leur bonheur. Leurs douces louanges ne ressemblent point à ces vains et trompeurs éloges dont on vous accable dans le monde; ce n'est point *l'huile des pécheurs* dont le prophète craint de laisser parfumer sa tête; et pourtant les plus faibles louanges réveillent la vanité; on les prend pour de nouveaux succès; on croit à de nouveaux liens; et l'expérience réitérée du peu de durée de ces sortes de jouissances n'empêche pas de s'y complaire.

A notre arrivée, le printemps était encore dans tout son éclat. La culture déployait ses trésors ; les épis foisonnaient dans le chaume verdoyant des blés ; les colzats ondulaient en nappes d'or ; le soleil à midi rayonnait à peu près comme rayonne à Florence le soleil du matin. J'avais cru que ce riant spectacle de la nature allait rendre moins tristes les premiers momens de mon séjour ici. Eh bien, cet air vivifiant, cette brillante parure de la campagne, ce soleil versant des flots de lumière augmentaient mes retours mélancoliques vers l'Italie. Rome, Naples, vous faisiez battre encore mon cœur ! Naguère, je m'enivrais des charmes du printemps sous le plus beau ciel de l'Europe. Oh ! je le vois, j'ai trop subi l'influence de tant de causes d'exaltation ; il était temps que je revinsse aux habitudes paisibles et ordinaires, à une vie usuelle et sérieuse. Un plus long séjour dans la poétique Ausonie aurait fini par m'y attacher trop vivement ; tant il est facile de se laisser prendre à toutes ces séductions réunies ! Les montagnes, les cascades, la mer, les abîmes, toutes ces grandeurs de la nature ont disparu pour moi, ainsi que les monumens, les ruines, le ciel de l'Italie ; et néanmoins, ma bonne mère, vos craintes ne se réaliseront pas ; tout m'enchante et me ravit dans le petit coin de terre où la Providence m'a placée ; j'ai toujours sous les yeux l'image de la bonté divine, cette perfection si accommodante pour le faible cœur de l'homme.

Tandis que je vous écris à l'ombre de ce tilleul, un passereau se berce sur les branches du rosier fleuri ; il semble en aspirer les parfums ; il se joue dans cet air embaumé ; il écoute le soupir de la fleur qui s'entr'ouvre ; il recueille la goutte perlée qui brille sur cette corolle diaphane ; son œil pénètre au fond du calice épanoui. Des soins plus touchans préoccupent la jolie fauvette à tête noire : chargée d'un précieux butin, elle s'abat sur une touffe de chèvre-feuille ; elle se glisse dans l'épaisseur du buisson odorant ; un léger murmure éclate ; c'est la famille affamée qui s'émeut et tressaille au retour de la mère prévoyante.

Le loriot fait entendre un refrain plaintif qui répond mieux peut-être à mes rêveries que la cantate même du rossignol. Une brise fraîche agite le feuillage. Entre les doux bruissemens de la végétation et les mille nuances qui la colorent, j'établis d'ineffables relations ; je bénis l'auteur de toutes ces mystérieuses harmonies.

Chaque objet dans l'univers ne fait-il pas naître une émotion spéciale ? Voilà cette poésie de la nature si vivement sentie et goûtée par les ames délicates. Il n'y a point de satiété dans la contemplation des choses de Dieu ; il y a en elles plus de variété mille fois que de capacité dans notre esprit ; le créateur n'est pas moins admirable, et il est peut-être plus paternel sur l'humble et verte colline, au sein d'un vallon ignoré, que sur les hauteurs des Alpes ou des Cordillières, sur les côtes de Baïes et sur les rives de l'Euphrate. Où le vulgaire n'aperçoit que des foins à faucher, des fruits à cueillir, les intelligences élevées et religieuses voient bien d'autres merveilles ; elles voient les phénomènes miraculeux de la vie se développer chaque jour dans ce foible végétal ; la plante pour elles devient un être vivant, animé ; on lui prête des sentimens et des pensées ; on lui applique un nom ; on aime à reconnaître partout la main providentielle qui le confie à la terre, qui le fait éclore, l'arrose de ses tièdes ondées, le revêt d'une robe verdoyante, le couronne de fleurs, et le fait ployer ensuite sous un fardeau de grains ou de fruits.

De continuels incidens se partagent cette vie générale qui anime notre globe. Dieu l'a mise en rapport avec l'immense diversité de nos goûts, de nos besoins et de notre organisation. Que conclure de là ? que chacun doit se former une sorte de philosophie relative, conditionnelle, toute à son usage : c'est-à-dire adaptée à son caractère, fondée sur la connaissance de la force et de la faiblesse de ses facultés. Il doit fortifier les unes et affaiblir les autres, enfin les diriger toutes dans la ligne inflexible du devoir.

Quant à nous autres femmes, notre destinée nous renferme généralement dans un cercle plus étroit; il faut que nos sentimens soient plus tendres qu'énergiques, nos émotions plus douces que vives. Notre cœur, pour le bonheur des autres, doit être sensible, et pour le nôtre, ne doit pas être passionné. La grâce, la délicatesse, le tact qui sont, pour ainsi dire, les facettes féminines de l'esprit, composent son gracieux apanage.

Les femmes sont des fleurs; il y a long-temps que cela a été dit; mais au lieu de chercher dans ce rapprochement une comparaison adulatrice, il faudrait y voir une leçon, un symbolique enseignement. Oui, la destinée des femmes ressemble à celle des fleurs; leur éclat est passager; un vent brûlant, un souffle glacial les flétrissent également. Il en est peu qui puissent croître et prospérer sur les hauteurs; elles se plaisent à l'ombre et dans les lieux écartés. Sachons enfin dédaigner les fadeurs du madrigal, et nous convaincre que les roses et les lys n'ont pas été créés précisément pour servir de texte aux louanges banales dont on veut nous enivrer. Hélas! triste éloge que celui-là! Amère dérision, cruelle analogie, si notre bon jugement ne savait en tirer de salutaires conséquences!

Oh! comme le cœur et les yeux se reposent volontiers sur une femme qui arrive, honorée et chérie, au terme de sa longue carrière! Comme la vieillesse riche de vertus et d'expérience paraît respectable! La beauté de la jeunesse n'y mêle plus ses illusions, ses prestiges; elle se montre avec ses qualités positives et intrinsèques. Son commerce est plein de charme et de sécurité. Mme de M..., que j'ai eu le bonheur de retrouver ici, mérite d'être citée comme le type de cette heureuse et riante vieillesse, digne couronne d'une vie pure et sereine. Elle vient d'atteindre sa quatre-vingt-quatrième année; et toutes ses belles facultés sont demeurées saines et entières, comme on voit quelques plantes privilégiées conserver de la verdure au sein même de l'hiver. On lui trouve le jugement aussi droit, la mémoire aussi fidèle, le cœur aussi généreux qu'il y a quarante ans. Sa jeunesse n'a pas été frivole; sa vieillesse n'est pas austère. Son imagination est toujours pleine de fraicheur. Les jeunes gens la chérissent et la recherchent, parce qu'elle leur est bonne et amicale. Une religion éclairée et indulgente a sanctifié ses sentimens, aussi bien que ses actions. Douée d'une sensibilité vive, elle n'en use que pour compatir aux faiblesses et aux souffrances des autres. Comme la sœur de charité, qui retourne le malade sur son lit pour soulager ses douleurs, elle sait manier, avec une touchante délicatesse, un cœur livré à d'amères angoisses. Elle a dignement accompli sa tâche; elle a touché le but sans faillir; elle n'ignore ni les douceurs ni les amertumes de la vie; elle n'a été ni amollie par les unes ni aigrie par les autres : elle a subi toutes les épreuves ; elle est sortie pure du creuset. Elle n'a plus qu'un pas à faire pour être dans le sein de Dieu ; et il semble que déjà elle entrevoit tous les secrets et les mystères de là haut. S'il est doux de lui appartenir par les liens du sang, il l'est bien plus d'avoir su obtenir son amitié. Je remercie le ciel de m'avoir conservé ce bienfait inestimable. Dieu veuille qu'une si belle ame demeure encore long-temps au milieu de nous !

Quand la mort m'aura enlevé cette femme admirable, qui m'environne toujours de si tendres sollicitudes, la ville où je passe mes hivers aura beaucoup perdu à mes yeux. J'y conserverai sans doute des cœurs amis et indulgens ; mais, lorsqu'il est impossible de payer au monde le tribut de plaisir et d'agrément qu'il exige, la campagne plus que jamais doit être un séjour de prédilection. Dans ces champs qu'habite une population simple, bonne et religieuse, dans cette atmosphère toute bienveillante, au milieu de mes protégés et bien plus encore de mes vrais protecteurs, il semble que Dieu soit plus près de moi ; je suis tentée de croire qu'il y descend de temps à autre, tantôt sous la forme d'un vieillard indigent, tantôt sous les habits d'un pasteur évangélique. C'est à la campagne qu'on jouit, dans toute leur étendue, des privilèges du rang et de la fortune, privilèges qui indemnisent des servitudes de la grandeur et de la misère des richesses. Oui, l'on peut y soulager la douleur par une parole, un accent, un regard de bonté; on encourage à la piété en la pratiquant soi-même; on porte à la chaumière les consolations reçues dans la maison de Dieu. S'il ne m'est plus permis, comme dans mon heureuse adolescence, d'instruire moi-même l'enfant du pauvre, j'appellerai, j'établirai au sein de nos hameaux ces filles de Dieu qui répandent autour d'elles la charité et la paix, le fruit de leurs leçons et le parfum de leurs vertus.

O mes bien-aimés parens, amis chers et sacrés, vertueux guides que la bonté divine a placés près de mon berceau, vous dont les nobles exemples et les saints préceptes ont éclairé mon enfance et soutenu ma jeunesse, ne me délaissez pas non plus dans l'âge mûr, si je dois y parvenir. Est-il une époque de cette pénible vie où l'on n'ait point à invoquer le souvenir de sa mère et où les conseils d'un père soient devenus superflus? Fasse le ciel qu'une si douce et précieuse assistance ne manque jamais à ma faiblesse! Que votre vieillesse longue et prospère soit tout à la fois mon modèle et ma récompense!

Et si Dieu veut que je vous survive, si sa rigoureuse sagesse me prépare cette terrible épreuve, au moins qu'elle ne m'enlève pas la triste consolation de vous prodiguer les soins de ma piété filiale et de recevoir les trésors de vos bénédictions. Vous veillerez encore sur moi du séjour de vos béatitudes; votre image et votre esprit ne me quitteront jamais; vous serez pour votre enfant de nouveaux anges gardiens; vous m'aiderez à bien vivre, surtout à bien mourir. Quand moi-même je serai aux prises avec la mort que long-temps j'ai vue si près de moi, quand mes forces défailliront au jour du grand combat; lorsqu'enfin mon regard troublé cherchera vainement à discerner les choses de ce monde, apparaissez-moi l'un et l'autre, comme deux amis qui accourent pour soulager leur ami mourant. Mon ame alors consolée se dégagera sans peine de ses liens, et suivra vos ames célestes dans la voie lumineuse que vous lui aurez tracée.

TABLE ANALYTIQUE.

TOME PREMIER.

Voyage en Suisse.

LETTRE PREMIÈRE. Départ; regrets. — Hauteurs de Saverne. — Strasbourg; cathédrale, charme religieux de l'architecture du moyen âge opposée au style grec. — Temple protestant; tombeau du maréchal de Saxe; des comtes de Nassau-Saarbruck; cadavre richement vêtu et couvert de perles. — Insuffisance des consolations.   1

LETTRE II. Suisse; coup d'œil rapide sur l'histoire de cette contrée, sur ses calamités. — Le Tasse cité. — Bâle; cathédrale; mausolées; concile de Bâle. — Bataille de Saint-Jacques; froide cruauté de Burkhart-Münch. — Danse des morts. — Rencontre; château d'Arleisheim. — Bâlois; leur caractère. Gustave IV. — Jardin Feischer; échange de la fille auguste de Louis XVI.   8

LETTRE III. Douceurs d'une sage amitié. — Villageois suisses; vallée de Lauffen. — Pierre Pertuis; val de Mousterthal; Francvilliers; rocher, précipice; nature terrible et riante; promenade à Bienne. — Ile Saint-Pierre; maison de Jean-Jacques. — Route de Berne; premiers apôtres de la contrée; émotions et souvenirs de la patrie; Berne; coiffure des femmes; hôpital, anecdotes relatives à la réforme. — Capucins.   17

Pages

LETTRE IV. Berne; patriotisme de l'avoyer Steiger. — Ulric et Charles d'Erlach. — Cabinet d'histoire naturelle. — Haller, prodige de mémoire. — Portrait de Charlemagne. — Squelette d'un chien. — De l'avoyer Müllinen et de l'un de ses ancêtres. — Barbarie d'Agnès, reine de Hongrie. — Elfenhau; la grande duchesse Constantin. — Beauté des campagnes. — Hofwyl; M de Fellenberg. — Hindelbanc; touchant mausolée. — Départ pour Lucerne. — Morgenthal, vallée du matin; Argovie; Sursée; situation charmante. — Pélerinage de Marienzel; un mot sur le doux culte de Marie. — Le Dante cité. 15

LETTRE V. Arrivée à Lucerne; excursion chez une amie. — Beau paysage de Stantz. — Tombeau de Nicolas de Flue, pieux solitaire et vaillant guerrier. — L'auteur déplore son état de faiblesse qui la met hors d'état de jouir des merveilles dont elle est entourée. — Anniversaire de la journée de Sempach. — Cérémonie religieuse et nationale; noble et sage institution; beau trait de fidélité à la religion catholique. 34

LETTRE VI. Santé qui dépérit. — Kusnacht. — Château de Hapsbourg, berceau de la maison d'Autriche. — Chapelle de Guillaume Tell. — Energie de la femme de Werner. — Lac de Zug. — Inscription du cimetière de Kam. — Respect des Suisses pour les ruines et les souvenirs. — Regrets de ne pouvoir visiter Notre Dame des Ermites, Zurich, etc. Lucerne; hôtel de ville; tableaux. — Héroïsme des Suisses. — Arsenal; armures historiques. — Le général Pfiffer. — Monument des victimes du 10 août. 42

LETTRE VII. Délicieux vallons. — Morat; ossuaire des Bourguignons. — Avenche; ruines romaines. — Payerne; doux souvenirs de la reine Berthe. — Contraste de ce beau pays avec le canton de Vaud. — Cathédrale de Lausanne; tombeaux. — Magnifiques alentours de Lausanne. — Oratoire de la baronne d'Orcas. — Concessions obtenues enfin par les catholiques. — Tableau religieux d'une exécution à mort dans le canton de Fribourg. 50

Pages.

LETTRE VIII. Genève, ville triste et sombre. — Bibliothèque publique. — Musée. — Cathédrale; tombeau d'un Rohan. — Pieux usages à Fribourg. — M. Pictet et sa famille; aimables talens de Melle Pictet. — Ferney; sentiment pénible. — Vue du Mont-Blanc. — Annecy; saint François de Sales et Voltaire; la comtesse de Sales. — M. Guizolin, évêque de Genève et de Lausanne.   58

LETTRE IX. Emblème. — Route de Genève à Lyon. — Saint-Germain de Joux. — Lyon; antiquités chrétiennes; martyrs Lyonnais. — Messe à Fourvières; prison et hospice. — Cinq-Mars et de Thou. — Cathédrale; concile œcuménique. — Saint Bonaventure. — L'île Barbe. — Massacres de 1793. — Pétrarque cité.   66

Voyage à Nice.

LETTRE PREMIÈRE. Tendresse filiale; affection maternelle. — Motif du voyage à Nice.   73

LETTRE II. Château de Fontainebleau; Diane de Poitiers; Henri IV; Pie VII. — Montargis; prière de Lahire; Mme Guyon; quelques mots en sa faveur. — Nevers; maître Adam; ses vers sur le départ de la princesse de Mantoue. — Moulins; tombeau du duc de Montmorency; le connétable de Bourbon. — Clermont. — Souvenir de Vercingétorix; prédication de la première croisade; Massillon. — Grotte de Royat; Pascal, homme difficile à expliquer.   75

LETTRE III. Mauvais postillon; vues magnifiques; vallons et montagnes; retour sur les destinées humaines. — Lyon, ville digne d'une grande nation. — Première communion au Sacré-Cœur, à Grenoble; Humbert *aux blanches mains*; délicatesse chevaleresque; Mme de Chantal. — Belles paroles de Bayard. — Voyage de Pie VI. — Pont Saint-Esprit. — Duguesclin. — Vaucluse; Pétrarque et ses amis. — Notre-Dame de la Garde. — Souffrance. 86

LETTRE IV. Avignon. — Aspect de la ville; métropole; sépulture des Crillons; épitaphe; palais des Papes; la Croix de mission; le père Bridyane, pensée qu'il paraît avoir empruntée à un écrivain du moyen âge. — Aix. — Marseille; aspect des environs et de la ville; église de Saint-Victor; femmes des Cimbres; gloire antique de Marseille; Louis de Clermont et son armure; Belzunce et du Belloy; le port; rédemption des captifs; impressions que produit la vue de la mer. 99

LETTRE V. Passage d'Ollioules. — Toulon. — Fréjus; Agricola; Napoléon; forêt de Lestrelles; Cannes et Antibes; la vierge d'Antibes. — Pont du Var. — Hommages rendus à Pie VII captif. — Limites de France et d'Italie. — Regrets à la patrie. — Évêque de Nice, allié de la famille Bonaparte, grand défenseur de Napoléon; environs de Nice; Le moine Siaghre; martyre de Saint-Pons. — Procession invisible à *Santa-Reparata*. — Pensée de la mort; vers de Pétrarque. — Dépérissement de la santé; mélancolie. 109

LETTRE VI. Tribut de piété filiale; bon curé; la comtesse de Cézoles; son fils, jeune prêtre, modèle de charité; magnifique climat; néant des amitiés du monde. — Les docteurs Double et Delsere. 119

LETTRE VII. Pensée de saint Jean Chrysostôme. — imprudente promenade à cheval. — lit de mort couvert de fleurs; bonheur de souffrir; prière des agonisans; citation de Klopstock. — Triste mission confiée à un ami. 122

LETTRE VIII. Expressions de reconnaissance. — Approches de la mort. — Avantages d'une maladie de langueur. 126

Pages.

LETTRE IX. Confiance filiale; sensibilité trop vive pour l'affection et les soins dont on est l'objet. — Elan religieux. — Jouissance ineffable. 128

LETTRE X. Adieux à un frère. — Dispositions testamentaires. 131

LETTRE XI. Souvenirs tristes et doux; dernières pensées. — Viatique. — La vie envisagée sous de plus belles couleurs. — Tempête de la nuit de Noël. 135

LETTRE XII. Secours inespérés. — Folle ardeur d'apprendre. — Il est triste de revivre quand on est préparé à la mort. — Puissance de la prière. — Pensée pénible d'une langueur perpétuelle. — Projet de retour en France. — Dévouement d'un médecin. — Impression d'une première promenade. — Incendie. 138

Voyage d'Italie.

LETTRE PREMIÈRE. Dégoût de la vie. — État maladif. — Douceur d'une bonne conscience et de la paix du cœur. — Dieu seul est repos et plénitude. 145

LETTRE II. Séparation. — Montereau. — Souvenirs sanglans; souvenir de gloire. — Sens; mariage de saint Louis; cathédrale; couronne d'épines; saint Bernard; tombeau du grand Dauphin; le maréchal de Muy. — Auxerre; tombeau d'Amyot; saint Germain. — Besançon; situation pittoresque. 148

LETTRE III. Route le long du lac de Genève. — Château de Chillon. — Vallée du Rhône. — Pont Saint-Maurice, chapelle sous une arche. — Route taillée dans les rochers. — Vallée délicieuse de Brigg. — Cascades. — Eglises et chapelles. — Retour sur la patrie ; fort de Joux ; Toussaint Louverture. — Route du Simplon ; revers méridional de la montagne. — Présence du créateur au milieu de ces tableaux sublimes. — Le Divedro. — Domo d'Ossola. — Iles Borromées. — Arona. — Milan ; le dôme ; châsse de saint Charles ; caractère et vertus de ce prélat. 155

LETTRE IV. Académie des beaux arts. — Arc de triomphe élevé à l'armée française. — Métropole de Saint-Ambroise. — Sainte-Marie de la Victoire. Tombeau de Gaston de Foix démoli. — Palais royal ; fresque d'Appiani. — Léonard de Vinci. — Plaisance, ville déserte. — L'impératrice Adélaïde. — De Soto à Bologne, riche et belle culture. — Marignan ; Lodi, champs glorieux ; Castel-Guelfo d'où les Guelfes prirent leur nom. — Parme. — Académie de peinture. — Tableau du Parmesan ; du Corrége. — Marie-Louise. — Tombeaux de la cathédrale. — Théâtre Farnèse. — Pierre de Ressi. — Les voyages ont leur côté aride. 169

LETTRE V Bologne. — Nouveaux regrets en quittant patrie, famille et amis. — Passage du Simplon. — L'enthousiasme pour l'Italie est amortie par des réflexions mélancoliques. — Chartreuse de Bologne. — Corps de sainte Catherine ; impression pénible. — Respect pour les corps des Saints. — Musée. — Tableau du palais Marescalchi. — Ancienne célébrité de Bologne aujourd'hui surnommée *la grasse*. — Sédition dans l'université. — Aspect de la ville. — Faits principaux qui s'y sont passés. — Benoît XIV. 182

LETTRE VI. Annonce d'une mort. — Vanités des choses d'ici-bas. — *Pietra Mala*. — *Filigare*, mauvaise hôtellerie. — Descente des montagnes — Florence ; Byron cité. — Hôtel Schneider ; *la pie voleuse*. — Cathédrale, architecture du treizième siècle ; assassinat des Médicis ; statues, tombeaux ; place du *Dôme*. — Le baptistère. — Dante Alighieri ; vers de ce grand poëte. — *Campanile* ; place de Santa-Maria novella, où s'embrassèrent les Guelfes et les Gibelins ; église nommée *la nouvelle mariée*. — Chapelle des Médicis; vers de Lamartine. — Autres sépultures de cette famille à *Saint-Laurent*; la *pensée* de Michel-Ange. — Saint-Marc, ouvrage de Jean de Bologne, sculpteur et architecte flamand. — Précurseurs de Raphaël. — Loges de Vasari. — Dissensions. — Singulier article de la constitution de Florence; noblesse de soie et de laine. — Bibliothèque des Médicis.   191

LETTRE VII. Touchante réunion de famille. — Le docteur Vacca. — Résolution d'aller à Rome; route de Florence à Pise. — Lastra, fabrique des chapeaux de paille. — Pise; cathédrale; mausolées; tableaux; l'empereur Henri VII; tour penchée; architectes pisans; quelques traits de l'histoire de Pise. — Le *campo santo*. — Algarotti. — Statue de Cosme II. — Tour d'Ugolin. — Retour à Florence; constructions fortifiées. — Caractère de l'architecture toscane.   208

LETTRE VIII. Galerie de Florence. — Palais Pitti; Lucas Pitti. — Détails sur les objets d'arts. — Pauvreté et insuffisance de la raison.   220

LETTRE IX. Mauvais temps; regrets du ciel de la Provence. — Vers de Lamartine. — Arezzo, patrie de plusieurs hommes célèbres. — L'Arétin. — Berceau de l'ordre des Camaldules. — Cortone; sainte Marguerite. — Hameau de Torrelli — Le lac Trasimène. — Pérouse. — Bracchio. — Cathédrale. — Fresques du Pérugino. — *Civita castellana*. — Le Tibre. — Comparaison gracieuse et mélancolique de M. de Châteaubriand. — Notre-Dame des Anges. — Assise; maison de saint François d'Assise. — Vallée de Spolète. — Foligno. — Trévi. — Belles ruines. — Aspect des campagnes entre Spolète et Terni. — L'historien Tacite. — Narni. — Borghetto.   228

LETTRE X. Rome; sentiment pénible à l'approche de cette ville; charme dans l'aridité de ses environs; vicissitudes de sa fortune. — Ponte-Molle. — Défaite de Maxence; Labarum. — Jeunesse éternelle de la religion. — Église de Saint-Pierre; architecture; mausolées; observation critique. — La reine Christine au tombeau d'Alexandre VII; impressions variées sur Saint-Pierre. — Coupole.   241

LETTRE XI. Charme et magie des souvenirs à Rome. — Où est Saint-Pierre, se trouvaient les cirques de Néron. — Tombeaux. — Prisons mamertines. — Eudore. — *Santa-Maria in via lata*. Sainte-Marie-Majeure. — Vision de Jean Patrice. — Tombeaux de Sixte-Quint et de Pie V. — Sainte-Marie des Anges. — Tableaux et sépultures.   252

LETTRE XII. Rome; pénitenciers; jardin Farnèse; *villa Spada*; maison d'or de Néron. — Bains de Livie. — Église souterraine de Saint-Pierre où Charlemagne fut couronné. — L'abbé de ..... et son compagnon.   261

LETTRE XIII. Rome; c'est dans ce siége de la foi que les noms des faux dieux se font le plus entendre. — Ruines; arcs de triomphe. — Forum; temple de la Paix. — Réflexions. — Sainte-Marie de la Victoire; anniversaire de la bataille de Lépante; drapeaux enlevés par Sobieski. — Fontaine de Moïse. — *Chiesa nuova*. — Saint Philippe de Néri; culte rendu aux objets dont les saints ont fait usage. — *Ripetta, ripa grande*. — Débris de l'Hippodrome; tour Conti. — Néron chantant sur la lyre; contraste entre les saints et les héros du paganisme.   267

LETTRE XIV. Rome; l'intérêt qu'inspire cette ville est assorti au caractère des êtres souffrans et mélancoliques; mausolée d'Auguste; pyramide élevée par un préposé des jeux publics. — Roche tarpéienne. — Temple d'Antonin et de Faustine; monstrueuse association. — Saint-Louis des Français, église fondée par Henri IV; sépultures françaises. — Le cardinal d'Ossat. — Bernis. — Tombeau de Mme Beaumont, conçu par M. de Châteaubriand; Mme de Sévigné citée. — Un fou; danger des spectacles.   275

LETTRE XV. Office à Saint-Pierre; unité de l'Eglise;

ordres religieux; un mot sur les jésuites; église de Saint-Ignace; statues de saint Louis de Gonzague et de saint Stanislas; palais Rospigliosi; Aurore du Guide. — *Chiesa del Gesu.* — Service funèbre pour Louis XVI. — La *Trinité du Mont.* — Le Poussin au mont Pincio. — Tombeau de *Cecilia Metella.* 284

LETTRE XVI. Service funèbre de Canova; détails sur les travaux de ce statuaire célèbre. — Basilique de Saint-Paul, lieu d'asile respecté par Alaric; singulier aspect de cette église; manque de voûtes. — Une pensée pour la guerre d'Espagne. — Affreuse mort d'un voyageur anglais. 293

LETTRE XVII. Place de Saint-Pierre; obélisques; fêtes du carnaval interrompues par des motifs religieux, pendant deux jours de la semaine. — Course de chevaux. — Les *moccoletti.* — Un bal masqué; tristesse de ce divertissement. 302

LETTRE XVIII. Église *della valle*; fresque et tombeaux; lieu où périt César; apostrophe de Byron. — Palais Spada. — Statue de l'Algarde — Les Capucins. — Le Panthéon. — Grotte d'Égérie. — *Santa-Maria della pace.* — Sainte-Pudentiane. — Les deux Eudoxie. 310

LETTRE XIX. Saint-Martin. — Fresques du Poussin. — Couvent de Saint-Sébastien. — Catacombes. — Coup-d'œil sur quelques écrivains italiens; Manzoni; Foscolo. 319

LETTRE XX. Le Colisée; description. — Le grand cirque. — Germanicus. — Quelques souvenirs français. — Fontaines de la place Navonne; admiration d'Innocent X. — Encore les poëtes italiens; Pindemonte; Monti. 327

LETTRE XXI. Le *Moïse* de Michel-Ange; le *jugement dernier.* — Le Vatican; musée sacré, bibliothèque. — Napoléon et Pie VII. – Loges de Raphaël. 336

Pages

LETTRE XXII. Les *stanze* de Raphaël. — Sac de Rome par le comte de Nassau. — Fresques d'Héliodore et d'Attila ; l'école d'Athènes. — Des arts chez les anciens ; de l'influence exercée sur les artistes par la religion. — L'Apollon ; le Laocoon. — Atelier de Thorswaldsen. — Maison de saint Grégoire. — Fresques du Guide et du Dominiquin. — Palais Farnèse. — La Farnésine. — Jérôme Bonaparte. 344

LETTRE XXIII. Le Capitole. — Passage de saint Jérôme. — Sainte-Marie *d'ara-cœli*. — Musée. — Palais ; statue de Marc-Aurèle ; bustes des empereurs ; caractère de Sixte-Quint ; — *Justice, bonté des rois*. — Galerie du Capitole. — L'Albane. — Un fou furieux. 355

LETTRE XXIV. Etat de bien-être. — Musée du Vatican ; Le Guerchin, le Guide, le Dominiquin, Raphaël. — Galerie du cardinal Fesch. — Vandyck et Rubens ; Léonard de Vinci ; la Madeleine. 366

LETTRE XXV. Sainte-Agnès hors des murs. — Ancien temple de Bacchus. — Vestiges de l'hippodrome. — Minerva Medica. — Saint-Pierre *in montorio* ; souhaits d'un bon religieux. — Le Janicule ; fontaine pauline. — Thermes de Titus. — Sainte-Croix de Jérusalem. — Transtevere ; prétention des habitans de ce quartier. — Sermon pour les Juifs. — Sainte-Cécile ; foi aimante. 373

LETTRE XXVI. Le printemps. — Ponte rotto. — Maison de Nicolas Rienzi. — Sainte-Marie *in cosmédin*. — *Bocca della verita*. — Temple de Vesta. — Audience du Pape ; les peines de l'amitié réglées par la providence. — Consistoire public. — Le cardinal Gonsalvi. 384

LETTRE XXVII. Le cardinal d'Estouteville ; tombeau de sainte Monique. — Trois temples, ou Saint-Nicolas *in carcere*. — Janus *quadrifront*. — Cloaques. — Ile Saint-Barthélemi ; origine singulière. — Ex-voto des anciens. —

Quatro capi. — Fontaine de Trévi. — Corinne. — Temple des Camènes. — Le dieu *ridicule.* — *Fortune muliebre.* — Saint-Paul aux trois fontaines. — Sainte-Marie *scala cœli.* — Le pape Eugène III. 396

LETTRE XXVIII. Thermes de Caracalla ; belle solitude. — Le duc de Laval. — Affection de Pie VII pour la France. — Autres témoignages glorieux. — Saint-Jean de Latran. — Le grand obélisque. — Bienfaisant pouvoir des papes. — Chapelle Corsini. — Statues de Philippe II et de Henri IV ; le roi de France, chanoine de Latran. — Le mont Aventin. — Les oranges de saint Dominique. — Statue de Ménélas transformée en Pasquin. — Confrérie de la miséricorde. — Bonheur d'une douce obscurité pour les femmes. 405

LETTRE XXIX. La grande semaine. — Le *miserere.* — Lavement des pieds ; tumulte. — Mme Pictet. — Le cardinal della Somaglia. — Garde-suisse et garde-noble. — Le cardinal Castiglione, grand pénitencier. — Illumination de la croix. — Pélerins. 418

LETTRE XXX. Bénédiction pontificale, grand et touchant spectacle. — Les Anglais. — Coupole et façade de Saint-Pierre illuminées. — Barque des deux pêcheurs. — Ordination à Saint-Jean de Latran ; prodiges du sacerdoce. — Baptême d'un juif et de deux musulmans. — Baptistère de Constantin. — Rencontre du Pape. — Goldoni. 426

LETTRE XXXI. Course à Tivoli. — La Solfatare ; Zénobie ; Iles flottantes ; ruines du tombeau de Plautius ; l'Anio. — Tivoli ; pédantisme d'un guide ; la cascade ; la petite chapelle où pria M. de Châteaubriand. — Le ruisseau de l'*Ignoria.* — Palais de Mécène. — Villa d'Est ; Villa Adriana ; consolations dans le spectacle d'une belle nature. — Frascati ; étymologie de ce nom. — Cicéron. — Métastase. — *Grotta ferrata.* 435

LETTRE XXXII. Etat de souffrance. — Eglise Saint-

Pancrace. — Villa Panfili. — Les pins, emblème du malheur sublime. — Villa Albani; Winkelmann. — Palais Colonne. — La marquise de Pescaire, amie inspiratrice de Michel-Ange. — Néron sous la figure de Méduse. — La duchesse de Cérifalco. — Le prince de la Paix. — Palais Barberini; Palais Madama; Catherine de Medicis. — Pieuses coutumes du carême. — Pifferari. — Notre-Dame des jambons. — La mendicité. — Fréquence des assassinats. 448

LETTRE XXXIII. La tour du Capitole. — Panorama de Rome. — Villa Madama; Marguerite d'Autriche. — La propagande. — Bossuet. — Le cardinal. — *Il campo scelerato*. — Férocité des anciens. — Mansuétude du christianisme dans la punition des fautes. — Les rides de l'ame. 460

LETTRE XXXIV. Prochain départ de Rome. — Château Saint-Ange, gigantesque tombeau d'Adrien. — Cagliostro. — Pont Elius. — Catastrophe de 1470. — La Navicella; Léon X. — Arc de Dolabella. — Jardin Farnèse; belles découvertes du cardinal de Polignac. — Le mont palatin. — Caractère spécial des sept collines de Rome. — Saint-Clément, église primitive. — Les églises devraient être ouvertes à toute heure. — La comtesse d'Apponi. — Regrets. 468

LETTRE XXXV. Lorette. — La *santa casa*; grands personnages qui ont visité cette habitation de la mère du Sauveur. — Le pénitencier des Français. — Dons offerts par la maison de France. — Litanies des pélerins. — Retour sur Rome; présentation au Pape. — Ordres religieux; statue de saint Stanislas. 478

LETTRE XXXVI. Marie, protectrice des amitiés vertueuses. — Triste aspect de Foligno à Col fiorito. — De là à Tolentino, la scène change. — Ancône. — Pie II. — Sinigaglia. — Rimini; les Malatesta. — Une tragédie de Silvio Pellico. — César. — Saint-Antoine de Padoue. — Césène. — Forli. — Brigands. — Faenza. — Les Manfredi. — Imola.

— Catherine Sforce. — Héroïsme de plusieurs femmes. —
La comtesse Albani, veuve de Charles-Edouard. 490

LETTRE XXXVII. Gênes; aspect; églises; cathédrale;
l'*Annonziata;* inscription mutilée du duc de Boufflers; Saint-
Ambroise; tableaux de Rubens et du Guide; Saint-Cyr;
Simon Boccanera; Saint-Etienne; tableau de Jules Romain
et de Raphaël. — La villa Negri. — Antiquité de Gênes ; son
port; un trait de son histoire. — Le palais Durazzo. —
Pellegro Piola; les artistes victimes. — La Bruyère cité. 503

LETTRE XXXVIII. Palais Serra. — Eglise de Carignan. —
L'hôtel des pauvres. — Sainte Catherine Fieschi. — Sépulture
des Doria. — Rivalité des grandes maisons de cette répu-
blique. — Conjuration de Fieschi. — Christophe Colomb et
Isabelle; le Tasse cité. — Boucicaut. — Saint Bernard cité.
— Mme De la Tour du Pin. — Les Justiniani; Sofonisba
Angussola. — Sterne; ce qu'il pense des voyages. 513

LETTRE XXXIX. Turin manque de physionomie; influence
des femmes sur l'établissement du christianisme; jolies
collines qui environnent cette ville. — La *Consolata.* — Palais
du roi. — Statue de Victor-Amédée Ier. — Clotilde de France.
— Galerie. — Route de Gênes à Turin. — Novi; Alexandrie.
— Asti. — Visite à la famille du comte de Maistre; des
ouvrages de cet écrivain. — Vœux et dispositions pour une
vie sédentaire et paisible. 524

FIN DE LA TABLE DU TOME PREMIER.

TABLE ANALYTIQUE.

TOME SECOND.

Second voyage à Rome.

LETTRE PREMIÈRE. Départ de Paris. — 1

LETTRE II. Pont de Beauvoisin; la gorge de la Chaille. — Le chemin des *échelles*. — Entrée en Savoie. — Comtes et ducs. — Visite à la maison du *Sacré-Cœur*. — Vallon d'Aiguebelles. — Saint-Jean de Maurienne; mort de Charles le Chauve. — Saint-Michel. — 3

LETTRE III. Le mont Cenis. — Nécessité de se prémunir contre l'excès de la sensibilité. — Hôtellerie singulière. — Ouragan sur le mont Cenis. — Passage d'Annibal et de Constantin. — Château de Saint-Georges, d'Avegliano et de Rivoli. — Turin. — Lecture d'Alzire. — 9

LETTRE IV. Modène. — Le seau des Bolonais. — Comment Modène est demeurée catholique à l'époque de la réforme. — Trois célèbres Modénoises. — Sienne, ville où l'italien se parle avec le plus de pureté. — Aspect des environs; le petit Attila; singulier décroissement dans la population de Sienne; Siennois plus vains encore que les Français; caractère des constructions. — Cathédrale; ses ornemens. — Artistes siennois. — Alexandre III. — Maison de sainte Catherine. 14

LETTRE V. Rome. — Belle et triste soirée. — Le duc de Rohan; itinéraire; Chiusi; Radicofani; Ponte Centino; influence de l'automne. — *San-Lorenzo nuovo*, village fondé par Pie VI; les papes constamment occupés du bien-être de leurs sujets. — Le lac Bolsène. — Amalasonte. — Origine de la fête du Saint-Sacrement. — Une vieille mégère. — Montefiascone. — Viterbe; le cardinal Pauli et le poëte Flaminio. 23

LETTRE VI. Souvenir de la maison paternelle. — Rome ne produit plus les mêmes impressions. — Lettres de saint François-Xavier. — Les mendians. — De Saint-Pierre et du colisée. — Saint-George *in velabro*. — Colonne trajane. — Eglises dédiées à la Sainte-Vierge; titres divers sous lesquels Marie est invoquée. — Le villa Borghèse et ses jardins. — Riches antiquités du Cassin. 30

LETTRE VII. Inquiétudes filiales. — La *voie sacrée*. — Le forum. — Les rostres. — La voie de la croix, émotions religieuses. 40

LETTRE VIII. Exercices du jubilé; prédication du P. Finetti. — La messe au tombeau de saint Pierre. — Nicolas V. — Léon III. — De la loterie. 45

LETTRE IX. Rome vue sous divers aspects. — Foi et piété des soldats autrichiens. — Grande soirée chez la duchesse de B. — Le prince Gustave de Suède. — Basilique de Saint-Jean de Latran. — Epicharis. — La *scala santa*. — Multitude de reliques à Rome. — Exposition de comestibles. — Tradition au sujet de l'empereur Auguste. — Douceur du Pape Grégoire VII. — Colonne du temple de la paix. 50

LETTRE X. Le cardinal Pacca, ami de la France; le cardinal Gregorio. — Recette de la Margrave de Bareith. —

La comtesse L.... — La duchesse de Devonshire. — Lord Hastings. — Température salubre de l'église Saint-Pierre; caractère de ce temple; statues; celle de Pie VI par Canova; mausolées de plusieurs princesses illustres; tombeaux des Stuarts. — Alof de Wignacourt, ami de Henri IV; *La chaire* de Saint-Pierre.   59

LETTRE XI. Reproches paternels. — Mort du cardinal Gonsalvi. — Les cardinaux Severoli et Castiglione. — L'évêque de Macerata. — Projet de départ pour Naples.   70

LETTRE XII. Itinéraire de Rome à Naples. — Alarmes simulées. — Velletri; convoi d'un jeune enfant. — Frontière. — Aventure pour manque de passeport. — Capoue et ses *délices*. — Arrivée à Naples. — Discussion au sujet de Louis XIV. — Mesdames, chapeau bas.   75

LETTRE XIII. Manière d'être et de vivre. — Naples comparée à Rome. — Le cardinal Ruffo à Saint-Janvier. — Tombeaux. — Panorama de la chartreuse. — Luc Jordano. — Sanglantes rivalités des artistes napolitains. — Observations sur les sites qui conviennent aux monastères. — Château Saint-Elme. — Rues de Naples.   85

LETTRE XIV. Des charmes de l'intimité; La Bruyère. — La *Chiaia*; tableau de cette promenade. — Intérieur de Naples; palais du roi; églises; parole du roi Robert d'Anjou au duc de Calabre son fils. — Le Masaccio. — Débats au sujet des deux littératures. — Saint-Dominique-majeur. — Lautrec et Pierre de Navarre. — Néron et saint Gaëtan.   95

LETTRE XV. Conseils maternels. — Course à Pompéia. — La *Torre del Greco*; pieuse mort de Pergolèse; détails sur Pompéia; les temples des anciens ne différaient guère de leurs habitations; réflexions; tombeaux alignés le long de la voie publique; maison d'Arius Diomède. — Retour à Naples; nombreux aveugles; murs en lave; catacombes.   101

Pages.

LETTRE XVI. Santé améliorée. — M. de Serre; ses belles qualités; un dîner chez Mme de Serre, revue des personnages qui s'y trouvent; fête chez la duchesse de Nola. — Le Pausilippe; le tombeau de Virgile; strophes d'Angelo da Costanzo; Robert d'Anjou et Pétrarque. — Le tombeau de Sannazar. — Les jolies mendiantes. — Musée Bourbon; Charles III. — Manuscrits d'Herculanum. 113

LETTRE XVII. *Nouvelles courses.* — Puissance de la musique militaire. — Châteaubriand cité. — La grotte du Pausilippe. — Pouzzole. — Le môle. — Saint Paul; Saint-Procule; ruines; palais et bains de Néron; le Phlégéton; l'Averne; l'antre de la Sybille; Cumes; Gonsalve et Sannazar. — Types des statues grecques. — Baya chanté par La Martine. — Lac d'Agnano. 124

LETTRE XVIII. Excursion au Vésuve; Portici; Resina; côteau de *Lacryma Christi*; ermitage, contemplation du volcan; Spartacus; rixe; fécondité des terres au pied du Vésuve; MM. Dugas-Monbel et de Ballanche. — Salerne. — La Cava; le Tasse; Salvator Rosa. — Archives du monastère de la *Trinité*. — La petite chapelle et l'enfant. 138

LETTRE XIX. Embarquement. — Bauli; tombeau d'Agrippine. — *Piscine admirable;* le cap Misène; maison de Lucullus. — Cornélie. — Castellamare. — Roger Loria. — Saint-Daniel. — L'*Angelus* sur la montagne; Sorrente; aimable accueil d'un ancien officier français. — Hommages rendus au Tasse par le général Sarrasin. — Où est la maison de ce poëte. — Caprée et Tibère. — Les blanches colombes. — Anacaprée. — L'*Ave maris stella.* — Caserte. — Voiture versée. 149

LETTRE XX. Retour à Rome. 167

LETTRE XXI. Ourika. — Générosité d'un brigand. — Conradin; pensée de M. de Châteaubriand; Mazaniello. — Herculanum comparé à Pompéia. — La *favorite*; les *studii*; M. de Serre. — Un bal à *Capo di monte*; détails sur la famille royale. — L'archevêque de Tarente; ses tableaux et ses chats. — Ischia; le roi Ferdinand. 170

LETTRE XXII. Le mont Cassin. — Averse. — Capoue; Pierre de Vignes. — Le Dante sur le suicide. — Sainte-Agathe; aveugle clairvoyant. — Minturne. — Môle di Gaëte. — De la mélancolie. — Gaëte. — L'*Academia*. 184

LETTRE XXIII. Consolations. — Itri. — Fondi. — Terracine. — Les marais Pontins. — Mort de la reine d'Étrurie. — Palais de Mme Lætitia. 194

LETTRE XXIV. Usages napolitains; une pensée de M. de Bonald; un *carnavaletto*; précocité du climat. — Occupation militaire de Naples; détails historiques; le duc de Guise. — Le château de l'OEuf; Jeanne Ire et Jeanne II; Elisabeth de Lor aine, et Isabelle d'Arragon. 200

LETTRE XXV. Mort de Miss Bathurst. 211

LETTRE XXVI. Rome; les peintres vivans, Camucini, Wicar, Robert, Schnetz. — Eglise Saint-Chrysogone; Sainte-Marie Transtevere. — Un tableau du duc de Laval. — Temple de Nerva. — Société philharmonique. — La villa Spada. 314

LETTRE XXVII. Le colisée, abolition des combats de gladiateurs dus à un solitaire chrétien. — Théâtre de Marcellus. — Place du *Monte-Cavallo*. 222

LETTRE XXVIII. Le *miserere*; la chapelle pauline; lavement des pieds aux pélerins; bénédiction papale; étrangers de distinction. — Dôme de Saint-Pierre illuminé; aventure du comte de Sommery. — Saint-Onuphre; la mort du Tasse. — La maison Cornelia. — Temple de Saint-Théodore. — Sainte-Marie de la Minerve. — Villa Madama; villa Mellini. 228

LETTRE XXIX. Saint-Laurent hors des murs; sculpture des anciens et sculpture chrétienne; catacombes de Rome comparées à celles de Paris. — Palais Borghèse. — Coupole de Saint-Pierre. 241

LETTRE XXX. Projet de départ. — Les Thermes de Caracalla. — **Académie de Saint-Luc**; dispersion de la colonie voyageuse. — **Frascati**; déjeûner offert aux Français par le duc de Laval. — Le jeune comte de Châteaubriand. — La villa Cicerone. — Bizarrerie du duc de Bracciano. 248

LETTRE XXXI. Rapidité du temps. — Galerie du Vatican. — Un bal chez l'ambassadeur de Naples. — Le temple des muses et celui de l'honneur. — *Le serpent de la fontaine d'Egérie.* — La villa Adriana. — La mort à Tivoli. — Albano; adieux à la ville sainte. 256

LETTRE XXXII. Départ. — Civita Castellana. — Cascade du Vellino. — La Toscane; Arezzo. — Les femmes de Florence. — Vallombreuse. 264

LETTRE XXXIII. Nécessité de la dépendance. — Aventure tragi-comique. — Vue de Florence et de ses environs au printemps; jardins Baboli et Ruccellai; la galerie; le *palazzo vecchio*; Michel-Ange défenseur de Florence; encouragement des arts dans le moyen âge. — Santa-Croce; les grands hommes de Florence; Gautier de Brienne. 272

LETTRE XXXIV. L'*Annonciata*, sépulture d'artistes célèbres. — Palais Pitti. — Promenades des cassines. — L'Apennin. — Bologne; Clotilde Tambroni; Innocent III; Grégoire XIII; Bologne maltraitée par le Dante. — Les Bentivoglio. — Le Musée. — Notre-Dame de Saint-Luc; invocation à Marie, prière de Pétrarque. — Culte de saint Dominique. — *Palazzo publico*; Enzius. 285

LETTRE XXXV. Lac Guardia; un orage; Ferrare; le Tasse: Byron; bibliothèque. 295

LETTRE XXXVI. Padoue; Ezzelino; *prato della valle*; monumens et événemens — Jean de Vicence; cathédrale; Contarini et Bembo; Sainte-Justine, ouvrage de Palladio; un mot sur l'architecture. — Les Carrare; femmes célèbres de Padoue. 305

LETTRE XXXVII. Venise; singulière destinée; aspect. — Saint-Marc; caractère de cet édifice; tombeaux de plusieurs doges; le quadrige; la place Saint-Marc. — Dandolo. 313

LETTRE XXXVIII. Ecole vénitienne. — Le *Rédempteur* et *Saint-Georges majeur*, ouvrages de Palladio. — L'Eglise réfugiée à Venise; élection de Pie VII. — Le Bucentaure; épousailles de la mer. — Venise, jadis ville de fêtes; tristesse de l'état actuel de cette ville. 322

LETTRE XXXIX. San-Salvador; Catherine Cornaro. — Le pont Rialto; boutade de Frédéric III. — Eglise des Jésuites. — Pascal Cigognia; comment il fut ennobli. — Saint-Jean et Saint-Paul; sépultures. — La colline de Turin. 331

LETTRE XL. Tombeau du Titien. — Piété votive des Vénitiens. — La *Saluta*, trois œuvres de Jordone. — Sainte-Marie *del Orto*; Vénitiennes illustres. — Statue équestre; petite place Saint-Marc; monumens. — Nobles dégénérés; palais Manfredi. Grimani et Pisani; Victor Pisani. 338

LETTRE XLI. Le palais Ducal; préventions contre l'ancien gouvernement de Venise; opinion d'un voyageur impartial. — Zéno; Marino Faliero. — Services rendus par Venise à la civilisation européenne. — Bibliothèque. — Arsenal. — Détails donnés par Philippe de Comines. Canova; de sa vie et de ses ouvrages. 346

LETTRE XLII. Quelles qualités constituent un homme. — Itinéraire de Venise à Turin; Vicence; Barthélemi de Bragance et autres. — Canton habité par des Cimbres réfugiés. — Vérone. — Les seigneurs de La *Scala*. — Poëtes véronais. — L'amphithéâtre. — De l'intérêt qu'excitent les ruines. — Stilicon vainqueur d'Alaric. — Louis XVIII à Vérone. — Roméo et Juliette. — Isotte Nogarola. 361

LETTRE XLIII. Brescia. — Débonnaireté d'un mari. — La Lombardie. — Cimbres vaincus près de Verceil. — Les Alpes. — Suze. 372

LETTRE XLIV. Milan; cathédrale mieux vue. — Basilique de Saint-Ambroise. — Caractère du célèbre patron de Milan. — Milanaises illustres. — Monza; Théodelinde. — Couronne de fer. — La chartreuse; tombeaux; les Visconti et les Gonzague. — Les plaines de Pavie. — La famille du comte de Maistre. — Jugement sur l'abbé de La Mennais. 378

LETTRE XLV. Paris; triste état de la société; désir de rentrer dans la vie de famille. 392

LETTRE XLVI. Retour au château de B.....; réception; plan de vie; portrait d'une belle et honorable vieillesse; pensées morales et religieuses. 398

ERRATA.

Tome premier.

Page 96, ligne 14, un Dieu; *lisez* en Dieu,
— 175, — 12, il ne nous est donc pas permis; *lisez* il nous est donc permis.
— 180, — 13, Ressi; *lisez* Rossi.
— 190, — 6, put; *lisez* peut.
— 197, — 2, gothique; *lisez* de la renaissance.
— 198, — 5, après octogone; *mettez un point.*
— ibid. — 5, après ciel; *mettez une virgule.*
— 203, — 8, Abbizi; *lisez* Albizzi.
— 233, — 8, 1416; *lisez* 1368.....
— 244, — 3, Maxime; *lisez* Maxence.
— 318, — 9, Alfred; *lisez* Amédée.
— 408, — 27, seizième; *lisez* sixième.
— 464, — 6, il m'a conté plusieurs particularités de sa captivité à Fénestrelle.
    Supprimez ce passage qui se rapporte au cardinal Pacca et qui se retrouvera à peu près dans les mêmes termes t. 2, p. 59.

Tome second.

Page 12, ligne 12, un siècle plus tôt; *supprimez ces mots.*
— ibid. — 14, fut; *lisez* avait été.
— 165, — 6, désagrément; *lisez* accident.
— 175, — 25, d'Elbaux; *lisez* d'Elbeuf.
— 288, — 10, révèle d'une; *lisez* révèle une.
— 329, — 21, Torrente, *lisez* Sorrente.

LILLE, IMP. DE L. LEFORT.

www.ingramcontent.com/pod-product-compliance
Lightning Source LLC
Chambersburg PA
CBHW050906230426
43666CB00010B/2052